# 中国语文

（修订本）　云南省高校教材审定委员会审定

主编

王卫东　那茂菊　张永刚　辛一江

云南大学出版社

**图书在版编目（CIP）数据**

中国语文/王卫东等主编. —昆明：云南大学出版社，
2008（2014 重印）

ISBN 978 - 7 - 81112 - 640 - 2

Ⅰ. 中… Ⅱ. 王… Ⅲ. 汉语—高等学校—教材 Ⅳ. H1

中国版本图书馆 CIP 数据核字（2008）第 095725 号

## 中 国 语 文（修订本）

主　编　王卫东　那茂菊　张永刚

出 品 人　施惟达

策划编辑　邓立木

责任编辑　周元晖

封面设计　力印天翌/书籍设计

出版发行　云南大学出版社

印　装　昆明市五华区教育委员会印刷厂

开　本　787×1092 毫米　1/16

印　张　21. 25

字　数　432 千

版　次　2010 年 7 月第 2 版

印　次　2014 年 1 月第 20 次印刷

书　号　ISBN 978-7-81112-640-2

定　价　35. 00 元

地　址：云南省昆明市翠湖北路 2 号云南大学英华园
　　　　（邮编：650091）

发行电话：0871-65033244　65031071

网　址：http://www.ynup.com　E-mail：market@ynup.com

# 目　录

## 上编　作品选读

## 泛读部分

# 下篇　中国语文概要

# 上 编
# 作品选读

# 精读部分

# 蒹 葭<sup>①</sup>

《诗经》

　　《诗经》是中国最早的诗歌总集,收入了自西周初年至春秋中叶大约五百年间的诗歌305篇,分为《风》、《雅》、《颂》三部分。这些诗歌在先秦时代通称为"诗",或取其整数,称"诗三百"、"三百篇",到了西汉初年,被奉为经典,称为《诗经》。《诗经》的句式,以四言为主,间以五言、六言、七言、八言等。艺术手法多用赋、比、兴,语言朴实优美,韵律和谐悦耳,不少篇章至今仍脍炙人口。

　　蒹葭苍苍,白露为霜<sup>②</sup>。所谓伊人,在水一方。溯洄从之,道阻且长。溯游从之,宛在水中央。
　　蒹葭凄凄<sup>③</sup>,白露未晞<sup>④</sup>。所谓伊人,在水之湄<sup>⑤</sup>。溯洄从之,道阻且跻。溯游从之,宛在水中坻<sup>⑥</sup>。
　　蒹葭采采,白露未已。所谓伊人,在水之涘<sup>⑦</sup>。溯洄从之,道阻且右<sup>⑧</sup>。溯游从之,宛在水中沚<sup>⑨</sup>。

## 【注 释】

① 本篇选自《诗经·秦风》。
② 蒹葭:这里指芦苇。蒹(jiān),荻苇。葭(jiā),芦苇。
③ 凄凄:同"萋萋",形容草木茂盛的样子。
④ 晞(xī):干。
⑤ 湄(méi):岸边,水草交接的地方。这里指高岸。
⑥ 坻(chí):水中小沙洲。
⑦ 涘(sì):水边。
⑧ 右:迂回曲折。

⑨ 沚（zhǐ）：水中小洲。

## 【分　析】

这是一首情深景真的抒情诗。诗人对"伊人"的思念可望而不可即，中间阻隔千重，而思心徘徊，难抑其无限惆怅的心情。

全诗共分三章，每章八句，每章前两句借景起兴，三四句点明主题：隔河企望、追寻"伊人"；后四句表达追寻：一是道阻且长，二是幻想迷离，两者皆是以"伊人"不可得为旨归。全诗充溢着真诚、执著的向往，以及可望不可即的怅惘之情。

诗中蒹葭、霜露、秋水等景物描写，渲染出清秋的凄清气氛，为人物的情感和活动提供了特定的背景，烘托了人物凄婉惆怅的情感。客观景物与主观感情浑然一体，构成了情景交融的优美意境。意境朦胧、含蕴不尽是这首诗的主要特点。此诗采取重章叠句的形式，一唱三叹。诗人情感丰富，非反复咏叹不能尽其意志。由于在重复中变换个别词语，写出了白露从凝结为霜到融化为水而逐渐干涸的过程，表现了时间的推移。而诗人又在这时间的推移之中，上下求索，徘徊瞻望，章法的重叠也显示了情感的逐层加深，达到了情景交融的艺术境界。

## 【思考与练习】

1. 你认为这首诗的中心意象是什么？为什么？
2. 每章前两句的写景，在诗中起何作用？

## 【辑　评】

### 宋·朱熹《诗集传》

言秋水方盛之时，所谓"伊人"者，乃在水一方，上下求之而皆不可得，然不知其何所指也。

### 余冠英《诗经选》

这篇似是情诗。男或女词。诗中所写的是：一个秋天的早晨，芦苇上露水还不曾干，诗人来寻所谓"伊人"，伊人所在的地方有流水环绕，好像藏身洲岛之上，可望而不可即。每章一、二两句写景，以下六句写伊人所在。

【链 接】

## 袁梅《诗经译注·蒹葭今译》

芦苇苍苍密匝匝，晶晶露珠凝霜花。
我的人儿我的爱，河水那边像是她。
逆流而上去找她，道路崎岖长又长。
顺流而下去寻她，宛然在那水中央。

芦苇苍苍密又密，露珠未干清滴滴。
我的人儿我的爱，她在河边水草地。
逆流而上去找她，道路险阻诚难登。
顺流而下去寻她，像在河心小沙坪。

芦苇密密片连片，晶晶露珠还未干。
我的人儿我的爱，她在河水那一岸。
逆流而上去找她，道路险阻弯又弯。
顺流而下去寻她，像在河心小沙滩。

# 郑伯克段于鄢<sup>①</sup>

《左传》

  《左传》是《春秋左氏传》的简称，又名《左氏春秋》，相传是春秋末年鲁国史官左丘明为解释孔子的《春秋》而作，是儒家重要经典之一。它与《公羊传》、《穀梁传》合称"春秋三传"。

  《左传》是记录春秋时期社会状况的重要典籍，编年记事，起自鲁隐公元年（公元前722年），止于鲁悼公十四年（公元前454年），内容包括了王室档案、鲁史策书、诸侯国史等，反映的是儒家思想，既有民本、爱国等进步思想，也强调了封建伦理、等级秩序等观念。《左传》最突出的成就是长于叙事，其主要特点是简洁生动，工巧严谨。《郑伯克段于鄢》记录了郑国国君的家族内部权力斗争。

  初，郑武公娶于申，曰武姜，生庄公及共叔段<sup>②</sup>。庄公寤生<sup>③</sup>，惊姜氏，故名曰寤生，遂恶之。爱共叔段，欲立之。亟请于武公<sup>④</sup>，公弗许。

  及庄公即位，为之请制<sup>⑤</sup>。公曰："制，岩邑也<sup>⑥</sup>。虢叔死焉，他邑唯命<sup>⑦</sup>。"请京<sup>⑧</sup>，使居之，谓之京城大叔<sup>⑨</sup>。祭仲曰<sup>⑩</sup>："都城过百雉<sup>⑪</sup>，国之害也。先王之制，大都不过参国之一<sup>⑫</sup>；中，五之一；小，九之一。今京不度<sup>⑬</sup>，非制也，君将不堪。"公曰："姜氏欲之，焉辟害？"对曰："姜氏何厌之有？不如早为之所，无使滋蔓，蔓，难图也。蔓草犹不可除，况君之宠弟乎？"公曰："多行不义必自毙，子姑待之。"

  既而大叔命西鄙、北鄙贰于己<sup>⑭</sup>。公子吕曰<sup>⑮</sup>："国不堪贰。君将若之何？欲与大叔，臣请事之<sup>⑯</sup>。若弗与，则请除之，无生民心<sup>⑰</sup>。"公曰："无庸，将自及<sup>⑱</sup>。"大叔又收贰为己邑，至于廪延<sup>⑲</sup>。子封曰："可矣，厚将得众<sup>⑳</sup>。"公曰："不义不昵<sup>㉑</sup>，厚将崩。"

  大叔完聚，缮甲兵，具卒乘<sup>㉒</sup>，将袭郑。夫人将启之<sup>㉓</sup>。公闻其期，曰："可矣！"命子封帅车二百乘以伐京。京叛大叔段，段入于鄢，公伐诸鄢。五月辛丑<sup>㉔</sup>，大叔出奔共<sup>㉕</sup>。

遂置姜氏于城颍㉖，而誓之曰㉗："不及黄泉，无相见也㉘。"既而悔之。颍考叔为颍谷封人㉙，闻之，有献于公。公赐之食，食舍肉。公问之，对曰："小人有母，皆尝小人之食矣，未尝君之羹㉚，请以遗之㉛。"公曰："尔有母遗，繄我独无㉜！"颍考叔曰"敢问何谓也？"公语之故，且告之悔。对曰："君何患焉？若阙地及泉㉝，隧而相见㉞，其谁曰不然㉟？"公从之。公入而赋："大隧之中，其乐也融融㊱！"姜出而赋："大隧之外，其乐也泄泄㊲！"遂为母子如初。君子曰㊳："颍考叔，纯孝也㊴，爱其母，施㊵及庄公。诗曰㊶：'孝子不匮，永锡尔类㊷。'其是之谓乎㊸？"

## 【注　释】

① 本篇选自《左传·隐公元年》，题目是后加的。郑伯：指郑庄公。鄢（yān）：地名，在今河南鄢陵。

②武姜：郑武公的妻子姜氏。"武"是郑武公的谥号，"姜"是娘家的姓。"武姜"是后人对姜氏的追称。共叔段：段为郑庄公之弟，故称叔，后出奔于共（gōng）国（在今河南辉县），故称共叔。

③寤（wù）生：逆生，即难产。

④亟（qì）：屡次。

⑤ 为之请制：（姜氏）为共叔段请求封给制这个地方。制，地名，又名虎牢，在今河南荥阳汜水镇西。

⑥岩邑：险要的城邑。

⑦"虢（guó）叔"二句：原东虢国君虢叔被郑武公灭于此地，且此地地势险要，所以郑庄公表示，除这个地方之外，其他地方都可从命。焉：于之。

⑧京：地名，在今河南荥阳东南，距郑国都城新郑比较近。

⑨大叔：太叔。大，同"太"。

⑩祭（zhài）仲：人名，郑国大夫。

⑪雉（zhì）：古代度量单位，长三丈高一丈为一雉。杜预《春秋经传集解》："侯伯之城，方五里，经三百雉。"它的下属城市，大城市不得超过三分之一，中等城市不能超过五分之一，小城市不能超过九分之一。

⑫参国之一：国都的三分之一。参，同"三"。

⑬今京不度：现在京邑（指它的城墙）不合法度。不度，指超过规定的尺度。

⑭既而：不久。鄙：边邑。贰于己：指本来只属于庄公，现在也同时属于共叔段。贰，两属。

⑮公子吕：郑国大夫。

⑯臣请事之：我请求去侍奉他（指共叔段）。臣，称自己。

⑰无生民心：不要使老百姓产生二心。无，同"毋"。

⑱ 将自及：将会自己遭殃，即自取灭亡的意思。

⑲ 廪（lǐn）延：郑国的邑名，在今河南延津北。

⑳ 厚：指土地扩大。众：民众。

㉑ 不义不暱（nì）：对君不义，对兄不亲。暱，亲近。

㉒ 完聚：修治城郭，聚集民众。完：修治。缮甲兵：修整武器装备。缮，修理整治。甲，铠甲。兵，武器。具卒乘（shèng）：准备好步兵及战车。

㉓ 夫人将启之：夫人：指武姜。启之：（为共叔段）开城门。

㉔ 五月辛丑：即鲁隐公元年（公元前 722 年）五月二十三日。

㉕ 出奔共：逃奔到共国避难。此句之后略有删节。

㉖ 置：安置，实际就是幽禁。颍：郑国邑名，在今河南临颍西北。

㉗ 誓之：向她发誓。

㉘ "不及黄泉"二句：不到死后，决不相见。黄泉：地下的泉水。古人以为天玄地黄，故人死称为赴黄泉。

㉙ 颍考叔：郑国大夫。颍谷：地名，在今河南登封西南。封人：管理疆界的官。封，疆界。

㉚ 羹（gēng）：带汁的肉。

㉛ 遗（wèi）之：赠送给她（指颍考叔的母亲）。

㉜ 繄（yī）：语气助词。

㉝ 阙：通"掘"。

㉞ 隧：地道。这里用作动词，挖地道的意思。

㉟ 其谁曰不然：有谁能说这样做不对呢？其，用在句首，加强反问语气。不然，不对。

㊱ 融融：和乐自得的样子。

㊲ 泄泄（yì）：和睦快乐的样子。

㊳ 君子曰：这是作者假托"君子"发表议论。

㊴ 纯孝：指孝心真诚、纯正。

㊵ 施（yì）：延续，推及。

㊶ 诗：指《诗经》。

㊷ "孝子"二句：这是《诗经·大雅·既醉》篇中的诗句，意思是说孝子的孝道没有穷尽，永久地把它赐给你同类的人。匮（kuì）：穷尽。锡：通"赐"。类：指同类的人。

㊸ "其是"句：大概就是说的这种事吧？

## 【分　析】

　　儒家思想以"仁"为核心，强调"礼"的道德伦理规范。儒家的伦理道德观念主要有：义、行、慈、孝、爱、敬，就是君义臣行、父慈子孝、兄爱弟敬，这是处理好君臣、父子、兄弟的伦理关系的准则。但社会现实却是残酷的，仅靠道德约束而无有力的社会机制约束，人人就会如此老实本分的守规矩吗？本文发生的年代，是孔子认为的"礼崩乐坏"的时代，很多人在权与利的斗争中全然不顾道德伦理。"郑伯克段"的战争中，郑伯、武姜、共叔段三人之间的亲情就这样异化、泯灭了。

**【思考与练习】**

1. 顾炎武《日知录》中有"古人作史有不待论断而叙事之中即见其旨者，惟太史公能之"句，讲的是古人"寓褒贬于记叙"的写作方法。顾炎武在这里举的是司马迁写作《史记》的例子，其实在《郑伯克段于鄢》中，这种"不待论断而叙事之中即见其旨"的手法也较明显，试分析之。

2. 本文中郑伯与政敌的斗争策略与《三国演义》中刘备的生存策略有哪些相似之处？

3. 你对文中郑伯、武姜二人"遂为母子如初"的结尾如何看待？

**【辑　评】**

### 宋·吕祖谦《左氏传博议》

庄公雄猜阴狠，视同气如寇仇，而欲必致之死。故匿其机而使之狃，纵其欲而使之放，养其恶而使之成。甲兵之缮，卒乘之具，庄公之钓饵也；百雉之城，两鄙之邑，庄公之陷阱也。封京之后，伐鄢之前，其处心积虑，何尝须臾忘叔段哉！庄公之心，天下之至险也。

### 清·魏禧《左传经世钞》

写姜氏好恶之昏僻、叔段之贪痴、祭仲之深隐、公子吕之迫切、庄公之奸狠、颖考叔之敏妙，情状一一如见。

### 徐仁甫《春秋左传研究》

春秋初年，郑为小霸，人多知之；然其成霸之曲折，治春秋史者尚不尽清晰。盖郑为新兴之国，商业又较盛，经济富裕。当春秋之初，周室已衰，齐、晋、秦、楚未兴，郑庄雄桀，处挟天子以令诸侯之地位，又结交大齐、强鲁，近攻宋、卫、陈、蔡，甚至击败周王所率之联军，纵横一时，几于霸主。

## 郭预衡《中国散文史》

首尾之完整，结构之严密，几乎无懈可击。用这样少的笔墨，写出如此纷繁的事件，如此多样的人物；层次又如此分明，语言如此凝练，叙事达到这个高度，应该说是史家之文的新的成就。

## 【链　接】

### 《春秋公羊传》

夏，五月，郑伯克段于鄢。克之者何？杀之也。杀之则曷为谓之克？大郑伯之恶也。曷为大郑伯之恶？母欲立之，已杀之，如勿与而已矣。段者何？郑伯之弟也。何以不称弟？当国也。其地何？当国。齐人杀无知何以不地？在内也。在内虽当国不地也。不当国虽在外亦不地也。

### 《春秋穀梁传》

夏，五月，郑伯克段于鄢。克者何？能也。何能也？能杀也。何以不言杀？见段之有徒众也。段，郑伯弟也。何以知其为弟也？杀世子母弟目君；以其目君，知其为弟也。段，弟也，而弗谓弟；公子也，而弗谓公子：贬之也。段失子弟之道矣，贱段而甚郑伯也。何甚乎郑伯？甚郑伯之处心积虑，成于杀也。于鄢，远也。犹曰取之其母之怀中而杀之云尔。甚之也。然则为郑伯者宜奈何？缓追逸贼，亲亲之道也。

# 子路、曾皙、冉有、公西华侍坐

《论语》

　　孔子（前551—前479），名丘，字仲尼，鲁国陬邑人，中国古代伟大的政治家、思想家和教育家，儒家学派创始人。《论语》是中国先秦时期的一部语录体散文集，是由孔子的弟子及再传弟子辑录孔子及其弟子的言行片断编纂而成的。作为儒家最重要的典籍之一，《论语》或记录孔子的只言片语，或记录孔子与弟子及时人的对话，篇幅短小，语言简约，深刻平实，含蓄隽永，反映了孔子在哲学、政治、时事、教育、文学等方面的思想观点。

　　子路、曾皙、冉有、公西华侍坐①。

　　子曰："以吾一日长乎尔，勿吾以也②。居则曰③：'不吾知也!'如或知尔，则何以哉④?"

　　子路率尔而对曰⑤："千乘之国，摄乎大国之间⑥，加之以师旅，因之以饥馑⑦。由也为之，比及三年⑧，可使有勇，且知方也⑨。"

　　夫子哂之⑩。

　　"求，尔何如?"

　　对曰："方六七十，如五六十⑪，求也为之，比及三年，可使足民。如其礼乐，以俟君子⑫。"

　　"赤，尔何如?"

　　对曰："非曰能之，愿学焉。宗庙之事⑬，如会同⑭，端章甫⑮，愿为小相焉⑯。"

　　"点，尔何如?"

　　鼓瑟希⑰，铿尔⑱，舍瑟而作⑲。对曰："异乎三子者之撰⑳。"

　　子曰："何伤乎? 亦各言其志也。"

　　曰："莫春者㉑，春服既成，冠者五六人㉒，童子六七人，浴乎沂㉓，风乎舞雩㉔，咏而归。"

　　夫子喟然叹曰："吾与点也㉕!"

三子者出，曾皙后。曾皙曰："夫三子者之言何如?"

子曰："亦各言其志也已矣。"

"夫子何哂由也?"

曰："为国以礼，其言不让㉖，是故哂之。唯求则非邦也与㉗? 安见方六七十，如五六十，而非邦也者? 唯赤则非邦也与? 宗庙会同，非诸侯而何? 赤也为之小，孰能为之大?"

# 【注　释】

①孔子的四位弟子。子路，姓仲，名由；曾皙，姓曾，名点，曾参之父；冉有，姓冉，名求；公西华，姓公西，名赤。侍坐，指陪伴孔子而坐。

②毋：通"无"。以：用。"以吾"二句意为"因为我比你们年纪大（老了），没有人用我了"。较为通行的说法是"不要因为我的年纪比你们大，就不敢回答我的问题"。

③居：平日，平时。则：辄，总是。

④何以：即"以何"，用什么。此二句意为"如果有人了解你们，你们将用什么去从政?"

⑤率尔：轻率而急遽的样子。

⑥摄：作"夹"解，即"夹在大国之间。"

⑦因之：犹言"继之"。饥馑：饥荒之灾。《尔雅·释天》："谷不熟为饥，蔬不熟为馑。

⑧比及：等到。

⑨方：义，礼义。

⑩哂：微笑。

⑪如：或者。

⑫如其：至于。俟：等待。

⑬宗庙之事：指祭祀。宗庙，古代国君祭祀祖先的地方。

⑭会同：诸侯会盟。

⑮端章甫：此言自己愿意穿着礼服，戴着礼帽。端，玄端，古代礼服之名。章甫，一种黑色的礼帽。

⑯相：赞礼之人，相礼者，即在君主左右协助行礼的人。

⑰鼓：名词用作动词，弹奏。希：通"稀"，指瑟声稀落，稀疏的意思。

⑱铿尔：拟声词，形容瑟声。

⑲舍：放下。作：站起来。

⑳异乎：不同于。撰：读为诠，犹言善。或曰撰即撰述，陈说之义。

㉑莫春：晚春，即夏历三月。莫，同"暮"。

㉒春服既成：天气转暖，春装已经穿定。春服，单夹衣。成，定。

㉓浴：指古代上巳日进行的一种祭祀活动，后来演变为一种风俗。沂：水名，在今山东曲阜南。

㉔风：作动词用，迎风乘凉。或曰风为乐曲，名词作动词用，奏乐、歌唱之意。舞雩："雩"是古代求雨的祭祀，因配有乐舞，故称舞雩，是鲁国祭天求雨的场所。《水经注》："沂水北对稷门，一名高门，一名雩门。南隔水有雩坛，即曾点所欲风也。"

㉕与：赞许，同意。

㉖让：谦让。

㉗邦：国，指国家政事。

## 【分　析】

本篇选自《论语·先进》，主要记录了孔子和四位弟子关于各人志向抱负的一次对话。通过孔子诱导弟子言志的谈话记录，反映了孔子"治国以礼"的政治主张。

本文体现了《论语》通过辑录人物言语的方式，反映人物性情及精神风貌的特点。作者摄取了孔子与学生讨论的生动场景，通过对人物语言及动作神态的记录，生动地表现了孔子和几位弟子不同的个性风采，既记言谈，又传神情，既表现了师生间平等和谐的气氛，又点染出人物的不同风貌。孔子的循循善诱、和蔼可亲，子路的心直口快、直率爽朗，冉有、公西华的谦逊温恭，曾皙的志趣高远、卓然不群，都描绘得栩栩如生，以片言只语反映出了人物的性情与思想。

## 【思考与练习】

1. 本文体现了孔子怎样的政治思想？

2. 孔子为何"哂由"而"与点"？

3. 从课文所节选的这一段中，我们可以看出《论语》在艺术上有什么样的特点？

## 【辑　评】

### 宋·朱熹《论语集注》

程子曰："古之学者，优柔厌饫，有先后之序。如子路、冉有、公西赤亦言志如此，夫子许之，亦以此自是实事。后之学者好高，如人游心千里之外，然自身却只在此。"

又曰："孔子与点，该与圣人之志同，便是尧舜气象也。诚异三子者之撰，特行有不掩焉耳，此所谓狂也。子路等所见者小。子路只为不达为国以礼道理，是以哂之。若达，却便是这气象也。"

又曰："三子皆欲得国而治之，故夫子不取。曾点，狂者也，未必能为圣人之事，而能知夫子之志，故曰'浴乎沂，风乎舞雩，咏而归'，言乐而得其所也。孔子之志，在于'老者安之，朋友信之，少者怀之'，使万物莫不遂其性。曾点知之，故夫子喟然叹曰：'吾与点也。'"

## 【链　接】

### 汉·王充《论衡·明雩》

鲁设雩祭于沂水之上，暮春晚也，春谓四月也；春服既成，谓四月服成也；冠者童子，雩祭乐人也；浴乎沂，涉沂水也，像龙之从水中出也；风乎舞雩，风歌也；咏而馈，咏歌、馈祭也。……孔子曰："吾与点也"，善点之言，欲以雩祭调和阴阳，故与之也。

### 陈树德《论语集释》

郑曰：宗庙之事，谓之祭祀也。诸侯时见曰会。殷曰同。……衣玄端，冠章甫，诸侯日视朝服也。小相，谓相君礼者。以仲尼一生值乱时而君不用，三子不能相时，志在为政，唯曾皙独能知时，志在澡身浴德，咏怀乐道，故夫子与之也。

# 《老子》三章

《老子》

　　老子，姓李名耳，生卒年不详，曾任周守藏室之史（管理藏书的史官），是先秦道家学派的创始人。老子思想以"道"为核心，崇尚自然，政治上主张"无为而治"，讲求"无为而无不为"，倡导"道法自然"、"绝圣弃智"、"小国寡民"。人生态度上主张守柔、不争、谦退等处世哲学，崇尚养生。道教兴起后，老子被奉为道教教主，称为太上老君、道德天尊。

　　《老子》一书又称《道德经》，相传为老子所著，是中国古代著名的哲学著作，全书共分81章。文约意丰，论题广博，充满智慧。

　　上善若水①。水善利万物而不争②，处众人之所恶③，故几于道④。居善地⑤；心善渊⑥；与善人⑦；言善信；政善治；事善能；动善时。夫唯不争，故无尤⑧。（第8章）

　　江海所以能为百谷王⑨，以其善下之，故能为百谷王。（第66章节录）

　　天下柔弱莫过于水，而攻坚；强莫之能先。其无以易⑩之。故弱胜强，柔胜刚，天下莫不知，莫能行。（第78章节录）

## 【注　释】

　　① 上善若水：上，即最好的。善，名词，美德。上善，即最好的美德。这里老子以水为比喻，用来说明真正的圣人应当具有如水那样的品德，它滋润万物却不争私利。

　　② 善：在这里是副词，意思是善于、长于。

　　③ 处众人之所恶："处"作"居"讲。所恶，所厌恶的地方。

　　④ 几于道：接近于道。几，接近。

　　⑤ 居善地：居，居住。善，形容词用作动词，当"友好"讲。居善地，即要像水那样安于居住在低下的地方和位置。

⑥ 心善渊：心，心志。善，形容词。渊，本意是清澈见底的深潭，这里形容人要心志无私、清廉可鉴。

⑦ 与善人：与人交友要采取友好的原则。

⑧ 故无尤：尤，通"忧"，忧患。一说即本字，过失。

⑨ 以"江海"、"百谷"设喻，说明居下可以兼容广纳。《道德经》第 32 章："譬道在天下，犹川谷与江海。"

⑩ 易：替代。

## 【分　析】

老子是道家思想的杰出代表，《道德经》是老子思想的集中体现。本文所选几章均以自然界"水"的无私品质来喻道，以此来阐明"道"及"道"的特点和功用。老子提出，人也应该像"水"，学习"道"，即利万物而不争，心存包容，守柔为刚，与万事万物和谐共处。道、水、人，三者本不相干，但就这么被老子巧妙地联系在了一起。道理浅显易懂，却发人深省。

## 【思考与练习】

1. 课文所选《老子》的这几章体现了老子怎样的处世哲学？

2. 在日常生活中，你对水有怎样的感悟和印象？

## 【辑　评】

### 陈鼓应《老子注释及评介》

1. 本章用水性的七个特点来比喻上善人格，简称为"七善"——"居处善于选择地方，心胸善于保持沉静，待人善于真诚相爱，说话善于遵守信用，为政善于精简处理，处事善于发挥所长，行动善于掌握时机。"

2. 本章用水性来比喻上德者的人格。水最显著的特征和作用是：一、柔。二、停留在卑下的地方。三、滋润万物而不与相争。老子认为最完善的人格也应具有这种心态与行为："处众人之所恶。"别人不愿去的地方，他愿意去；别人不愿意做的事，他愿意做。他具有骆驼般的精神，坚忍负重，居卑忍辱。他能尽其所能地贡献自己的力量去帮助别人，但不和别人争功争名利，这就是老子"善利万物而不争"的思想。

【链 接】

## 《老子》第76章

人之生也柔弱，其死也坚强。草木之生也柔脆，其死也枯槁。故坚强者死之徒，柔弱者生之徒。是以兵强则灭，木强则折。故坚强处下，柔弱处上。

## 冯友兰《中国哲学简史》

顺德而行的生活，超越了善恶的区别。老子告诉我们："天下皆知美之为美，斯恶已；皆知善之为善，斯不善已。"（第二章）所以老子鄙弃儒家的仁、义，以为这些德性都是"道"、"德"的堕落。因此他说："失道而后德，失德而后仁，失仁而后义，失义而后礼。夫礼者，忠信之薄，而乱之首。"（第三十八章）由此可见道家与儒家的直接冲突。

# 我善养吾浩然之气

《孟子》

　　孟子（约前372—前289），名轲，字子舆，战国时邹（今山东邹县）人，儒家学派的代表人物之一，与孔子并称孔孟。曾游历齐、宋、滕、魏诸国，并任齐宣王客卿，因政治主张不为诸侯所用，晚年退而与弟子万章等著书立说。孟子发展了孔子的仁义学说，政治上主张施"仁政"，行"王道"，倡导"保民而王"；在道德修养方面提出"养气"论。《孟子》共七章，记载了孟子及其弟子在政治、教育、哲学、伦理等方面的观点。本文选自《孟子·公孙丑上》，始于公孙丑和孟子关于"不动心"问题的讨论，标题为编者所加。

　　"敢问夫子恶乎长？"

　　曰："我知言，我善养吾浩然之气①。"

　　"敢问何谓浩然之气？"

　　曰："难言也。其为气也，至大至刚，以直养而无害②，则塞于天地之间。其为气也，配义与道；无是，馁也③。是集义所生者，非义袭而取之也④。行有不慊于心⑤，则馁矣。我故曰，告子未尝知义，以其外之也⑥。必有事焉而勿正，心勿忘，勿助长也⑦。无若宋人然⑧：宋人有闵其苗之不长而揠之者⑨，芒芒然归⑩。谓其人曰⑪：'今日病矣⑫，予助苗长矣！'其子趋而往视之，苗则槁矣。天下之不助苗长者寡矣。以为无益而舍之者，不耘苗者也⑬；助之长者，揠苗者也。——非徒无益，而又害之。"

　　"何谓知言？"

　　曰："诐辞知其所蔽⑭，淫辞知其所陷⑮，邪辞知其所离⑯，遁辞知其所穷⑰。生于其心，害于其政；发于其政，害于其事⑱。圣人复起，必从吾言矣。"

## 【注　释】

　　① 知言：尽心知性。浩然：盛大流行之貌。朱熹《孟子集注》云："知言者，尽心知

性……浩然，盛大流行之貌。"

②以：用。直：正义。

③"其为气也"四句：意谓这种气跟义与道相伴而生，没有气，人就饿馁无力。配，合而有助之义。道，天理之自然。馁，饥乏而气不充体。

④集义：朱熹以为"集义，犹言积善"（《孟子集注》）。袭：掩取也。

⑤慊：赵岐注云"慊，快也。"一说"满足"。此二句意谓"行为不合于义，心中感到有所欠缺，气也就馁了"。

⑥外之：即"以之为外"，认为义是外在的。《孟子·告子上》："告子曰：'义外也，非内也。'"

⑦正：读作"止"。焦循《孟子正义》："正之义通止，即而勿止。"

⑧无：不要。若：像。然：那样。

⑨闵：通"悯"，忧虑。揠：拔。

⑩芒芒然：疲倦的样子。

⑪其人：家人。

⑫病：疲倦，劳累。

⑬耘：锄草。

⑭诐辞：偏颇之辞。蔽：蒙蔽。此句意谓"对偏颇的言辞，知道其片面性在哪里"。

⑮淫辞：过分夸饰的言辞。陷：失误。

⑯邪词：违背正道的言辞。离：偏离。

⑰遁词：躲闪含糊的言辞。穷：理穷，理屈。

⑱"生于其心"四句：意谓这些言辞，从思想中产生，就会在政治上带来危害；运用于政治，就会危害国家的各项具体工作。

## 【分　析】

在这篇文章中，孟子认为，他的特长是"知言"，是"善养吾浩然之气"。那么，什么是"浩然之气"呢？孟子说，这"浩然之气"就是一种"至大至刚"、充满于天地间的正气，它"集义所生"、"配义与道"，即它是一种刚正无私、能为正义事业献身的精神。这样的精神如何培养呢？孟子说，这"浩然之气"要"以直养"，不能"义袭而取之"，也不能"行有不慊于心"，而且还要"必有事焉而勿正，心勿忘，勿助长也"，总之，对这"浩然之气"，既要用正直来培养，又不能违背规律，急于求成。在孟子看来，一个人在心中有了这种"浩然之气"后，他就能够做到"知言"了。而所谓"知言"，就是善于分析与理解别人的言论，了解或明白对方言语的问题所在。在孟子看来，言为心生，一个人的心中若没有"浩然之气"，他的言语自然就是些"诐辞"、"淫辞"、"邪辞"、"遁辞"，这些言辞，"生于其心，害于其政；发于其政，害于其事"。而他胸中充满着"浩然之气"，对这样的言辞，自然就能轻易地发现它们的问题，并在论辩中置对方于理屈词穷的境地。由此，孟子阐明了"知言"，阐明了"养气"，也阐明了"心"、"气"、"言"的关系。

孟子文章具有气势浩然的风格特征。在这篇文章中，孟子大量使用了排偶句，从而使文章读起来气势磅礴。他还运用了寓言来说明事理，从而使文章形象生动、寓意深刻、发人深省、引人入胜。

## 【思考与练习】

1. 什么是"浩然之气"？孟子是如何培养"浩然之气"的？
2. "揠苗助长"的寓言故事说明了什么道理？
3. 本文体现了孟子文章怎样的风格特征？

## 【辑　评】

### 宋·朱熹《孟子集注》

知言者，尽心知性，于凡天下之言，无不有以究极其理，而识其是非得失之所以然也。

程子曰："心通乎道，然后能辨是非，如持权衡以较轻重，孟子所谓知言是也。"

### 宋·朱熹《朱子语类》

孟子论浩然之气一段，紧要全在"知言"上。

知言养气，虽是两事，其实相关。正如致知、格物、正心、诚意之类。若知言，便见得是非邪正。义理昭然，则浩然之气自生。

### 元·许谦《读四书丛说》

知言即是知道……知道理明，故能知天下言之邪正得失。

## 【链　接】

### 宋·苏轼《韩文公庙碑》

孟子曰："我善养吾浩然之气。"是气也，寓于寻常之中，而塞乎天地之间，卒然遇之，则王公失其贵，晋、楚失其富，良、平失其智，贲、育失其勇，仪、秦失其辩。是孰使之然哉？其必有不依形而立，不恃力而行，不待生而存，不随死而亡者矣。故在天为星辰，在地为河岳；幽则为鬼神，而明则复为人。

## 宋·苏辙《上枢密韩太尉书》

辙生好为文，思之至深，以为文者气之所形。然文不可以学而能，气可以养而致。孟子曰："我善养吾浩然之气。"今观其文章，宽厚宏博，充乎天地之间，称其气之小大。太史公行天下，周览四海名山大川，与燕赵间豪俊交游，故其文疏荡颇有奇气。此二子者，岂尝执笔学为如此之文哉？其气充乎其中，而溢乎其貌，动乎其文，而不自知也。

# 逍 遥 游

《庄子》

　　庄子（约前369—前286），名周，战国时宋之蒙（今河南商丘东北）人。战国时期的著名哲学家、文学家，道家学派的代表人物之一，老子哲学思想的继承者和发展者，先秦庄子学派的创始人。后世将他与老子并称为"老庄"，称其哲学为"老庄哲学"。庄子的文章，想象丰富奇崛，文笔变化多端，具有浓厚的浪漫主义色彩，行文多采用寓言故事，富有幽默讽刺的意味，对后世文学和语言有很大影响。

　　《庄子》是庄子学派的著作总集，后世亦称《南华经》。传世的《庄子》有三十三篇，其中内篇七篇，一般认为是庄子所著；外篇十五，杂篇十一，可能掺杂有其门人和后学的作品。

　　北冥有鱼①，其名为鲲②。鲲之大，不知其几千里也。化而为鸟，其名为鹏③。鹏之背，不知其几千里也。怒而飞④，其翼若垂天之云⑤。是鸟也，海运则将徙于南冥⑥。南冥者，天池也⑦。《齐谐》者⑧，志怪者也⑨。《谐》之言曰："鹏之徙于南冥也，水击三千里，抟扶摇直上者九万里⑩，去以六月息者也⑪。"野马也⑫，尘埃也，生物之以息相吹也⑬。天之苍苍，其正色邪？其远而无所至极邪？其视下也，亦若是则已矣。且夫水之积也不厚，则其负大舟也无力；覆杯水于坳堂之上⑭，则芥为之舟；置杯焉则胶，水浅而舟大也。风之积也不厚，则其负大翼也无力。故九万里，则风斯在下矣⑮，而后乃今培风⑯；背负青天而莫之夭阏者⑰，而后乃今将图南。

　　蜩与学鸠笑之曰⑱："我决起而飞⑲，抢榆枋⑳，时则不至，而控于地而已矣㉑，奚以之九万里而南为㉒！"适莽苍者㉓，三飡而反㉔，腹犹果然㉕；适百里者，宿舂粮；适千里者，三月聚粮。之二虫㉖，又何知！

　　小知不及大知㉗，小年不及大年。奚以知其然也？朝菌不知晦朔㉘，蟪蛄不知春秋㉙，此小年也。楚之南有冥灵者㉚，以五百岁为春，五百岁为秋；上古有大椿者㉛，以八千岁为春，八千岁为秋，此大年也㉜。而彭祖乃今以久特闻③，众人匹之，不亦悲乎？

汤之问棘也是已㉞：穷发之北㉟，有冥海者，天池也。有鱼焉，其广数千里，未有知其修者，其名为鲲。有鸟焉，其名为鹏，背若太山㊱，翼若垂天之云，抟扶摇羊角而上者九万里㊲，绝云气，负青天，然后图南，且适南冥也。斥鴳笑之曰㊳：“彼且奚适也？我腾跃而上，不过数仞而下㊴，翱翔蓬蒿之间，此亦飞之至也，而彼且奚适也？”此小大之辩也㊵。

故夫知效一官㊶，行比一乡㊷，德合一君，而徵一国者㊸，其自视也，亦若此矣。而宋荣子犹然笑之㊹。且举世而誉之而不加劝，举世而非之而不加沮㊺，定乎内外之分㊻，辩乎荣辱之境㊼，斯已矣。彼其于世，未数数然也㊽。虽然，犹有未树也。夫列子御风而行㊾，泠然善也㊿，旬有五日而后反51。彼于致福者52，未数数然也。此虽免乎行，犹有所待者也53。若夫乘天地之正54，而御六气之辩55，以游无穷者，彼且恶乎待哉！故曰：至人无己56，神人无功57，圣人无名58。

尧让天下于许由59，曰：“日月出矣，而爝火不息60，其于光也，不亦难乎！时雨降矣，而犹浸灌61，其于泽也62，不亦劳乎！夫子立而天下治63，而我犹尸之64，吾自视缺然65。请致天下66。”

许由曰：“子治天下，天下既已治也，而我犹代子，吾将为名乎？名者，实之宾也67，吾将为宾乎？鹪鹩巢于深林68，不过一枝；偃鼠饮河69，不过满腹。归休乎君，予无所用天下为！庖人虽不治庖70，尸祝不越樽俎而代之矣71。”

肩吾问于连叔曰72：“吾闻言于接舆73，大而无当，往而不返。吾惊怖其言，犹河汉而无极也74，大有径庭75，不近人情焉。”连叔曰：“其言谓何哉？”“曰‘藐姑射之山，有神人居焉76。肌肤若冰雪，淖约若处子77；不食五谷78，吸风饮露；乘云气，御飞龙，而游乎四海之外；其神凝，使物不疵疠而年谷熟79。’吾以是狂而不信也80。”连叔曰：“然，瞽者无以与乎文章之观81，聋者无以与乎钟鼓之声。岂唯形骸有聋盲哉？夫知亦有之。是其言也，犹时女也82。之人也，之德也，将旁礴万物以为一83，世蕲乎乱84，孰弊弊焉以天下为事85！之人也，物莫之伤86，大浸稽天而不溺87，大旱金石流、土山焦而不热。是其尘垢秕糠88，将犹陶铸尧舜者也89，孰肯以物为事！”宋人资章甫而适诸越90，越人断发文身91，无所用之。尧治天下之民，平海内之政。往见四子藐姑射之山，汾水之阳92，窅然丧其天下焉93。

惠子谓庄子曰94：“魏王贻我大瓠之种95，我树之，成而实五石96。以盛水浆，其坚不能自举也。剖之以为瓢，则瓠落无所容97。非不呺然大也98，吾为其无用而掊之<sup>⑨⑨</sup>。"庄子曰："夫子固拙于用大矣<sup>⑩⑩</sup>。宋人有善为不龟手之药者<sup>⑩⑪</sup>，世世以洴澼絖为事<sup>⑩⑫</sup>。客闻之，请买其方百金。聚族而谋之曰：'我世世为洴澼絖，不过数金。今一朝而鬻技百金<sup>⑩⑬</sup>，请与之。'客得之，以说吴王。越有难，吴王使之将。冬，与越人水战，大败越人，裂地而封之<sup>⑩⑭</sup>。能不龟手一也，或以封，或不免于洴澼絖，则所用之异也。今子有五石之瓠，何不虑以为大樽而浮乎江湖<sup>⑩⑮</sup>，而忧其瓠落无所容？则夫子犹有蓬之心也夫<sup>⑩⑯</sup>！"

惠子谓庄子曰："吾有大树，人谓之樗<sup>⑩⑰</sup>。其大本拥肿而不中绳墨<sup>⑩⑧</sup>，其小枝卷曲而不中规矩<sup>⑩⑨</sup>。立之涂<sup>⑪⑩</sup>，匠者不顾。今子之言，大而无用，众所同去也<sup>⑪⑪</sup>。"庄子曰："子独不见狸狌乎<sup>⑪⑫</sup>？卑身而伏，以候敖者<sup>⑪⑬</sup>；东西跳梁<sup>⑪⑭</sup>，不避高下；中于机辟<sup>⑪⑮</sup>，死于罔罟<sup>⑪⑯</sup>。今夫斄牛<sup>⑪⑰</sup>，其大若垂天之云。此能为大矣，而不能执鼠<sup>⑪⑧</sup>。今子有大树，患其无用，何不树之于无何有之乡，广莫之野，彷徨乎无为其侧<sup>⑪⑨</sup>，逍遥乎寝卧其下。不夭斤斧<sup>⑫⑩</sup>，物无害者，无所可用，安所困苦哉！"

## 【注 释】

① 北冥：北海。冥，幽深。一作溟，海。

② 鲲（kūn）：本指鱼卵，这里借作大鱼名。

③ 鹏：本为古"凤"字，这里用表大鸟之名。

④ 怒：同"努"。形容气势强盛，引申为奋起，此指奋力鼓动翅膀。

⑤ 垂：边远。这个意义后来写作"陲"。

⑥ 海运：海水运动，这里指汹涌的海涛；一说指鹏鸟在海面凭风飞行。徙：迁移。

⑦ 天池：南海的别名。

⑧ 《齐谐》：书名，专门记载怪异之事。

⑨ 志：记载。

⑩ 击：拍击。抟（tuán）：环绕而上。一说"抟"当作"搏"，拍击的意思。扶摇：又叫飙，由地面急剧盘旋而上的风暴。

⑪ 去：离，这里指离开北海。息：停歇。一说"六月息"指六月风，"息"谓风。六月间的风最大，鹏便乘大风而南飞。

⑫ 野马：春天林泽中的雾气。雾气浮动状如奔马，故名"野马"。

⑬ 生物：概指各种有生命的东西。息：这里指有生命的东西呼吸所产生的气息。

⑭ 覆：倾倒。坳：坑洼处，"坳堂"指厅堂地面上的坑洼处。

⑮ 斯：则，就。

⑯ 而后乃今：意思是这之后方才。以下同此解。培风：加于风上，乘风。培，通作"凭"。

⑰ 夭阏（è）：又作"夭遏"。夭，挫折。阏，阻止。

⑱ 蜩（tiáo）：蝉。学鸠：一种小灰雀，这里泛指小鸟。

⑲ 决（xuè）：迅疾的样子。

⑳ 抢（qiāng）：突过。榆枋：两种树名。

㉑ 控：投下，落下。

㉒ 奚以：何以。之：去到。为：句末疑问语气词。

㉓ 适：往，去到。莽苍：指迷茫看不真切的郊野。

㉔ 飡（cān）：同"餐"。反：同"返"，返回。

㉕ 犹：还。果然：腹饱的样子。

㉖ 之：这。二虫：指上述的蜩与学鸠。

㉗ 知（zhì）：同"智"，智慧。

㉘ 朝菌：植物名，朝生暮死。晦：夜。朔：旦。

㉙ 蟪蛄：虫名，即蝉。夏初生秋末死。

㉚ 冥灵：海龟，一说树名。

㉛ 大椿：传说中的古树名。

㉜ 该句原文缺，今据宋人陈景元《庄子阙误》补。

㉝ 彭祖：古代传说年寿极高的人，活了八百岁。乃今：而今。以：凭。特：独。闻：闻名于世。

㉞ 汤：商汤。棘：相传为商汤时的贤大夫。是：这。已：矣。

㉟ 穷发：不毛之地。发，指草木。

㊱ 太山：大山。一说即泰山。

㊲ 羊角：旋风，回旋向上如羊角状。

㊳ 斥鴳（chǐyàn）：小鸟名，一说即鹌鹑。

㊴ 仞：古代长度单位，周制为八尺，汉制为七尺；这里应从周制。

㊵ 辩：通"辨"，辨别的意思。

㊶ 知：同"智"。效：功效，这里含有胜任的意思。

㊷ 行（xíng）：品行。比：同"庇"，庇护。一说投合，迎合。

㊸ 而：通"能"，能力。微：取信。

㊹ 宋荣子：一名宋鈃，宋国人，战国时期的思想家。犹然：讥笑的样子。

㊺ 举：全。劝：劝勉，努力。非：责难，批评。沮（jǔ）：沮丧。

㊻ 内外：这里分别指自身和身外之物。在庄子看来，自主的精神是内在的，荣誉和非难都是外在的，而只有自主的精神才是重要的、可贵的。

㊼ 境：界限。

㊽ 数数（shuò shuò）然：常常。意谓宋荣子在世上，并不多见。

㊾ 列子：郑国人，名叫列御寇，战国时代思想家。御：驾驭。

㊿ 泠（líng）然：轻盈美妙的样子。

(51) 旬：十天。有：通"又"。反：同"返"。

(52) 致：罗致，这里有寻求的意思。

(53) 待：凭借，依靠。

(54) 乘：遵循，凭借。正：规律，法则。

(55) 御：含有因循、顺着的意思。六气：指阴、阳、风、雨、晦、明。辩：通“变”，变化。

(56) 至人：这里指道德修养最高尚的人。无己：清除外物与自我的界限，达到忘掉自己的境界。

(57) 神人：这里指精神世界完全超脱于物外的人。无功：不建树功业。

(58) 圣人：这里指思想修养臻于完美的人。无名：不追求名誉地位。

(59) 尧：传说中的古代帝王。许由：传说中的古代隐士。

(60) 爝（jué）火：小火把。息：通“熄”。

(61) 浸灌：浇灌。

(62) 泽：润泽，指浇灌之事。

(63) 夫子：指许由。

(64) 尸：本指庙中神像，后引申为徒居名位而无其实，即“尸位”之意，这里是主持，主其事。

(65) 缺然：不足自愧的样子。

(66) 致：与，交给。

(67) 宾：从属、派生的东西。

(68) 鹪鹩（jiāoliáo）：小鸟名，善于筑巢。

(69) 偃（yǎn）鼠：即鼹鼠，好饮河水。

(70) 庖（páo）人：厨师。治庖：管理烹饪的工作。

(71) 尸祝：祭祀中执祭版对神主祷祝的人。樽（zūn）：盛酒器具。俎（zǔ）：盛肉器具。

(72) 肩吾、连叔：皆为作者虚构的人物。

(73) 接舆：楚国的狂士，隐居不仕。

(74) 河汉：指天上的银河。

(75) 径庭：差别很大的意思。径，指门前路。庭，指堂外地。

(76) 藐姑射（yè）：神山名。

(77) 绰约：姿态柔美。处子：处女。

(78) 五谷：指稻、黍、稷、菽、麦五种谷物。

(79) 疵疠（cīlì）：恶病，引申为灾害。

(80) 以：认为。是：指接舆的那番话。

(81) 瞽者：盲人。文章：花纹。

(82) 时：通“是”，此。女：通“汝”，指肩吾。

(83) 旁礴：混同。

(84) 蕲（qí）：通“祈”，祈求。乱：治。

(85) 弊弊：辛苦经营的样子。

(86) 莫：没有谁。此句为宾语前置。

(87) 大浸：大水。稽：至。

(88) 粃穅：比喻道之粗者。穅，同“糠”。

(89) 陶铸：造就。

(90) 宋：国名，在今河南一带。资：贩卖。章甫：殷代的一种礼帽。宋人为殷人后代，所以戴章甫这种礼帽。诸：之于。越：今浙江一带。

(91) 断发：剪短头发。文身：在身上刺画图案或花纹。

(92) 四子：指王倪、啮缺、被衣、许由。汾水：在今山西省境内，为黄河支流。阳：水的北面。

(93) 窅（yǎo）然：怅然的样子。丧：遗忘。

(94) 惠子：姓惠名施，宋人，曾为梁惠王相，是庄子的好友。

(95) 魏王：梁惠王。贻（yí）：赠送。瓠（hù）：葫芦。

(96) 实：容量。石：重量单位，古代三十斤为一钧，四钧为一石。

(97) 瓠落：即廓落，空廓的样子。

(98) 呺（xiāo）然：空虚巨大的样子。

(99) 为：因为。掊（pǒu）：击碎。

(100) 拙：笨拙，不善于。

(101) 龟（jūn）：通“皲”，皮肤冻裂。

(102) 洴澼絖（píngpìkuàng）：漂洗丝絮。

(103) 鬻（yù）：出售。

(104) 裂地：割出一块地方。

(105) 虑：系缚。一说通“摅”，挖空。樽：腰舟。

(106) 有蓬之心：指惠子心为茅塞，不通道理。

(107) 樗（chū）：臭椿，一种劣质的大木。

(108) 大本：主干。拥肿：即臃肿，指树干疙瘩盘结。中（zhòng）：合乎。

(109) 规矩：圆规和角尺。

(110) 涂：通“途”，道路。

(111) 去：抛弃。

(112) 狸（lí）：野猫。狌（shēng）：黄鼠狼。

(113) 敖（áo）者：指嬉游的小动物。

(114) 跳梁：即跳踉，腾跃跳动的意思。

(115) 机辟（bì）：泛指捕兽工具。

(116) 罔：通“网”。罟（gǔ）：网的统称。

(117) 斄（lí）牛：即牦牛，体大不灵活。

(118) 执：捉拿。

⑪ 彷徨：指悠游之义。
⑫ 夭：夭折，早死。

## 【分　析】

《逍遥游》是《庄子》的首篇，全篇阐述的是绝对自由的理念，"逍遥"指"无所待而游于无穷"，即人要忘己、忘功、忘名，与万物融合，与自然化而为一，不受任何约束，行为和精神都无所求，就达到绝对自由。这种境界令人心驰神往，但现实生活中却无法达到。

全文分总论和分论两大部分。开篇先描绘了大鹏展翅而飞的壮观景象，看似逍遥，实则有所依托，接着又通过野马、尘埃、蜩与学鸠、朝菌、蟪蛄、冥灵、大椿、彭祖等形象说明他们皆有所待，接着又列举宋荣子、列子也不逍遥，最后才推出逍遥的形象：至人、神人、圣人，让人体味到只有顺乎自然和无为才能够逍遥。

本篇是《庄子》的代表篇目之一，其中充满了奇特的想象和浪漫的色彩，说理寓于生动的寓言和比喻之中，有独特的风格。

## 【思考和练习】

1. 你认为庄子"逍遥"的本意是什么？
2. 谈谈你对庄子文章特点的认识。

## 【辑　评】

**南朝梁·刘孝标《世说新语·文学》注引向秀、郭象《逍遥义》**

夫大鹏之上九万，尺鷃之起榆枋，小大虽差，各任其性，苟当其分，逍遥一也。然物之芸芸，同资有待，得其所待，然后逍遥耳。唯圣人与物冥而循大变，为能无待而常通，岂独自通而已！又从有待者，不失其秘待，不失则同于大通矣。

**晋·郭象《庄子注·逍遥游》题解**

夫小大虽殊，而放于自得之场，则物任其性，事称其能，各当其分，逍遥一也，岂容胜负于其间哉！

## 释德清《庄子内篇注·逍遥游》总论

此为书之首篇。庄子自云言有宗，事有君，即此便是立言之宗本也。逍遥者广大自在之说明书，即如佛经无碍解脱。佛以断尽烦恼为解脱，庄子以超脱形骸，泯灭知巧，不以生人一身功名为累为解脱。盖指虚无自然为大道之乡，为逍遥之境，如下云"无何有之乡，广漠之野"等语是也。意谓唯有真人能游于此广大自在之场者，即下所谓大宗师即其人也。……故此篇立意，以"至人无己，神人无功，圣人无名"为骨子。立定主意，只说到后，方才指出，此是他文章变化鼓舞处。学者若识得立言本意则一书之旨了然矣。

## 胡朴安《庄子章义·逍遥游》总论

庄子之学，以虚无为体，以静寂为用，以自然为宗，以无为为教。逍遥游者，游于虚无之乡，寂静一任其自然，无为而无不为也。……《庄子》全书，皆是虚无、寂静、自然、无为递演。此篇为第一篇，统括全书炎意，逍遥物外，任心而游，而虚无、寂静、自然、无为之旨，随处可见。能了解此意，《庄子》全书即可了解。

## 陆西星《南华真经副墨·逍遥游》

意中生意，言外立言。纩中线引，草里蛇眠。云破月映，藕断丝连。作是观者，许读此篇。

## 【链　接】

### 鲁迅《汉文学史纲要》

（庄子）著书十余万言，大抵寓言，人物土地，皆空言无事实，而其文则汪洋辟阖，仪态万方，晚周诸子之作，莫能先也。

### 吕思勉《诸子解题》

先秦诸子中，善言名理，有今纯理哲学之意者，则莫《庄子》若矣。

# 哀 郢①

屈 原

屈原（约前340—约前278），战国楚人。伟大的爱国诗人、政治家。屈原力主改革政治，彰明法度，举贤任能，却遭谗放逐，前后达9年之久，而楚廷愈加腐败，郢都又为秦兵所破，他回天无力，希望断绝，遂投汨罗江而死。主要作品有《离骚》、《九章》等篇，以优美的语言、丰富的想象，塑造出一系列鲜明生动的形象，极富浪漫主义精神，对中国文坛产生了深远影响。

　　皇天之不纯命兮，何百姓之震愆②？民离散而相失兮③，方仲春而东迁。去故乡而就远兮，遵江夏以流亡。出国门而轸怀兮④，甲之鼂吾以行⑤。发郢都而去闾兮⑥，怊荒忽其焉极⑦。楫齐扬以容与兮⑧，哀见君而不再得。望长楸而太息兮⑨，涕淫淫其若霰⑩。过夏首而西浮兮⑩，顾龙门而不见。心婵媛而伤怀兮⑪，眇不知其所蹠⑫。顺风波以从流兮，焉洋洋而为客。凌阳侯之氾滥兮⑬，忽翱翔之焉薄？心絓结而不解兮⑭，思蹇产而不释⑮。

　　将运舟而下浮兮，上洞庭而下江。去终古之所居兮⑯，今逍遥而来东。羌灵魂之欲归兮⑰，何须臾而忘反？背夏浦而西思兮⑱，哀故都之日远。登大坟以远望兮⑲，聊以舒吾忧心。哀州土之平乐兮⑳，悲江介之遗风㉑。

　　当陵阳之焉至兮㉒，淼南渡之焉如㉓？曾不知夏之为丘兮㉔，孰两东门之可芜㉕？心不怡之长久兮，忧与愁其相接。惟郢路之辽远兮，江与夏之不可涉。忽若不信兮，至今九年而不复。惨郁郁而不通兮，蹇侘傺而含慼㉖。

　　外承欢之汋约兮㉗，谌荏弱而难持㉘。忠湛湛而愿进兮㉙，妒被离而鄣之㉚。尧舜之抗行兮㉛，瞭杳杳而薄天㉜。众谗人之嫉妒兮，被以不慈之伪名㉝。憎愠惀之修美兮㉞，好夫人之忼慨。众踥蹀而日进兮㉟，美超远而逾迈㊱。

　　乱曰㊲：曼余目以流观兮㊳，冀壹反之何时？鸟飞反故乡兮，狐死必首丘㊴。信非吾罪而弃逐兮，何日夜而忘之！

【注 释】

　　①《哀郢》为《九章》之一。郢（yǐng）为楚都。楚顷襄王二十一年（公元前278

年）秦将白起攻破郢都（今湖北省江陵市），国家仓皇迁都，百姓被迫流亡，屈原目睹这种惨状，写下了这首哀叹郢都沦亡的诗篇。《哀郢》之哀，乃国破家亡之哀，报国无门之哀，英雄末路之哀，哀字统领全篇，感天动地，堪为绝响。

②震愆：这里指震动恐慌遭罪。震，震动。愆（qiān），过失，罪过。以上二句是说，为何老天爷喜怒无常，就让百姓遭殃。

③离散：妻离子散。相失：家人失散，即家破人亡之意。

④国门：国都之门。轸（zhěn）：悲痛。

⑤甲：古代以干、支相配来纪日，甲日的那一天。鼌（zhāo）：同"朝"，早晨。

⑥闾（lǚ）：本指里巷之门，此处代指家园。

⑦怊（chāo）：远。荒忽：指心绪茫然；一说指行程遥远。极：尽头。

⑧楫（jí）：船桨。齐扬：一同举起。容与：指木船缓缓慢行。

⑨楸（qiū）：树名，落叶乔木。

⑩夏首：地名，在今湖北沙市，夏水的起点。西浮：向西漂行。

⑪婵媛（chányuán）：愁绪绵绵的样子。

⑫眇：同"渺"。蹠（zhí）：至。

⑬凌：乘，驾。阳侯：传说中的狂涛之神，这里指巨浪。氾滥：大水横流。

⑭绖结：绖（guà）：牵挂。结：郁结。解：解开。

⑮蹇（jiǎn）产：曲折，心情不舒畅。释：解开。

⑯去：离开。终古之所居：犹言祖先世代所居住的地方，此指郢都。

⑰羌（qiāng）：发语词，楚方言，有"乃"之意。

⑱背：背对着，指离开。夏浦：地名，指夏口（今湖北省武汉市）。西思：思念西方，指郢都。

⑲坟：指水边高地。

⑳州土：这里指楚国州邑乡土。平乐：指和平快乐。

㉑江介：长江两岸。

㉒当：面对面。陵阳：地名，在今安徽省安庆市东南。焉至：到何处去。

㉓淼（miǎo）：大水茫茫。焉如：何往。以上二句说，到了陵阳，还要到哪里去？南渡这茫茫大水，又将前往何方？

㉔曾（zēng）不知：简直想不到。夏：同"厦"，大屋，这里指楚都之宫殿。丘：荒丘、废墟。

㉕孰：怎么，为何。两东门：郢都东关的两座城门。

㉖蹇（jiǎn）：发语词，楚方言。侘傺（chàchì）：怅然伫立，困顿失意的样子。慼：同"戚"，忧伤。以上二句说，我愁思郁积，心情不畅，内心悲伤。

㉗外：表面。承欢：顺承君主的欢心。汋（chuò）约：即"绰约"，腰姿柔美的样子，此指小人的谄媚之态。

㉘谌（chén）：诚，实在。荏（rěn）弱：软弱。难持：靠不住，指小人、奸臣。

㉙ 湛湛（zhàn）：忠厚的样子。进：进用。

㉚ 被：同"披"。被离，犹披离，纷乱。鄣：同"障"，阻碍，遮蔽。以上二句说，我怀着耿耿忠心，愿意进用于君王，但流言纷纷，阻塞了我的见进之路。

㉛ 抗：通"亢"，高。

㉜ 杳（yǎo）杳：高远的样子。薄：近。以上二句说，尧舜德行高尚，目光远大，上可达天。

㉝ 被：覆盖，这里犹言加上。不慈之伪名：不慈，不疼爱儿子。尧舜传位于贤人，不传儿子。又传说，尧曾杀长子，所以《庄子·盗跖》篇有"尧杀长子，舜流母弟"、"尧不慈，舜不孝"之说。

㉞ 愠怆（yùnlǔn）：忠厚诚朴而不善谈。修美：修养高尚而美好。

㉟ 踥蹀（qièdié）：小步行走的样子。众：指群小。

㊱ 美：美人，指贤人。超远：遥远。逾迈：犹愈迈，越来越遥远。以上二句说，众小人奔走钻营，日益接近君王，而贤人却越来越远离朝廷。

㊲ 乱：乐章最末之段，词赋总括全篇内容的收尾。

㊳ 曼：放开我的眼光。流观：四处张望。

㊴ 必：必定。首丘：头向着狐穴所在的土丘。以上二句说，鸟总是要飞回自己的故乡，狐狸到死时，也总要把头朝着自己生身的山丘。

## 【分　析】

《哀郢》写于公元前278年秦破郢都、楚襄东迁、百姓遭殃的日子里。此时，屈原年过六旬，已被逐九载。诗人将欲返不能、思君难见的悲切与百姓罹难、国是日非的哀伤凝成这首血泪悲歌。

此诗本为叙事诗，按时序可以理出一条清晰的流亡路线——出国门，过夏首，顾龙门，上洞庭，背夏浦，登大坟，哀乐土，悲江介等等。但叙事只是为抒情提供了景物，提供了框架，它绝非流亡的客观记录，而是紧扣"哀郢"之"哀"，注入了血泪般的深情。哀国、哀民、哀君、哀己，"哀"字贯穿始终，成为全诗之魂。诗中设问、反诘、疑问句子的综合运用，增加了作品的感情色彩，很好地表达了诗人四顾茫然，有国难归，有家难回的哀痛之情。

## 【思考与练习】

1. 《哀郢》中反映出屈原怎样的生活遭遇和思想感情？

2. 简述《哀郢》的思想内容和艺术特色。

3. 掌握这首诗层层深入的"哀"情。

## 【辑　评】

### 《先秦诗鉴赏辞典》

　　本诗在结构上表现了很大的独创性：一，开头并未交代是回忆，给读者以身临其境之感，留下深刻的印象。二，四句为一节，三节为一层意思，很整齐。语言上的特点是骈句多，如"去故乡而就远，遵江夏以流亡"、"过夏首而西浮，顾龙门而不见"、"背夏浦而西思，哀故都之日远"等，既富有对偶美，也有助于加强感情力度。在风格上，徐焕龙《楚辞洗髓》谓之"于《九章》中最为凄惋，读之实一字一泪也"，诚然。

## 【链　接】

### 司马迁《史记·屈原贾生列传》

　　其文约，其辞微，其志洁，其行廉，其称文小而其指极大，举类迩而见义远。其志洁，故其称物芳；其行廉，故死而不容自疏。濯淖污泥之中，蝉蜕于浊秽，以浮游尘埃之外，不获世之滋垢，皭然泥而不滓者也。推此志也，虽与日月可争光也。

　　太史公曰：余读《离骚》、《天问》、《招魂》、《哀郢》，悲其志。适长沙，观屈原所自沉渊，未尝不垂涕，想见其为人。及见贾生吊之，又怪屈原以彼其才，游诸侯，何国不容？而自令若是。读《鵩鸟赋》，同死生，轻去就，又爽然自失矣。

# 垓下之围①

司马迁

司马迁（约前145—约前87），字子长，西汉夏阳（今陕西韩城南）人，史学家、文学家、思想家。他生活在西汉国力最为鼎盛的武帝时代（前140—前86），活动的时期几乎与武帝相始终。幼时家学的熏陶，稍长广泛的游历，加之仕途的畅达，为他完成父亲修史的遗命和自己的理想创造了良好的条件。三十八岁的时候，他开始收集修史的资料，后来，虽然因为李陵事件触怒汉武帝而受"腐刑"，但他仍以惊人的意志忍辱负重，在五十五岁时完成了"究天人之际，通古今之变，成一家之言"的巨著——《史记》。

《史记》既开创了中国纪传体史学，也开创了中国的传记文学。它记叙了上自黄帝下至汉武帝太初年间，共计三千多年的历史，分"本纪"、"表"、"书"、"世家"、"列传"五个部分，全书共一百三十篇，五十多万字。《史记》既是历史的"实录"，同时也具有相当高的文学价值。它的语言历来被奉为"古文"的典范。

项王军壁垓下②，兵少食尽，汉军及诸侯兵围之数重。夜闻汉军四面皆楚歌，项王乃大惊曰："汉皆已得楚乎？是何楚人之多也！"项王则夜起，饮帐中。有美人名虞，常幸从；骏马名骓，常骑之。于是项王乃悲歌慷慨，自为诗曰："力拔山兮气盖世，时不利兮骓不逝③。骓不逝兮可奈何，虞兮虞兮奈若何！"歌数阕，美人和之④。项王泣数行下，左右皆泣，莫能仰视。

于是项王乃上马骑，麾下壮士骑从者八百余人，直夜溃围南出⑤，驰走。平明，汉军乃觉之，令骑将灌婴以五千骑追之。项王渡淮，骑能属者百余人耳⑥。项王至阴陵⑦，迷失道，问一田父，田父绐曰⑧："左。"左，乃陷大泽中，以故汉追及之。

项王乃复引兵而东，至东城⑨，乃有二十八骑。汉骑追者数千人。项王自度不得脱，谓其骑曰："吾起兵至今八岁矣，身七十余战，所当者破，所击者服，未尝败北，遂霸有天下。然今卒困于此，此天之亡我，非战之罪也。今日固决死，愿为诸君快战，必三胜之，为诸君溃围，斩将，刈旗⑩，令诸君知天亡我，非战之罪也。"乃分其骑以为四队，四向。汉军围之数重。项王谓其骑曰："吾为公取彼一将。"令四面骑驰下，期山东为三处⑪。

于是项王大呼驰下，汉军皆披靡，遂斩汉一将。是时，赤泉侯为骑将，追项王，项王瞋目而叱之，赤泉侯人马俱惊，辟易数里⑫。与其骑会为三处。汉军不知项王所在，乃分军为三，复围之。项王乃驰，复斩汉一都尉，杀数十百人，复聚其骑，亡其两骑耳。乃谓其骑曰："何如？"骑皆伏曰："如大王言！"

于是项王乃欲东渡乌江⑬。乌江亭长舣船待⑭，谓项王曰："江东虽小，地方千里，众数十万人，亦足王也。愿大王急渡。今独臣有船，汉军至，无以渡。"项王笑曰："天之亡我，我何渡为！且籍与江东子弟八千人渡江而西，今无一人还，纵江东父兄怜而王我，我何面目见之？纵彼不言，籍独不愧于心乎？"乃谓亭长曰："吾知公长者。吾骑此马五岁，所当无敌，尝一日行千里，不忍杀之，以赐公。"乃令骑皆下马步行，持短兵接战。独籍所杀汉军数百人。项王身亦被十余创⑮，顾见汉骑司马吕马童，曰："若非吾故人乎？"马童面之，指王翳曰："此项王也。"项王乃曰："吾闻汉购我头千金，邑万户，吾为若德。"乃自刎而死。王翳取其头，馀骑相蹂践争项王，相杀者数十人。最其后，郎中骑杨喜，骑司马吕马童，郎中吕胜、杨武各得其一体。五人共会其体，皆是。故分其地为五：封吕马童为中水侯，封王翳为杜衍侯，封杨喜为赤泉侯，封杨武为吴防侯，封吕胜为涅阳侯。

项王已死，楚地皆降汉，独鲁不下。汉乃引天下兵欲屠之，为其守礼义，为主死节，乃持项王头视鲁，鲁父兄乃降。始，楚怀王初封项籍为鲁公，及其死，鲁最后下，故以鲁公礼葬项王穀城。汉王为发哀，泣之而去。诸项氏枝属⑯，汉王皆不诛。乃封项伯为射阳侯。桃侯、平皋侯、玄武侯皆项氏，赐姓刘。

太史公曰：吾闻之周生曰"舜目盖重瞳子⑰"，又闻项羽亦重瞳子。羽岂其苗裔邪？何兴之暴也！夫秦失其政，陈涉首难，豪杰蜂起，相与并争，不可胜数。然羽非有尺寸⑱，乘势起陇亩之中，三年，遂将五诸侯灭秦，分裂天下，而封王侯，政由羽出，号为"霸王"，位虽不终，近古以来未尝有也。及羽背关怀楚，放逐义帝而自立⑲，怨王侯叛己，难矣。自矜功伐，奋其私智而不师古，谓霸王之业，欲以力征经营天下，五年卒亡其国，身死东城，尚不觉寤而不自责，过矣。乃引"天亡我，非用兵之罪也"，岂不谬哉！

**【注 释】**

① 本篇节选自司马迁著《史记·项羽本纪》（中华书局1959年校点本），题目系编者

所加。垓（gāi）下，地名，在今安徽灵璧东南。

②壁：筑垒扎营。

③逝：向前奔驰。

④和（hè）之：应和，跟着唱。《楚汉春秋》载，歌为："汉兵已略地，四方楚歌声。大王意气尽，贱妾何聊生！"后人怀疑是假托。

⑤直夜：当夜。溃围：突破重围。

⑥属（zhǔ）者：跟随的人。

⑦阴陵：在今安徽省定远县西北。

⑧田父（fǔ）：农夫。绐（dài）：欺骗。

⑨东城：在今安徽省定远县东南。

⑩刈（yì）旗：砍倒敌方军旗。

⑪期山东为三处：约定在山的东面，分做三处集合。此山相传即今安徽省和县北之四溃山。

⑫辟易：退避。辟，同"避"。

⑬乌江：即今安徽和县东北的乌江浦。

⑭亭长：秦汉时的乡官。舣（yǐ）：拢船靠岸。

⑮被：受。创：伤。

⑯枝属：宗族。

⑰重瞳子：一只眼睛里有两个眸子。

⑱尺寸：尺寸（些微）的权柄。

⑲义帝：战国楚怀王之孙，熊氏，名心，初被项梁立为楚怀王，后项羽尊其为义帝，最终被项羽所杀。

【分　析】

《项羽本纪》中的项羽是世人公认的司马迁笔下的经典人物形象。《垓下之围》一文既是项羽形象塑造的最终完成，又是人物性格的集中体现，更是无法调和的矛盾冲突的戏剧化展演。文章用通俗简练、自然流畅的语言，通过人物动作、语言的勾勒，贯穿以"别姬"、"决战"和"自刎"三个场景的描写和灵活的细节安排，在一系列矛盾冲突中塑造了项羽感情丰富、英勇直率而又幼稚得可笑、可爱的悲剧英雄形象。

司马迁塑造人物竭力做到将历史、人物和主题统一起来，这样既写活了历史，人物也栩栩如生。他还非常善于把人物置于尖锐的矛盾冲突中，通过人物的言行来完成人物性格的刻画。司马迁时代，项羽失败是历史的已然，但《垓下之围》还揭示了其失败的必然，这也是文章的主题所在。拔山盖世的英雄项羽是可敬畏甚至可爱的，但多情、直率与幼稚又促成了他悲剧性的结局；

众寡悬殊、短兵相接的对抗冲突是尖锐的，但怨天却不自责，略知天时、粗通地利、不顾人和，早已埋下了他始胜终败的祸根。

## 【思考与练习】

1. 决定战场胜败的因素多而复杂，但决定战争胜负的根本因素却主要在于人心的向背。项羽的失败固然令人扼腕长叹，他失败的已然或必然更应该引起我们的深思。试从课文出发，对此进行细节性的分析。

2. 项羽先唱到"时不利"，后来又三次说"天亡我"，确实反映了英雄末路的一腔悲愤。但是，联系古人"天时不如地利，地利不如人和"的战争观，我们应该如何看待课文中的这三个"天"？司马迁又是如何理解这个"天"的呢？

3. 比较分析文中人物的个性化语言。

## 【辑　评】

### 清·吴见思《史记论文》

"可奈何"，"奈若何"，若无意义，乃一腔怒愤，万种低回，地厚天高，托身无所，写英雄失路之悲，至此极矣。

### 钱钟书《管锥编·史记会注考证》

马迁行文，深得累叠之妙，如本篇末写项羽"自度不能脱"，一则曰："此天之亡我，非战之罪也"，再则曰："令诸君知天亡我，非战之罪也"，三则曰："天之亡我，我何渡为！"心已死而意犹未平，认输而不服气，故言之不足，再三言之也。

## 【链　接】

### 《史记·项羽本纪》

项籍少时，学书不成，去；学剑，又不成。项梁怒之。籍曰："书足以记名姓而已。剑一人敌，不足学，学万人敌。"于是项梁乃教籍兵法，籍大喜，略知其意，又不肯竟学。……

## 梁启超《中国历史研究法》

楚汉久相持未决，丁壮苦军旅，老弱罢转漕。项王谓汉王曰："天下匈匈数岁者，徒以吾两人耳，愿与汉王挑战决雌雄，毋徒苦天下之民父子为也。"汉王笑谢曰："吾宁斗智，不能斗力。"

一个人的性格、兴趣及其作事的步骤，皆与全部历史有关。太史公作《史记》最看中这点。

## 钱穆《中国史学名著》

读《史记》可长一套聪明，一套见识。实际上，我并不是要学《史记》，乃是要学司马迁。你有了这一套聪明和见识，随便学哪一段时代的历史，总是有办法。所以我告诉诸位，做学问该要读一部书，至几部书。读此几部书，该要读到此几部书背后的人。

## 季镇淮《司马迁》

《项羽本纪》写的是一位勇猛无前、摧毁暴力统治的盖世英雄；《淮阴侯列传》写的是一位善于将兵、多多益善的神奇将军。淮阴侯论项羽的许多个人弱点和政治军事上的错误，不写于《项羽本纪》而写于《淮阴侯列传》，真正是两全其美的写法。

# 登 楼 赋

王 粲

王粲（177—217），字仲宣，汉末山阳高平（今山东邹县）人。曾随汉献帝西迁长安。后又避难荆州依刘表，未受重用。曹操征服荆襄后，归附曹操，官至侍中，为"建安七子"中文学成就较高者。曹丕《典论·论文》谓其"长于辞赋"。

  登兹楼以四望兮，聊暇日以销忧①。览斯宇之所处兮②，实显敞而寡仇③。挟清漳之通浦兮④，倚曲沮之长洲⑤；背坟衍之广陆兮⑥，临皋隰之沃流⑦。北弥陶牧⑧，西接昭丘⑨。华实蔽野，黍稷盈畴⑩。虽信美而非吾土兮⑪，曾何足以少留⑫？

  遭纷浊而迁逝兮⑬，漫逾纪以迄今⑭。情眷眷而怀归兮，孰忧思之可任？凭轩槛以遥望兮，向北风而开襟。平原远而极目兮，蔽荆山之高岑。路逶迤而修迥兮，川既漾而济深⑮。悲旧乡之壅隔兮，涕横坠而弗禁。昔尼父之在陈兮，有"归欤"之叹音⑯。钟仪幽而楚奏兮⑰，庄舄显而越吟⑱。人情同于怀土兮，岂穷达而异心⑲？

  惟日月之逾迈兮，俟河清其未极。冀王道之一平兮⑳，假高衢而骋力㉑。惧匏瓜之徒悬兮㉒，畏井渫之莫食㉓。步栖迟以徙倚兮，白日忽其将匿。风萧瑟而并兴兮，天惨惨而无色。兽狂顾以求群兮，鸟相鸣而举翼。原野阒其无人兮㉔，征夫行而未息。心凄怆以感发兮，意忉怛而憯恻㉕。循阶除而下降兮，气交愤于胸臆。夜参半而不寐兮㉖，怅盘桓以反侧。

## 【注 释】

① 聊：姑且。暇：同"假"，借。
② 斯：此。斯宇：当指湖北麦城城楼。
③ 显敞：明亮宽敞。寡：少。仇（qiú）：匹敌。
④ 挟（xié）：挟带。漳：漳水。

⑤沮（jū）：沮水。长洲：长形中的水中陆地。

⑥背：背靠。坟：地势高起。衍：地势广平。广陆：广阔的陆地。

⑦临：面对。皋（gāo）：水边高地。隰（xí）：低湿之地。沃：浇灌。

⑧弥：终，尽。陶牧：地名，因有陶朱公（春秋时越国范蠡）墓而得名。

⑨昭丘：地名，因有楚昭王墓而得名。

⑩畴（chóu）：已耕种的田地。

⑪土：故乡。

⑫曾（zēng）：语气词。

⑬迁逝：迁徙而来，指避乱来荆州。

⑭纪：十二年。

⑮漾：水长。济深：指水深难渡。济，渡。

⑯尼父：孔子。《论语·公冶长》："子在陈，曰：'归与（欤）！归与（欤）！'"

⑰钟仪：楚乐官名。幽：囚禁。楚奏：弹奏楚歌。

⑱庄舄（xì）：越国人，在楚国做官。越吟：吟唱越国歌曲。

⑲异心：思乡之心有所不同。

⑳王道：王政。一平：统一，稳定。

㉑骋力：指施展才力。

㉒匏（páo）瓜：俗称瓢葫芦。徒：空。《论语·阳货》："吾岂匏瓜也哉，焉能系而不食？"

㉓渫（xiè）：除去污泥。《周易·井卦》："井渫不食，为我心恻。"

㉔阒（qù）：寂静。

㉕忉怛（dāodá）：悲痛。憯恻（cǎncè）：忧伤。

㉖夜参半：即半夜。参，交，近。


【分　析】

　　《登楼赋》是建安时代抒情小赋的代表作品，被誉为"魏晋赋首"，为王粲在荆州依刘表时登麦城（今湖北当阳县）城楼所作，主要抒写作者因久留客地、怀才不遇而产生的思乡苦闷情绪。

　　文章分为三段：第一段，描写登楼之所望，表明"销忧"之目的；第二段，抒写思乡怀归之无限忧愁；第三段，抒发怀才不遇之满腔忧愤。

　　强烈浓郁的情感抒发，是《登楼赋》感人肺腑的重要原因，而多种艺术手法的运用，则是产生艺术魅力的重要前提，主要表现在：情与景谐，灵动变化；布局严谨，文气从容；措辞洗练，音韵和谐。


【思考与练习】

　　1. 文中抒发的忧思，其内涵是如何逐步深化的？

2. 找出文中的景物描写，并谈谈这些景物描写对抒情所起的作用。

3. 找出文中的典故，并说明其在文中的含义和作用。

## 【辑　评】

### 宋·朱熹《楚辞后语》

《登楼赋》者，魏侍中王粲之所作也。归来子曰："粲诗有古风，《登楼》之作去楚辞远，不及汉，然犹过曹植、潘岳、陆机愁咏、闲居、怀旧众作。盖魏之赋极此矣。"

### 清·李元度《赋学正鹄》

因登楼而四望，因四望而触动其忧时、感事、去国、怀乡之思。凡三易韵，段落自明，文章悠悠不尽。

## 【链　接】

### 魏·曹丕《与吴质书》

仲宣独自善于辞赋，惜其体弱，不足以起其文，至于所善，古人无以远过。

### 魏·曹植《王仲宣诔》

君以淑懿，继此洪基。既有令德，材技广宣。强记洽闻，幽赞微言。文若春华，思若泉涌，发言可咏，下笔成篇。何道不洽，何艺不闲。

### 南朝宋·谢灵运《拟魏太子邺中集》

家本秦川，贵公子孙，遭乱流离，自伤多情。

### 南朝梁·刘勰《文心雕龙·才略》

仲宣溢才，捷而能密，文多兼善，辞少瑕累，摘其诗赋，则七子之冠冕乎！

# 读《山海经》（其一）

陶渊明

陶渊明（365—427），字元亮，一说名潜，字渊明，世称"靖节先生"，浔阳柴桑（今江西九江西南）人。东晋著名的田园诗人。陶渊明是东晋大司马陶侃的曾孙，但到他时家道已衰，他八岁丧父，"少而贫苦"，"藜菽不给"。二十九岁到四十一岁之间曾先后做过江州祭酒、镇军参军，彭泽县令之类的小官，但任职时间都很短。在彭泽令任上因"不能为五斗米折腰向乡里小儿"而解印去职归乡，"躬耕自资"，虽潦倒时也曾乞食，然终身不再出仕。陶渊明为"隐逸诗人"、"田园诗人"之宗，诗风平淡自然、简洁含蓄、和谐优美，但也有慷慨豪放之作。他的诗看似全不费力，却包含着高深的匠心及神妙的驾驭语言能力，为历代方家所推崇，对后世诗歌有深远的影响。有《陶渊明集》传世。

孟夏草木长，绕屋树扶疏①。众鸟欣有托，吾亦爱吾庐。既耕亦已种，时还读我书。穷巷隔深辙②，颇回故人车③。欢言酌春酒，摘我园中蔬。微雨从东来，好风与之俱。泛览周王传④，流观山海图⑤。俯仰终宇宙⑥，不乐复何如？

## 【注　释】

① 扶疏：枝叶繁茂的样子。

② 深辙：车大则辙深，意指达官贵人的车马。

③ 回：掉头，返回。故人：旧交，老友。

④ 周王传：指《穆天子传》，为晋人发掘战国魏襄王墓所得，作者不详，晋郭璞为之作注。书载周穆王驾八骏西游，与西王母欢宴事，多神话传说。

⑤ 山海图：指《山海经图》，有古图，也有汉所传图，晋人郭璞为《山海经》作注并作图赞。《山海经》十八篇记述各地山川、道路、物产、部族、风俗、祭祀、巫医等，内容参杂怪异，保存有较多的远古神话及史地文献。

⑥ 俯仰：低头抬头之间，形容时间短暂。终：穷尽。

**【分　析】**

　　《读〈山海经〉》共十三首，创作于诗人弃官归田之后不久。本诗为其中的第一首，未涉及《山海经》中的具体内容，有总领全诗，点明题旨的作用，可作为这组诗歌的导读。

　　"先师有遗训，忧道不忧贫。"作为一个深受儒家思想教育的知识分子，陶渊明也曾有"大济于苍生"的宏愿，但身处晋宋之交官场险恶、社会动荡的时代，他的理想是注定无法实现的。然而，不论处于政治上的失意或生活上的贫困中，他都坚持自己的气节，因不愿"摧眉折腰事权贵"而退居田园，躬耕自资，逃离樊笼，返回自然，并从中找到生活的真正乐趣。处在欣欣向荣的孟夏时节，居于绿树环绕的茅舍之中，"众鸟欣有托，吾亦爱吾庐"就是这种充满"得其所哉"归宿之喜的真情流露。既耕已种，又逢微雨东来，好风与俱，手捧书卷，纵情吟哦，不违农时又得风调雨顺的农家之乐溢于言表。本来，"不戚戚于贫贱"的诗人是住陋巷也不改其乐的，"穷巷隔深辙"自不足道，从"颇回故人车"中我们固然能感受到诗人的些许惆怅，然"欢言酌春酒，摘我园中蔬"，心中淡淡的阴霾很快就被这与朋友共享劳动果实的喜悦一扫而空。此时，耕种、读书、饮酒就成为生活中的三大享受。值得一提的是，陶渊明的读书并不是为追求"黄金屋"、"颜如玉"而悬梁刺股的苦读，而是"每有会意，便欣然忘食"的乐读，"奇文共欣赏，疑义相与析"，《山海经》、《穆天子传》中奇异怪诞的神话尤其令人心驰神往，陶醉其中。"俯仰终宇宙，不乐复何如？"诗人高洁的志趣和丰富的精神世界溢于字里行间。

　　此诗在写作上纯以自然为宗，意中有景，景中有意，用语安舒，率性自然，看似平淡而具有很强的艺术感染力，陶渊明的生活态度、读书情趣、艺术追求均可见于诗中。


**【思考与练习】**

　　1. 清人沈德潜说这首诗"观物观我，纯乎元气"，谈谈你的看法。

　　2. 背诵这首诗，品味陶诗的情与境。

## 【辑 评】

### 南朝梁·钟嵘《诗品》

其源出于应璩，又协左思风力。文体省净，殆无长语。笃意真古，辞兴婉惬。每观其文，想其人德，世叹其质直。至如"欢言酌春酒"、"日暮天无云"，风华清靡，岂直为田家语耶？古今隐逸诗人之宗也。

### 清·陈祚明《采菽堂古诗选》

千秋以陶诗为闲适，乃不知其用意处。朱子亦仅谓《咏荆轲》一篇露本旨。自今观之，《饮酒》、《拟古》、《贫士》、《读山海经》，何非此旨？但稍隐耳！往味其声调，以为法汉人而体稍近。然揆意所存，宛转深曲，何尝不厚？语之暂率易者，时代为之。至于情旨，则真《十九首》之遗也，驾晋、宋而独道，何王、韦之可拟？抑文生于志，志幽故言远。惟其有之，非同泛作，岂不以其人哉？千秋之诗，谓惟陶与杜，可也。

### 清·温汝能《陶诗汇评》

此篇是陶渊明偶有所得，自然流出，所谓不见斧凿痕也。大约诗之妙以自然为造极。陶诗率近自然，而此首更令人不可思议，神妙极矣。

## 【链 接】

### 陶渊明《读〈山海经〉》

#### （其 五）

翩翩三青鸟，毛色奇可怜。
朝为王母使，暮归三危山。
我欲因此鸟，具向王母言：
在世无所须，惟酒与长年。

## （其　十）

精卫衔微木，将以填沧海。
刑天舞干戚，猛志固常在。
同物既无虑，化去不复悔。
徒设在昔心，良晨讵可待？

## 陶渊明《移居二首》（其二）

春秋多佳日，登高赋新诗。
过门更相呼，有酒斟酌之。
农务各自归，闲暇辄相思。
相思则披衣，言笑无厌时。
此理将不胜，无为忽去兹。
衣食当须纪，力耕不吾欺。

## 陶渊明《咏荆轲》

燕丹善养士，志在报强嬴。
招集百夫良，岁暮得荆卿。
君子死知己，提剑出燕京。
素骥鸣广陌，慷慨送我行。
雄发指危冠，猛气冲长缨。
饮饯易水上，四座列群英。
渐离击悲筑，宋意唱高声。
萧萧哀风逝，淡淡寒波生。
商音更流涕，羽奏壮士惊。
心知去不归，且有后世名。
登车何时顾，飞盖入秦庭。
凌厉越万里，逶迤过千城。
图穷事自至，豪主正怔营。
惜哉剑术疏，奇功遂不成。
其人虽已没，千载有馀情。

# 《世说新语》二则

刘义庆

刘义庆（403—444），南朝宋笔记体小说家。彭城（今江苏徐州）人，刘宋王朝的宗室。笔记体小说《世说新语》可能由刘义庆本人和手下文人杂采众书编纂润色而成。梁时刘孝标为此书作注。

《世说新语》是一部记录人物逸闻琐事的笔记体小说，是魏晋轶事小说的集大成之作。全书按内容分为德行、言语、政事、文学等三十六门，记载了从汉末到东晋士族名士的思想、逸事和言谈，反映了这一时期士族阶级的生活方式和精神面貌。语言精练含蓄、意味隽永，善于通过一言一行和富有特征性的细节勾勒人物肖像和性格。《世说新语》是记叙逸文隽语的笔记小说的先驱，也是后来小品文的典范，对后世文学有深远影响。

## 雪夜访戴[①]

王子猷居山阴[②]。夜大雪，眠觉，开室命酌酒。四望皎然，因起彷徨，咏左思《招隐诗》[③]，忽忆戴安道[④]。时戴在剡[⑤]，即便夜乘小船就之。经宿方至[⑥]，造门不前而返。人问其故，王曰："吾本乘兴而行，兴尽而返，何必见戴？"

【注 释】

① 本则选自《世说新语·任诞第二十三》，或题为"王子猷居山阴"。

② 王子猷（yóu）：王羲之的儿子，王徽之，字子猷。山阴，今浙江省绍兴市。

③ 左思：字太冲，临淄（今山东淄博）人。西晋初年著名文学家，代表作是《咏史》诗和《三都赋》。其《招隐诗》有句云："杖策招隐士，荒涂横古今。岩穴无结构，丘中有鸣琴。白云停阴岗，丹葩曜阳林。"

④ 戴安道：戴逵的字。戴逵，谯国（今安徽亳州）人，学问广博，善属文，音乐、

书、画等方面也很有修养，隐居不仕。

⑤ 剡（shàn）：今浙江嵊（shèng）县。

⑥ 经宿（xiǔ）：过了一夜。

## 【分　析】

《世说新语》记述士人的生活，所长在于简洁与传神。这一则是记行为。本篇写王子猷日常生活都以兴之所至为根据。这种旷达任性的行动，是当时士族知识分子所崇尚的。本篇通过王徽之访戴逵"乘兴而行，兴尽而返"的言行，表现了当时名士率性任情的风度。王子猷雪夜访戴，竟"造门不前"，"乘兴而行，兴尽而返"，这种不讲实务效果、但凭兴之所至的惊俗行为，十分鲜明地体现出当时士人所崇尚的"魏晋风度"的任诞放浪、不拘形迹之态。眠觉、开室、命酒、赏雪、咏诗、乘船、造门、突返、答问，一连串动态细节均历历在目，虽言简文约，却形神毕现，气韵生动。

# 新亭对泣①

过江诸人②，每至美日，辄相邀新亭③，藉卉饮宴④。周侯中坐而叹曰⑤："风景不殊，正自有山河之异⑥！"皆相视流泪。唯王丞相愀然变色曰⑦："当共勠力王室，克复神州⑧，何至作楚囚相对⑨！"

## 【注　释】

① 本则选自《世说新语·言语第二》，或题为"过江诸人"。

② 晋愍帝建兴四年（公元316年），刘曜攻陷长安，愍帝被虏。次年，元帝即位于建康（今江苏南京），建立东晋王朝。当时黄河流域广大地区被内迁的少数民族贵族统治者所占领，中州士族多渡江南下。文中反映了南下士族官吏在国破家亡后消沉悲观和发愤图强的两种思想情绪，推崇图强恢复，反对一味感伤。江：长江。诸人：指东晋初年南渡的部分士族官吏。

③ 新亭：三国时吴所建，亦名劳劳亭，故址在今江苏南京市南。邀：约请。

④ 藉卉：坐在草地上。卉，草的总名。

⑤ 周侯：周顗（yǐ），字伯仁，汝南安城（今河南原武东南）人，曾任荆州、兖州刺史，官至尚书左仆射（yè），后为王敦所害。"侯"是对州牧的美称。一说顗袭父浚封为成武侯，故称周侯。中坐：饮宴到一半。一说坐在座位正中。

⑥ "正自"句：只是另有一番河山改变的感觉。正，只。自，另外。山河之异：山河不同于中原，即领土变化，指当时北方广大领土为少数民族贵族统治者所占领。

⑦ 王丞相：王导，字茂弘，临沂（今属山东）人，元帝即位后官为丞相。愀（qiǎo）然：脸色变得严肃或不愉快的样子。

⑧ 神州：战国时驺衍称中国为赤县神州，后世因称中原（黄河流域一带）为神州。此指沦丧于异族之手的中原地区。

⑨ 楚囚：《左传·成公九年》记载楚人钟仪为晋所俘，晋人称之为楚囚。后世用来泛指囚徒，或处于困境中人。这句意为：何至于像囚犯一样相对哭泣！

## 【分　析】

这一则侧重在言语。写新亭对泣，寥寥数十字，场景、气氛与人物的表情、风貌具跃然纸上。而通过周颛的感慨与王导的呵斥之间的对比，则更鲜明、生动地传达出各自的精神境界。

本篇通过"过江诸人"新亭饮宴游赏这件事，写了逃难江南的部分士族官吏，在国破家亡山河依旧情况下的两种思想情绪：一种是颓废感伤；另一种是发愤图强、复晋。作者推崇后者，有一定进步意义。

全文共分二层。第一层作者用简练的语言，交代了新亭游赏饮宴的人物、时间和地点。第二层写了周颛等"诸人"于新亭对泣和王导对他们的斥责、勉励。最后，写王导以楚囚为喻，对周颛"诸人"义正词严地斥责和勉励。并与其颓废感伤情绪作对比，鲜明突出了他们的"兴复之志"，紧紧围绕作者推崇的中心。

## 【思考与练习】

1. 本文揭露了当时怎样的社会现实？
2. 文中人物各有何性格特点？

## 【辑　评】

### 鲁迅《中国小说史略》

或者掇拾旧闻，或者记述近事，虽不过残丛小语，而俱为人间言动，遂脱志怪之牢笼也。

今本凡三十八篇，自《德行》至《仇隙》，以类相从，事起后汉，止于东晋。记言则玄远冷俊，记行则高简瑰奇，下至缪惑，亦资一笑。

【链　接】

## 宗白华《美学散步》

要研究中国人的美感和艺术精神的特性不能忽略《世说新语》。

## 冯友兰《三松堂学术文集·论风流》

"必有深情"是"魏晋风流"的重要特征之一。

## 李泽厚《美的历程》

这种对生死存亡的重视、哀伤，对人生短促的感慨、喟叹，从建安直到晋宋，从中下层直到皇家贵族，在相当一段时间中和空间内弥漫开来，成为整个时代的典型音调。

# 春江花月夜①

张若虚

张若虚（约660—720），扬州人。曾官兖州后曹。唐中宗神农年间，以"文词俊秀，名扬于上京"。其作品多散佚，《全唐诗》仅录存两首，其中《春江花月夜》堪称千古绝唱，实启盛唐之音。

春江潮水连海平，海上明月共潮生。滟滟随波千万里②，何处春江无月明。江流宛转绕芳甸，月照花林皆似霰③。空里流霜不觉飞，汀上白沙看不见④。江天一色无纤尘，皎皎空中孤月轮。江畔何人初见月？江月何年初照人？人生代代无穷已，江月年年只相似。不知江月照何人，但见长江送流水。白云一片去悠悠，青枫浦上不胜愁⑤。谁家今夜扁舟子⑥？何处相思明月楼？可怜楼上月徘徊⑦，应照离人妆镜台。玉户帘中卷不去，捣衣砧上拂还来⑧。此时相望不相闻，愿逐月华流照君。鸿雁长飞光不度，鱼龙潜跃水成文⑨。昨夜闲潭梦落花，可怜春半不还家。江水流春去欲尽，江潭落月复西斜。斜月沉沉藏海雾，碣石潇湘无限路⑩。不知乘月几人归，落月摇情满江树。

## 【注 释】

①《春江花月夜》：乐府旧题，原为短章。郭茂倩《乐府诗集》卷47录隋炀帝《春江花月夜二首》，其一云："暮江平不动，春花满正开。流波将月去，潮水带星来。"

② 滟滟（yàn）：水波动荡闪光貌。里，一作"顷"。

③ 霰（xiàn）：小雪珠，此形容洁白月光照映下的花朵。

④ 汀（tīng）：水中或水边的平地，此指沙滩。

⑤ 青枫浦：一名双枫浦，今湖南浏阳有此地名。此泛指水边。浦，水边。不胜（shēng）：经不起，受不了。

⑥ 扁（piān）舟子：漂泊江湖的人，即游子。扁舟，小船。

⑦ 可怜句：曹植《七哀诗》："明月照高楼，流光正徘徊。上有愁思妇，悲叹有余哀。"可怜：可惜。徘徊：指月影移动。

⑧ 玉户二句：字面指思妇居室中的月光帘卷不去，月光照在捣衣砧上，手拂还来；实

际是说月光勾起思妇对游子的相思之情难以排遣。捣衣砧（zhēn）：捣洗衣物用的垫石，缝制衣服前，先要捣洗衣料，而家中思妇常给游子缝寄新衣，故睹物而思人。

⑨ 鸿雁两句：鸿雁飞得很远，也飞不出这明月的光华；鱼龙能潜游到远方，但也只能在水面泛起阵阵波光。古人有鱼雁传书之说，此谓二人相去遥远，鱼雁也无法传递对游子的思念之情。度：通"渡"。文：通"纹"。

⑩ 蝎石：山名，在今河北昌黎县北。一说古代蝎石山已没入海中。潇湘：原二水名，潇水源出湖南九嶷山，湘水源出广西海阳山，二水在湖南零陵县合流，称为潇湘，北入洞庭湖。这里以"蝎石"指北，以"潇湘"指南。无限路：极言相距遥远。

## 【分　析】

该诗用乐府的题而能自出机杼，突破了宫体香艳的格局和短章体制，成为初唐七言歌行的杰作。

诗以春江月夜为对象，描写了明月光影中春江、春夜、春花之美和这美好夜晚中的游子思妇之情。诗写爱情的相思愁怨，却处处展现出情思之美。因为这愁怨是青春的怅惘，是充满希望的旅程中的闲愁，而不是绝望的呼号，无路的悲歌。这里孕育着唐王朝盛世的心灵之路。在这迷人的月色中，诗人禁不住追寻宇宙的奥秘和人生的哲理，叩问"江畔何人初见月，江月何年初照人"，表现出对神秘的大自然的向往和对人生的热爱之情。笔致缠绵，柔婉似水，又流宕变化，一气呵成。

在艺术构思上，全诗紧扣春、江、花、月、夜不同层次的景象，从明月初升、月满中天写到斜月西沉。以月为中心描写了月光下的潮水、江流、芳甸、花林、沙汀、夜空、白云、青枫、高楼、玉户、妆台、闲潭、落花、海雾、江树等物象，展开了一幅生动的水墨山水画卷，而在画卷的展开中，活动着长夜不眠的思妇和漂泊天涯的游子。并在渲染、暗示、寄托中将明月之光、相思之情和诗人对明月长在而人生须臾、人情难圆的感怀，将画意、诗情和对宇宙奥秘与人生哲理的体察融会在一起，创造出兴象玲珑，空明纯净的诗境。整首诗情景交融，诗情与哲理交织，那淡淡的忧伤和迷离朦胧的月光交织而成的春江月夜图，使人回味不尽。

全诗由九韵组成，四句一换韵，每韵形成一个意义段落，每一转折诗意诗情就有所推进，转换自然又和谐完整。

## 【思考与练习】

1. 此诗内蕴丰富，诗情、画意、哲理水乳交融，试分析之。

2. 谈谈此诗的结构特色。

3. 清代吴乔《围炉诗话》说"张若虚《春江花月夜》，正意只在'不知乘月几人归'"，谈谈你的看法。

## 【辑　评】

### 明·钟惺、谭元春《唐诗归》

（钟曰）浅浅说去，节节相生，使人伤感，未免有情，自不能读，读不能厌。

将"春江花月夜"五字，炼成一片奇光，分合不得，真化工手。

（谭曰）春江花月夜，字字写得有情、有想、有故。

### 清·王闿运《湘绮楼论唐诗》

张若虚《春江花月夜》用《西洲》格调，孤篇横绝，竟为大家。李贺、商隐挹其鲜润，宋词、元诗尽其支流，宫体之巨澜也。

### 清·徐增《而庵说唐诗》

此诗如连环锁子骨，节节相生，绵绵不断，使读者眼光正射不得，斜射不得，无处寻其端绪。"春江花月夜"五个字，各各照顾有情。诗真艳诗，才真艳才也。

### 清·王夫之《唐诗评选》

句句翻新，千条一缕，以动古今人心脾，灵愚共感。

### 清·毛先舒《诗辩坻》

不着粉泽，自有腴姿，而缠绵酝藉，一意萦纡，调法出没，令人不测，殆化工之笔哉！

### 闻一多《宫体诗的自赎》

这是一番神秘而又亲切的，如梦境的晤谈，有的是强烈的宇宙意识，被宇宙意识升华过的纯洁的爱情，又由爱情辐射出来的同情心。这是诗中的诗，顶峰上的顶峰。从这边回头一望，连刘希夷都是过程了，不用说卢照邻和他的配角骆宾王，更是过程的过程。至于那一百年间的梁、陈、隋、唐四代宫廷所遗下的那份最黑暗的罪孽，有了《春江花月夜》这样一首宫体诗，不也就洗净了吗？向前替宫体诗赎清了百年的罪，因此，向后也就和另一个顶峰陈子昂分工合作，清除了盛唐的路，——张若虚的功绩是无从估计的。

## 【链　接】

### 魏·曹植《七哀诗》

明月照高楼，流光正徘徊。
上有愁思妇，悲叹有馀哀。
借问叹者谁？言是宕子妻。
君行踰十年，孤妾常独栖。
君若清路尘，妾若浊水泥。
浮沉各异势，会合同时谐。
愿为西南风，长逝入君怀。
君怀良不开，贱妾当何依？

# 从军行（其四）

## 王昌龄

　　王昌龄（约698—756），字少伯，京兆长安（今陕西西安）人，唐代诗人。王昌龄是盛唐开元、天宝期间颇负盛名的诗人，擅长七言绝句的创作，后人常将他的七绝与李白的七绝并提，称之为"七绝圣手"。王昌龄的诗继承了建安风骨，一扫六朝绮靡文风，从而展示盛唐诗歌的那种阔大恢弘的胸怀境界。他的七绝以写边塞、从军题材的最为著名。《从军行》共七首，本诗是其中第四首。

　　　　青海长云暗雪山①，孤城遥望玉门关②。
　　　　黄沙百战穿金甲③，不破楼兰终不还④。

## 【注　释】

　　① 青海：湖名，在今青海省西宁市西。此句意谓青海湖上浓厚的云层使雪山暗淡无光。
　　② 玉门关：因古代西域输入玉石取道于此而得名，汉时是边境的一个重要关口，唐时是通往西域的要道。故址在今甘肃敦煌西北小方盘城。
　　③ 穿金甲：磨穿铁甲。
　　④ 楼兰：古代西域国名，在今新疆维吾尔自治区鄯善县东南。此处以"楼兰"代指唐王朝在西北地区的敌人。

## 【分　析】

　　这首诗以精练的语言描绘了西北边塞的地理环境和景观，表现出戍边将士征战生活的艰苦，抒发了将士们顽强的斗志和必胜的豪情。
　　边塞诗之所以在初唐、盛唐兴起，与大唐帝国疆域的阔大、边境战事的频繁和整个大唐社会的积极进取精神息息相关。盛唐时期，唐王朝与周边诸政权边战频繁，其中尤以西北为甚。唐王朝以巨大的人力、物力、财力投入边境战争，也影响当时的文人们形成了尚武毅、重事功、追求千秋伟业以实现人生价值的文学时代精神，使更多的文人心驰神往于边塞，而竞相咏歌边塞雄奇的风光和残酷激烈的战场。初唐、盛唐边塞诗人的代表如骆宾王、陈子昂、王之涣、王维、高适、岑参等均是如此，王昌龄是其中的翘楚。

"黄沙百战穿金甲，不破楼兰终不还"是凌云的壮志，是献身的豪情，是将士们的铮铮誓言！这是盛唐人特有的自信，体现出了强烈的英雄主义、爱国主义精神，描绘出将士们无所畏惧、英勇豪迈的大丈夫勃勃雄姿。

## 【思考与练习】

1. 背诵全诗，品味其慷慨豪迈的风格。

2. 阅读王昌龄的另一首边塞诗《塞下曲》（饮马渡秋水），试分析该诗与本诗中王昌龄对待边塞战争的态度有何不同。

## 【辑 评】

### 明·王世贞《艺苑卮言》

七言绝句，少伯与太白争胜毫厘，俱是神品。

### 明·陈继儒《唐诗三集合编》

龙标天才流丽，音唱疏越，七言古长篇如《箜篌引》，理极紧密，法极深老。短篇如《乌栖曲》、《城傍曲》，格极熔炼，词极雄浑，自是盛唐堂上人。

### 清·叶燮《原诗》

七言绝句，古今推李白、王昌龄。李俊爽，王含蓄。

## 【链 接】

### 李白《闻王昌龄左迁龙标遥有此寄》

杨花落尽子规啼，闻道龙标过五溪。
我寄愁心与明月，随君直到夜郎西。

## 王昌龄《出塞》

秦时明月汉时关，万里长征人未还。
但使龙城飞将在，不教胡马度阴山。

## 王昌龄《塞下曲》

饮马渡秋水，水寒风似刀。
平沙日未没，黯黯见临洮。
昔日长城战，咸言意气高。
黄尘足今古，白骨乱蓬蒿。

# 终南别业①

王　维

　　王维（701—761），字摩诘，太原祁州（今山西祁县）人。唐玄宗开元年间进士，累官至尚书右丞，世称王右丞。王维早年积极向上，颇有济世之心，安史之乱以后，倾心佛门，隐居蓝田辋川，过着亦官亦隐的居士生活。王维虽写过一些边塞诗及其他类别的诗，但其作品主要为山水田园诗，是盛唐山水田园诗派的代表作家，与孟浩然并称"王孟"。王维诗明净清新，精美雅致，他还通晓音乐，兼工书画，善以乐理、画理、禅理融入诗歌创作，后人谓之"诗佛"。有《王右丞集》。

中岁颇好道②，晚家南山陲③。

兴来每独往④，胜事空自知⑤。

行到水穷处⑥，坐看云起时。

偶然值林叟⑦，谈笑无还期⑧。

## 【注　释】

　　① 终南：终南山。属秦岭山脉，位于今西安市东南一带，为唐代隐士喜居之地。诗中的"南山"亦指此。别业：即别墅。

　　② 中岁：中年。

　　③ 晚：晚近，后来。一说晚年。家：名词用作动词，安家，住在。山陲，山边。

　　④ 兴：兴趣，兴致。

　　⑤ 胜事：快意之事。空：只。

　　⑥ 水穷处：水的尽头。穷，尽。

　　⑦ 值：遇到。叟：长者，老人家。

　　⑧ 无还期：回去的时间不定。

## 【分　析】

　　本诗属于近体诗中的五律，是王维山水田园诗的代表作之一。作者不仅善于结合自己的感受来写景，而且善于在写景中表达自己的心情。正是由于好道之心，才常常产生独赏大自然之意，看了变幻莫测且来来往往的云，才感到投身自然的闲适。

【思考与练习】

1. 王维亦官亦隐的思想基础是什么？
2. 试比较王维的边塞诗与山水田园诗。

【辑　评】

### 宋·苏轼《书摩诘蓝田烟雨图》

味摩诘之诗，诗中有画；观摩诘之画，画中有诗。

### 宋·胡仔《苕溪渔隐丛话》

此诗造意之妙，至与造化相表里，岂直诗中有画哉！观其诗，知其蝉蜕尘埃之中，浮游万物之表者也。

### 清·沈德潜《说诗晬语》

王右丞诗不用禅语，时得禅理。

### 俞陛云《诗境浅说》

行至水穷，若已到尽头，而又看云起，见妙境之无穷。可悟处世事变之无穷，求学之义理亦无穷。此二句有一片化机之妙。

【链　接】

### 王维《送别》

下马饮君酒，问君何所之？
君言不得志，归卧南山陲。
但去莫复问，白云无尽时。

### 王维《青溪》

言入黄花川，每逐青溪水。
随山将万转，趣途无百里。
声喧乱石中，色静深松里。
漾漾泛菱荇，澄澄映葭苇。
我心素已闲，清川澹如此。
请留盘石上，垂钓将已矣。

### 王维《山中》

荆溪白石出，天寒红叶稀。
山路元无雨，空翠湿人衣。

### 王维《辛夷坞》

木末芙蓉花，山中发红萼。
涧户寂无人，纷纷开且落。

# 宣州谢朓楼饯别校书叔云①

## 李 白

李白（701—762），字太白，号青莲居士。祖籍陇西成纪（今甘肃秦安东），生于唐代碎叶城（今吉尔吉斯斯坦境内），少年时随家迁居四川。李白的诗以抒情为主，极富浪漫色彩，感情奔放豪迈，想象奇特丰富，词采瑰伟绚丽，风格飘逸自然，音律和谐多变，是我国杰出的浪漫主义诗人。有"诗仙"之称，与杜甫齐名，世称"李杜"。有《李太白集》。

弃我去者，昨日之日不可留。
乱我心者，今日之日多烦忧。
长风万里送秋雁，对此可以酣高楼。
蓬莱文章建安骨②，中间小谢又清发③。
俱怀逸兴壮思飞，欲上青天览明月。
抽刀断水水更流，举杯消愁愁更愁。
人生在世不称意，明朝散发弄扁舟。

## 【注 释】

① 唐玄宗天宝十二年（公元753年）李白从汴州梁园（故址在今河南开封）到宣州（今安徽宣城），本篇作于逗留宣州期间。谢朓楼：又称谢公楼，也称北楼。南齐著名诗人谢朓任宣州太守时所建，唐时改名为叠嶂楼。校书：秘书省校书郎的简称。叔云：李白的族叔李云。题名一作《陪侍御叔华登楼歌》。

② 蓬莱文章：汉代官家著书和藏书之所称东观，学者有"老氏藏书室，道家蓬莱山"之语，故称。因唐人多以蓬山、蓬阁指代秘书省，李云又是秘书省的校书郎，所以这里在暗自称赞李云的文章风格刚健。建安骨：指东汉末建安年间（延续至三国魏初）以曹操、曹丕、曹植父子三人及建安七子孔融、陈琳、王粲、徐幹、阮瑀、应玚、刘桢为代表的刚健遒劲的诗文风格。

③ 中间：指从建安到唐之间的南齐时代。小谢：指谢朓，南朝齐梁间著名诗人。世称南朝宋谢灵运为大谢，而称谢朓为小谢。清发：清新秀逸。此句暗中拿自己的诗歌与谢朓

相比。

## 【分　析】

　　此诗名为"饯别"，却重在咏怀，其间表达了作者怀才不遇、不甘屈服于现实但又有志难伸的苦闷情怀。这首抒情诗艺术上的显著特点是作者的情感活动变化无端，不可端倪。起首两句一气呵成，喷射出胸中的抑郁之气。后文通过对蓬莱文章、建安风骨、谢朓诗歌之豪情逸兴的赞美，在历史的深处勾勒出一个理想化的精神范型。然后笔锋一转将它与烦忧的现状作比较，更激起了"抽刀断水水更流，举杯消愁愁更愁"无从消解的情感冲突高峰。全诗感情激荡迸发、结构大开大阖、语言自然豪放，是李白诗歌的重要代表作。

## 【思考与练习】

　　1. 概括本诗的情感内容。
　　2. 分析本诗的语言表达有何特点。
　　3. 背诵全诗，体会李白抒情诗的艺术个性。

## 【辑　评】

### 明·周敬、周珽《唐诗选脉会通评林》

　　厌世多艰，兴思远引，韵清气秀，蓬蓬起东海，蓬蓬起西海。异质快才，自足横绝一世。

### 清·方东树《昭昧詹言》

　　起二句，发兴无端。"长风"二句，落入，如此落法，非寻常所知。"抽刀"二句，仍应起意为章法。"人生"二句，言所以愁。

### 王尧衢《古唐诗合解》

　　此篇三韵两转，而起结别是一法。起势豪迈如风雨之骤至。

【链　接】

## 李白《将进酒》

君不见黄河之水天上来，奔流到海不复回。
君不见高堂明镜悲白发，朝如青丝暮成雪。
人生得意须尽欢，莫使金樽空对月。
天生我材必有用，千金散尽还复来。
烹羊宰牛且为乐，会须一饮三百杯。
岑夫子，丹丘生，将进酒，杯莫停。
与君歌一曲，请君为我侧耳听。
钟鼓馔玉不足贵，但愿长醉不愿醒。
古来圣贤皆寂寞，惟有饮者留其名。
陈王昔时宴平乐，斗酒十千恣欢谑。
主人何为言少钱，径须沽取对君酌。
五花马，千金裘，呼儿将出换美酒，与尔同销万古愁。

# 登高①

## 杜甫

　　杜甫（712—770），字子美，祖籍襄阳（今属湖北），生于河南巩县（今河南巩义）。杜甫生活在唐朝由盛转衰的历史时期，一生坎坷，忧国忧民，人格高尚，诗艺精湛，后人奉为"诗圣"。杜甫的许多诗作显示出唐代由开元、天宝盛世转向分裂衰微的历史过程，故誉为"诗史"。杜诗诗歌形式多样，语言精练，风格沉郁顿挫，具有高度的表达能力。有《杜少陵集》。

风急天高猿啸哀，渚清沙白鸟飞回。
无边落木萧萧下，不尽长江滚滚来。
万里悲秋常作客，百年多病独登台②。
艰难苦恨繁霜鬓，潦倒新停浊酒杯③。

## 【注　释】

　　① 此诗是杜甫于大历二年（公元767年）秋在夔州时所写。当时安史之乱已经结束四年了，五十六岁的老诗人杜甫在经历了众多的世事沧桑之后抵达夔州，此时的他生活孤苦无依，身体状况极差。正是在如此困窘潦倒的情况下，诗人独自一人登上夔州白帝城外的高台，登高临眺，百感交集。望中所见，激起意中所触；萧瑟的秋江景色，引发了他身世飘零的感慨，渗入了他老病孤愁的悲哀。于是，就有了这首被誉为"古今七言律第一"的旷世之作。

　　② 宋代学者罗大经《鹤林玉露》析此联云："万里，地之远也；悲秋，时之惨凄也；作客，羁旅也；常作客，久旅也；百年，暮齿也；多病，衰疾也；台，高迥处也；独登台，无亲朋也；十四字之间含有八意，而对偶又极精确。""八意"，即八可悲：他乡作客，一可悲；常作客，二可悲；万里作客，三可悲；又当萧瑟的秋天，四可悲；年已暮齿，一事无成，五可悲；亲朋亡散，六可悲；孤零零的独自去登，七可悲；身患疾病，八可悲。

　　③ 尾联转入对个人身边琐事的悲叹，与开篇《楚辞》般的天地雄浑之境，形成惨烈的对比。"苦恨"，甚恨，意思是愁恨很深。"潦倒"，犹言困顿衰颓，狼狈失意。新停浊酒杯：一般解释为杜甫因病戒酒。新，指初次出现。"浊酒"是相对于"清酒"而言，是一种带糟的酒。

## 【分　析】

全诗通过登高所见秋江景色，倾诉了诗人长年漂泊、老病孤愁的复杂感情，慷慨激越，动人心弦。这是一首最能代表杜诗中景象苍凉阔大、气势浑涵汪茫的七言律诗。前两联写登高闻见之景，后两联抒登高感触之情。由情选景，寓情于景，浑然一体，充分表达了诗人长年漂泊、忧国伤时、老病孤愁的复杂感情。而格调却雄壮高爽，慷慨激越，高浑一气，古今独步。

这首律诗韵律和谐，四联皆为工对，且首联两句，又句中自对，可谓"一篇之中，句句皆律，一句之中，字字皆律"。就写景而言，有工笔细描（首联），写出风、天、猿、渚、沙、鸟六种景物的形、声、色、态，每件景物均只用一字描写，却生动形象，精练传神；有大笔写意（颔联），传达出秋的神韵。抒情则有纵的时间的着笔，写"常作客"的追忆；也有横的空间的落墨，写"万里"行程后的"独登台"。从一生漂泊，写到余魂残骨的飘零，最后将时世艰难归结为潦倒不堪的根源。这样错综复杂手法的运用，把诗人忧国伤时，老病孤愁的苍凉，表现得沉郁而悲壮。

## 【思考与练习】

1. 背诵全诗，体会杜甫诗中所蕴涵的千古悲愁。

2. 诗的前两联勾勒了一幅什么样的艺术画面？对凸显作者后文中的情感有何作用？

3. 这首诗为什么能被称为"七言律诗之冠"？

## 【辑　评】

### 明·胡应麟《诗薮》

此章五十六字，如海底珊瑚，瘦劲难移，沉深莫测，而精光万丈，力量万钧。通章章法、句法、字法，前无昔人，后无来学，此当为古今七言律第一，不必为唐人七言律第一也。

### 清·仇兆鳌《杜诗详注》

上四，登高闻见之景；下四，登高感触之情。"登台"二字，明与首章相应。猿啸、鸟飞、落木、长江，各就一山一水对言，是登台遥望所得者，而上联多用实字写景，下联多用虚字摹神。

【链　接】

## 杜甫《秋兴八首》（其一）

玉露凋伤枫树林，巫山巫峡气萧森。
江间波浪兼天涌，塞上风云接地阴。
丛菊两开他日泪，孤舟一系故园心。
寒衣处处催刀尺，白帝城高急暮砧。

## 杜牧《九日齐山登高》

江涵秋影雁初飞，与客携壶上翠微。
尘世难逢开口笑，菊花须插满头归。
但将酩酊酬佳节，不用登临恨落晖。
古往今来只如此，牛山何必独沾衣？

# 进学解①

韩 愈

韩愈（768—824），字退之，河南河阳（今河南孟州南）人。自谓郡望昌黎，世称韩昌黎。唐代著名文学家。他与柳宗元同为古文运动的倡导者，主张语言独创和文从字顺，在古代散文发展史上有较大贡献，被列为唐宋八大家之首。其诗风奇崛雄伟，力求新警，有时流于险怪。有《昌黎先生集》。

国子先生晨入太学②，招诸生立馆下，诲之曰："业精于勤荒于嬉，行成于思毁于随③。方今圣贤相逢④，治具毕张⑤，拔去凶邪⑥，登崇畯良⑦。占小善者率以录⑧，名一艺者无不庸⑨。爬罗剔抉⑩，刮垢磨光⑪。盖有幸而获选⑫，孰云多而不扬⑬。诸生业患不能精，无患有司之不明；行患不能成，无患有司之不公⑭。"

言未既⑮，有笑于列者曰⑯："先生欺余哉！弟子事先生，于兹有年矣⑰。先生口不绝吟于六艺之文⑱，手不停披于百家之编⑲；记事者必提其要，纂言者必钩其玄⑳，贪多务得㉑，细大不捐；焚膏油以继晷，恒兀兀以穷年㉒：先生之业，可谓勤矣。觝排异端㉓，攘斥佛老㉔，补苴罅漏，张皇幽眇㉗；寻坠绪之茫茫，独旁搜而远绍㉘；障百川而东之㉙，回狂澜于既倒㉚：先生之于儒，可谓有劳矣㉛。沈浸醲郁㉜，含英咀华㉝，作为文章㉞，其书满家㉟。上规姚姒，浑浑无涯㊱；周诰殷盘，佶屈聱牙㊲；《春秋》谨严㊳，《左氏》浮夸㊴，《易》奇而法㊵，《诗》正而葩㊶，下逮《庄》《骚》，太史所录，子云相如，同工异曲㊷：先生之于文，可谓闳其中而肆其外矣㊸。少始知学，勇于敢为；长通于方，左右具宜㊹：先生之于为人，可谓成矣㊺。然而公不见信于人，私不见助于友。跋前疐后，动辄得咎㊻。暂为御史㊼，遂窜南夷㊽。三年博士㊾，冗不见治㊿。命与仇谋，取败几时(51)。冬暖而儿号寒，年丰而妻啼饥。头童齿豁(52)，竟死何裨(53)？不知虑此，而反教人为(54)？"

先生曰："吁！子来前！夫大木为杗(55)，细木为桷(56)，欂栌侏儒，椳闑扂楔，各得其宜(57)，施以成室者(58)，匠氏之工也。玉札丹砂(59)，赤箭青芝(60)，牛溲马勃[61]，败鼓之皮[62]，俱收并蓄[63]，待用无遗者，医师之良也。登明选公，杂进巧拙[64]，纡馀为妍[65]，卓荦为杰[66]，校短量长[67]，惟器是适者[68]，宰相之方也[69]。昔者孟轲好辩，孔道以明[70]，辙环天下[71]，卒老于行[72]；荀卿守正[73]，大论是弘[74]，逃谗于楚，废死兰陵。是二儒者[75]，吐辞为经[76]，举足为法[77]，绝类离伦[78]，优入圣域[79]，其遇于世何如也！今先生学虽勤而不繇其统[80]，言虽多而不要其中[81]，文虽奇而不济于用，行虽修而不显于众。犹且月费俸钱[82]，岁靡廪粟[83]；子不知耕，妇不知织；乘马从徒，安坐而食；踵常途之促促，窥陈编以盗窃[84]。然而圣主不加诛，宰臣不见斥，兹非其幸欤？动而得谤，名亦随之[85]，投闲置散，乃分之宜[86]。若夫商财贿之有亡，计班资之崇庳[87]，忘己量之所称，指前人之瑕疵[88]，是所谓诘匠氏之不以杙为楹，而訾医师以昌阳引年，欲进其豨苓也[89]。

## 【注 释】

①选自《昌黎先生集》卷十二。进学：使学业进益。解：是对疑难的辨析。

②国子先生即国子博士，指韩愈自己。国子博士是官名，国子先生是称呼。唐朝主管国家教育政令的官署是国子监。国子监管国子学、太学、广文馆、四门学、律学、书学、算学七个学。七学各置博士，即国子监博士（也称国子博士）、太学博士、四门博士等。这里"太学"即指国子监。

③业精二句：学业由勤勉而精进，由嬉游而荒废；德行由思虑而成就，由因循而败坏。随：因循。

④圣贤：圣主贤臣。这是称美当时君臣的说法。

⑤治具：法令。《史记·酷吏列传》："法令者，治之具。"毕：尽，完全。张：举，行得通。

⑥拔去：除掉。凶邪：凶恶邪僻的人。

⑦登崇：提拔。畯良：才俊善良的人。畯：通"俊"。

⑧占小善者：有一点优点的人。占，有。率：都。以：同"已"。录：录用。

⑨名一艺者：有一技之长的人。名，占有，具有。庸：用。

⑩爬罗剔抉：指搜罗选拔一切人才。爬罗，爬梳网罗。剔抉，挑选抉择。

⑪刮垢磨光：刮去尘垢，磨出光亮，这是指造就人才。

⑫选：选用。

⑬扬：选举，和上句"选"互文。

⑭诸生业患四句：学业怕不能精，不怕有司看不清；德行怕不能成，不怕有司不公正。有司：主管的官，主管的官府。

⑮既：完，尽。

⑯笑于列：在行列中笑。

⑰于兹：到现在。有年：多年。

⑱吟：吟诵。六艺：六经，即《诗》《书》《礼》《乐》《易》《春秋》。

⑲披：翻（书）。编：书籍，著作。

⑳记事者：记事的书。纂言者：立论的书。纂，同"撰"，集。钩：探索。玄：深奥哲理。

㉑贪多：无满足地求多。务：追求。得：获取，收获。

㉒细大不捐：小的大的都不放弃。捐，弃。

㉓继：继续。晷（guǐ）：日光。

㉔恒：长久，经常。兀兀：劳苦的样子。穷年：终年，终其岁月。意思是每天这样做。

㉕觚（dǐ）排：抨击，抵制。觚，通"抵"。异端：指那些和孔孟（儒家）不合的学说。

㉖攘斥：反对，驳斥。佛老：佛家和道家。

㉗补苴（jū）罅（xià）漏，张皇幽眇（miǎo）：补充（儒学的）缺漏处，阐明（儒学的）深奥精微处。补苴，就是补。苴，本义是鞋里边的"荐"，俗称"衬"，引申为填塞空虚之义。罅漏，缺漏。罅，裂。张、皇，都是"张大"的意思。这里作动词用。幽，深。眇，小，微。

㉘寻坠绪之茫茫，独旁搜而远绍：寻求茫茫的失传了的道（儒学），独自广为搜求，远承前圣。坠，失坠，失传。绪，前人未尽的功业，这里的意思相当于"道统"（儒家所谓"道"的系统）的"统"，古圣相传的道。茫茫，远的样子。旁，各方面，广泛。绍，绍远，承继。韩愈认为道从尧、舜、禹、汤、文王、武王、周公、孔子递传到孟子，孟子死后就"不得其传"了（见《原道》），也就是那"绪"就"坠"了。

㉙障百川而东之：防堵百川泛滥而使它向东流，使百川归海，意谓使百家之学都归于儒。障，堤障，这里用作动词，意思是防堵。东，使之东。

㉚回狂澜于既倒：把已经倾泻出去的狂澜挽转过来。这里比喻挽转来势凶猛的异端邪说。回，挽转。于，在。既，已经。倒，倾。

㉛有劳：有功劳，尽了力。

㉜沈浸酽郁：沉浸在浓厚馥郁（指典籍的意味）之中。酽郁，本指香味浓厚，这里指书中精美的成分。酽，同"浓"。郁，香气盛。

㉝含英咀（jǔ）华：含着咀嚼着英华（指典籍的精华）。咀，含在嘴里细细玩味。英、华，都是花，指精华。

㉞作为：写作。

㉟其书：指作的那些文章。满家：满屋子都是，表示文章很多。

㊱上规姚姒：规，取法。姚，虞舜的姓。姒，夏禹的姓。这里指虞、夏的书。《尚书》里有《虞书》《夏书》。浑浑无涯：深远无穷。浑浑，深远的样子。涯，边际。

㊲周诰：《尚书》中《周书》的《大诰》《康诰》《酒诰》《召诰》《洛诰》，这里代表《周书》。殷盘：《尚书》中《商书》的《盘庚》，这里代表《商书》。佶屈聱（áo）牙：形

容文辞简古难读。佶屈，曲折。聱牙，口齿不顺。

㊳《春秋》文辞很简，含有褒贬的意思，所以说“谨严”。

㊴《左氏》即《春秋左氏传》。书中叙述内容铺张夸大，许多地方超出了“经”的范围，所以说“浮夸”。

㊵《易》即《易经》。《易经》是古代占卜的书。原有八卦，八卦两两相重，为六十四卦，每一卦又有六爻（yáo），表示自然和人事的各种现象。奇：指卦的变易。法：法则，规律。句意谓《易》虽多变化，却有一定的法则。

㊶《诗》即《诗经》。正：就是《论语・为政》篇所说的“思无邪”的意思。葩：花，这里指辞藻的华丽。

㊷逮：及，到。《庄》即《庄子》。《骚》即《离骚》。太史所录：指太史公所记的，就是《史记》。子云：西汉末的扬雄，字子云，这里指扬雄所著的书，如《太玄》《法言》。相如：汉武帝时的司马相如，曾作《子虚赋》《上林赋》等。同工异曲：原意是说，譬如乐工技巧是一样，而所奏出的曲调不同。这里是说这些著作各有特点。工，技能技巧。

㊸闳（hóng）其中而肆其外：内容博大，形式多样。闳，宽阔。肆，扩展。中，指文章的内容。外，指文章的形式。其，代“文”。

㊹少始知学四句：少年时开始懂得学习，就勇于实践；长大之后贯通了做人的道理，对各方面无不合宜。通：贯通。方：道理。左右：或左或右。具：全，都。

㊺成：备。

㊻跋前踬（zhì）后，动辄（zhé）得咎：进退不得自由，一动就得罪。《诗经・豳（bīn）风・狼跋》：“狼跋其胡，载踬其尾。”这是说狼前进就踩着它的胡（老狼颔下的悬肉），后退就绊在它的尾巴上。跋，践踏。踬，阻碍。咎，罪过。

㊼暂：短暂。

㊽窜南夷：指贬为阳山令。韩愈于贞元末年作为监察御史上疏请减免徭役租赋，被贬为阳山令。窜，逐，指贬斥。南夷，南方边远地区。

㊾三年：一本作“三为”，韩愈为博士凡四次，也不止三年，这里是概指。

㊿冗（rǒng）不见（xiàn）治：职位闲散，不足以彰显治绩。冗，闲散。见，表现。显露。治，治绩。

(51)命与仇谋，取败几时：命运和仇敌打交道，不时受到挫败。谋，相谋，相伴。取，获致。几时，不时。

(52)头童：头秃了。山不长草木叫“童山”，这是“童”字的特殊用法。齿豁：牙齿脱缺，露出豁口。豁，开。

(53)竟死何裨：至死无补。竟，终。裨，补益。

(54)而：却。为：助词，表疑问。

(55)宋（máng）：大梁。

(56)桷（jué）：椽子。

(57)欂（bó）栌（lú）侏（zhū）儒，椳（wēi）闑（niè）扂（diàn）楔，各得其宜：欂、

栌、侏儒、椳、闑、扂、楔，各自获得适宜的安排。欂，壁柱。栌，柱上短木，即斗拱。侏儒，梁上短木。椳，门枢。闑，门之中央所竖的短木，关门的时候，两扇门只能止于此。扂，户牡，门闩之类。楔，门两旁长木。

㊽施：用。

㊾玉札：药用的玉类。一说就是地榆，药名。丹砂：朱砂。

⑩赤箭：就是天麻，药名。青芝：一名龙芝，灵芝的一种。以上四种都是贵药。

⑪牛溲：牛尿。马勃：一种药草，又名马屁菌。

⑫败鼓之皮：破烂的鼓皮。以上三种都是贱药。

⑬俱收并蓄：即兼收并蓄。

⑭登明选公，杂进巧拙：提拔选用人才，公正合理；好的和差的一齐量材进用。登、选，指提拔录用。明、公，指用人公正合理。杂，一并，都。巧，好的。拙，差的。

⑮纡馀：委曲周备的样子。

⑯卓荦（luò）：超绝的样子。

⑰校短量长：就是校量长短。

⑱惟器是适：是说选用人才，要按照各人的才能来安排适合的工作。器：指人的材质。适，适宜。

⑲方：治理的方法。

⑳孟轲：就是孟子。他为了捍卫孔子之道，极力驳斥杨朱、墨翟（dí）的学说。人们都说他"好辩"。以：因此。

㉑辙环天下：周游天下。辙，车迹。环，周。

㉒卒：终究。老于行：老于周游之中。

㉓荀卿守正：荀卿信守孔子之道。荀卿：即荀子，赵国人，游学于齐，为祭酒。齐国有人说他的坏话，他就到楚国。楚国的春申君让他做兰陵（在今山东省枣庄市）令。春申君死后，他被废，死在兰陵。荀卿《非十二子》指责子思、孟轲，但始终尊崇孔子。韩愈所谓"大醇而小疵"者盖亦指此。正，醇正，这里指孔子之道。

㉔大论：宏大的言论。弘：展开，发扬。

㉕是：这。

㉖吐辞：指立论。经：经典。

㉗举足：指行为。法：法则，规范。

㉘绝：断开。离：去。类、伦：指同类、同辈。

㉙优入圣域：足以进入圣人的境地。优，足够。

㉚繇：同"由"。统：道统。

㉛要：适合。中：关键之处。

㉜犹且：尚且。

㉝靡（mí）：通"糜"，费。廪：仓。

㉞蹑常途之促促，窥陈编以盗窃：拘谨地按照常规走路，窃取古人的说法而没有创见。

踵：脚跟，这里用作动词，走。促促，拘谨的样子。窥，看。陈，旧。编，书籍。以，在这里用法同"而"。

⑧动而得谤，名亦随之：自己一动就受到毁谤，名声也跟着毁坏。"动而得谤"跟上文的"动辄得咎"意思差不多。而，则。

⑧投闲置散，乃分（fèn）之宜：投置在闲散的职位上（跟上文"冗不见治"相照应），是职分所应当的。

⑧商财贿之有亡，计班资之崇庳：计较俸禄的有无，官职的高低。商，计较。财贿，财货，在这里指俸钱。亡，同"无"。计，计较。班资，班列资格，指品秩。庳，同"卑"。

⑧忘己量之所称，指前人之瑕疵：忘了自己的能力和什么事相称，却指责贵显者的毛病。量，分量，能力。前人，在自己前边的人，指贵显者。瑕疵，毛病。

⑧诘匠氏之不以杙（yì）为楹，而訾（zǐ）医师以昌阳引年，欲进其豨（xī）苓也：质问工匠为什么不拿小木桩做柱子，指责医师用昌阳延年不对，要用他的豨苓。诘，责问。杙，小木桩。楹，柱子（杙小而楹大，韩愈以杙自喻）。訾，指责。昌阳，就是菖蒲，一种草药，古人认为菖蒲可以延年。引年，延年。进，进用，使……采用。豨苓，又名猪苓，属菌类，也是一种药，但对延年不起作用。

【分　析】

　　此文借国子先生与学生的对话，说明进德修业的道理，表达了一个有抱负的知识分子的愤懑和坚持理想的不妥协态度。韩文素以主意新警、气势宏肆、语言奇崛而在中唐文坛上独树一帜，这篇《进学解》，艺术上也有显著的创新出奇之处：其一，将辞赋的对话形式与反话正说的讽刺手法糅为一体；其二，将辞赋与散文的长处融于一篇；其三，注意语言的锤炼，创造出了许多鲜活而富有生命力的新词警语，不少至今仍活跃于现代汉语之中，成为名言警句和成语。

【思考与练习】

　　1. 学生对先生的诘问与先生对学生的回答，分别表达了韩愈什么样的思想感情？

　　2. 韩愈在本文中提出的哪些观点在今天仍有可供借鉴的现实意义？

　　3. 请结合本文，谈谈你自己对进益学业的见解。

　　4. 找出文中你所知道的成语及警句，体味它们的含意。

## 《新唐书·韩愈传》

（韩愈）再为国子博士，既才高数黜，官又下迁，乃作《进学解》以自喻。执政奇其才，改比部郎中，史馆修撰。

## 明·茅坤《唐宋八大家文钞》

此韩公正正之旗、堂堂之阵也。其主意专在宰相。盖大才小用，不能无憾。而以怨怼无聊之辞托之人，自咎自责之辞托之己，最得体。

## 清·刘熙载《艺概》

说理论事涉于迁就，便是本领不济。看昌黎文，老实说出紧要处，自使用巧聘奇者，望之辟易。

韩文起八代之衰，实集八代之成。盖惟善用古者能变古，以无所不包，故能无所不扫地。

## 【链　接】

### 韩愈《答刘正夫书》

或问为文宜何师？必谨对曰：宜师古圣贤人。曰：古贤圣人所为书俱存，辞皆不同，宜何师？必谨对曰：师其意，不师其辞。

若圣人之道，不用文则已；用则必尚其能者。能者非他，能自树立不因循者是也。

### 韩愈《答李翊书》

气，水也；言，浮物也。水大而物之浮者大小毕浮。气之与言犹是也：气盛，则言之短长与声之高下者皆宜。虽如是，其敢自谓几于成乎？虽几于成，其用于人也奚取焉？虽然，待用于人者，其肖于器耶？用与舍属诸人。君子则不然：处必有道，行己有方；用则施诸人，舍则传诸其徒，垂诸文而为后世法。如是者，其亦足乐乎？其无足乐也？

# 钻鉧潭西小丘记①

柳宗元

柳宗元（773—819），字子厚，祖籍河东（今山西永济西）。贞元九年（公元793年）中进士，后与刘禹锡等参加王叔文集团的政治革新运动。革新失败后，被贬为永州司马，十年后调柳州刺史。因为他是河东人，终于柳州刺史任上，所以人称"柳河东"或"柳柳州"。

柳宗元与韩愈共同倡导唐代古文运动，并称韩柳，为唐宋八大家之一。柳宗元山水游记写景细致入微，寄托深远；政论文指陈时弊，笔锋犀利。主张文以明道，注重文学的社会功能，强调文须有益于世，有《柳河东集》。

得西山后八日，寻山口西北道二百步②，又得钻鉧潭。潭西二十五步，当湍而浚者为鱼梁③。梁之上有丘焉，生竹树。其石之突怒偃蹇④，负土而出，争为奇状者，殆不可数⑤。其嵌然相累而下者⑥，若牛马之饮于溪；其冲然角列而上者⑦，若熊罴之登于山⑧。

丘之小不能一亩，可以笼而有之⑨。问其主，曰："唐氏之弃地，货而不售⑩。"问其价，曰："止四百。"余怜而售之。李深源、元克己时同游⑪，皆大喜，出自意外。即更取器用⑫，铲刈秽草，伐去恶木⑬，烈火而焚之⑭。嘉木立，美竹露，奇石显。由其中以望，则山之高，云之浮，溪之流，鸟兽之遨游，举熙熙然回巧献技⑮，以效兹丘之下。枕席而卧，则清泠之状与目谋⑯，瀯瀯之声与耳谋⑰，悠然而虚者与神谋，渊然而静者与心谋⑱。不匝旬而得异地者二⑲，虽古好事之士⑳，或未能至焉。

噫！以兹丘之胜，致之沣、镐、鄠、杜㉑，则贵游之士争买者，日增千金而愈不可得。今弃是州也，农夫渔父过而陋之㉒，贾四百㉓，连岁不能售。而我与深源、克己独喜得之，是其果有遭乎㉔！书于石，所以贺兹丘之遭也。

【注 释】

① 此文原属《永州八记》第三记。钻鉧：古称熨斗为钻鉧，水潭因形似熨斗而得名。

前有《钴鉧潭记》。

②得：访得，发现。寻：沿着，顺着。道：作动词用，走。

③当：面临。湍（tuān）：急流。浚（jùn）：深。鱼梁：截流捕鱼的石堰，中有孔，置竹具笱于其内可以捕鱼。

④突怒：突起似怒。偃蹇（yǎnjiǎn）：高耸貌。

⑤殆：几乎。数：作动词用。

⑥嵌（qīn）然：倾斜貌，一说耸立貌。相累：层层相叠。

⑦冲然：突起貌。角列：争当前列，角即较量、竞争。一说角列即像兽角一样并列（向上）。

⑧罴（pí）：熊的一种，俗称人熊。

⑨不能：不足。笼：作动词用，装入笼中。

⑩货：出卖。售：卖出。下句"余怜而售之"之"售"为使动用法。

⑪李、元皆与作者同贬永州的朋友。

⑫更：轮流更替。器用：工具。

⑬刈（yì）：割。秽草：荒草。恶木：劣木。

⑭烈火：燃起猛火。烈，作动词用。

⑮举：全都。熙熙然：和乐貌。回巧献技：展示技巧。

⑯清泠（líng）：清凉。谋：接触。

⑰潆潆（yíng）：水流回旋的声音。

⑱悠然而虚者：自由空旷的天地。渊然而静者：深邃宁静的境界。

⑲匝（zā）：一围，不匝即不满。旬：十天。

⑳好（hào）事之士：喜游山玩水的人。后文"贵游之士"义同。

㉑致：移置。沣、镐（hào）、鄠（hù）、杜：均为长安附近地名。

㉒陋之：意动用法，即看不起它。

㉓贾：同"价"，标价。

㉔其：岂，难道。遭：遇合。


【分　析】

　　钴鉧潭的主体是水，小丘的主体是石。写小丘，重在突出石之"奇"，以拟物、比喻手法静物动写，不仅写出石的形状，更写出石的神态、动作。

　　文章名写小丘，实写自己，借小丘抒发自己怀才受谤、久贬不迁的感慨，既妙合自然又另出境界。


【思考与练习】

　　1. 小丘之胜包含哪些内容？

2. 作者与小丘的"同病相怜"包含哪些内容?

## 【辑　评】

### 清·刘大櫆《唐宋文举要引》

前写小丘之胜,后写弃掷之感,转折独见幽冷。

### 清·林云铭《古文析义》

末段以贺兹丘之遭,借题感慨,全说在自己身上。盖子厚向以文名重京师,诸公要人,皆欲令出我门下,如致兹丘于沣、镐、鄠、杜之间也。今谪是州,为世大僇,庸夫皆得诋诃,频年不调,亦何异为农夫、渔父所陋,无以售于人乎?乃今兹丘有遭,而已独无遭,贺丘,所以自吊。呜呼!英雄失路,至此亦不免气短矣。读者当于言外求之。

### 袁行霈主编《中国文学史》

深邃幽寂的环境,适足以安放作者凄苦的心地,使他在自然美中获得暂时的忘却,以虚静的心神,达到与自然的合一,展现出一种如雪天琼枝般的清泠晶莹之美。

### 吴功正《唐代美学史》

对于文学审美性的具体要求,柳宗元与韩愈有所不同,体现了两人审美趣尚的差别。韩愈是"不平则鸣",纵横排奡,顿挫有力。而柳宗元不是金刚怒目,而是有所内敛,形成含蕴、温靖、幽深的风韵。

……柳宗元散文的另一贡献也是最大的贡献在山水文学审美上。……(前人)用美的文笔写出对象的美,或者说他呈现出了对象的美,其审美的意义还是处于描述的层面。柳宗元则在承绪郦道元的基础上大幅度地推进,完成了山水游记的彻底审美化历程。这是柳宗元对中国文学美学史的巨大贡献。……柳宗元表现出对自然山水的倾心热爱之情,即审美之情,是对自然山水的真正投入,形成对自然山水的欣赏、移情。他的生命历程就是融入自然山水的审美历程。……对自然山水的游览、欣赏、挚爱,最终形成与对象的冥化为一,消融于对象之中,上升到一个更高的哲学化、美学化层次。……柳宗元对自然山水不是停留或满足于对象性描述，而是进行对象化体验，他是用心灵感受着对象，形成审美的彻底对象化。

## 【链　接】

### 柳宗元《始得西山宴游记》

自余为僇人，居是州，恒惴栗。其隙也，则施施而行，漫漫而游。日与其徒上高山，入深林，穷回溪，幽泉怪石，无远不到。到则披草而坐，倾壶而醉，醉则更相枕以卧，卧而梦，意有所极，梦亦同趣。觉而起，起而归。以为凡是州之山水有异态者，皆我有也，而未始知西山之怪特。

今年九月二十八日，因坐法华西亭，望西山，始指异之。遂命仆人过湘江，缘染溪，斫榛莽，焚茅茷，穷山之高而止。攀援而登，箕踞而遨，则凡数州之土壤，皆在衽席之下。其高下之势，岈然洼然，若垤若穴，尺寸千里，攒蹙累积，莫得遁隐；萦青缭白，外与天际，四望如一。然后知是山之特立，不与培塿为类。悠悠乎与灏气俱，而莫得其涯；洋洋乎与造物者游，而不知其所穷。引觞满酌，颓然就醉，不知日之入。苍然暮色，自远而至，至无所见，而犹不欲归。心凝形释，与万化冥合。然后知吾向之未始游，游于是乎始，故为之文以志。是岁，元和四年也。

### 柳宗元《永州八记·至小丘西小石潭记》

从小丘西行百二十步，隔篁竹，闻水声，如鸣佩环，心乐之。伐竹取道，下见小潭，水尤清冽。全石以为底，近岸，卷石底以出。为坻，为屿，为嵁，为岩。青树翠蔓，蒙络摇缀，参差披拂。

潭中鱼可百许头，皆若空游无所依。日光下澈，影布石上，怡然不动，俶尔远逝，往来翕忽，似与游者相乐。

潭西南而望，斗折蛇行，明灭可见。其岸势犬牙差互，不可知其源。坐潭上，四面竹树环合，寂寥无人，凄神寒骨，悄怆幽邃。以其境过清，不可久居，乃记之而去。

同游者，吴武陵，龚古，余弟宗玄。隶而从者，崔氏二小生，曰恕己，曰奉壹。

# 长恨歌①

白居易

白居易（772—846），字乐天，号香山居士，祖籍太原，出生于下邽（guī）（今陕西渭南北）。贞元二十六年（公元800年）中进士，后因得罪权贵，贬为江州司马。晚年官至太子少傅，谥"文"，世称白傅、白文公。白居易诗今存近三千首，数量之多在唐代诗人中首屈一指。在文学上，白居易以讽喻诗最为有名，积极倡导新乐府运动，主张"文章合为时而著，歌诗合为事而作"，强调"补察时政"的诗教功能，对后世颇有影响。著有《白氏长庆集》。

汉皇重色思倾国，御宇多年求不得②。
杨家有女初长成，养在深闺人未识③。
天生丽质难自弃，一朝选在君王侧。
回眸一笑百媚生，六宫粉黛无颜色④。
春寒赐浴华清池，温泉水滑洗凝脂⑤。
侍儿扶起娇无力，始是新承恩泽时。
云鬓花颜金步摇，芙蓉帐暖度春宵⑥。
春宵苦短日高起，从此君王不早朝。
承欢侍宴无闲暇，春从春游夜专夜。
后宫佳丽三千人，三千宠爱在一身。
金屋妆成娇侍夜，玉楼宴罢醉和春⑦。
姊妹弟兄皆列土，可怜光彩生门户⑧。
遂令天下父母心，不重生男重生女。
骊宫高处入青云，仙乐风飘处处闻。
缓歌慢舞凝丝竹，尽日君王看不足⑨。
渔阳鼙鼓动地来，惊破霓裳羽衣曲⑩。
九重城阙烟尘生，千乘万骑西南行。

翠华摇摇行复止，西出都门百余里⑪。
六军不发无奈何，宛转蛾眉马前死。
花钿委地无人收，翠翘金雀玉搔头⑫。
君王掩面救不得，回看血泪相和流。
黄埃散漫风萧索，云栈萦纡登剑阁⑬。
峨嵋山下少人行，旌旗无光日色薄⑭。
蜀江水碧蜀山青，圣主朝朝暮暮情。
行宫见月伤心色，夜雨闻铃肠断声⑮。
天旋日转回龙驭，到此踌躇不能去⑯。
马嵬坡下泥土中，不见玉颜空死处⑰。
君臣相顾尽沾衣，东望都门信马归⑱。
归来池苑皆依旧，太液芙蓉未央柳⑲。
芙蓉如面柳如眉，对此如何不泪垂。
春风桃李花开日，秋雨梧桐叶落时。
西宫南内多秋草，落叶满阶红不扫⑳。
梨园弟子白发新，椒房阿监青娥老㉑。
夕殿萤飞思悄然，孤灯挑尽未成眠。
迟迟钟鼓初长夜，耿耿星河欲曙天。
鸳鸯瓦冷霜华重，翡翠衾寒谁与共㉒。
悠悠生死别经年，魂魄不曾来入梦。
临邛道士鸿都客，能以精诚致魂魄㉓。
为感君王辗转思，遂教方士殷勤觅。
排空驭气奔如电，升天入地求之遍。
上穷碧落下黄泉，两处茫茫皆不见。
忽闻海上有仙山，山在虚无缥缈间。
楼阁玲珑五云起，其中绰约多仙子㉔。
中有一人字太真，雪肤花貌参差是㉕。
金阙西厢叩玉扃，转教小玉报双成㉖。
闻到汉家天子使，九华帐里梦魂惊㉗。
揽衣推枕起徘徊，珠箔银屏迤逦开㉘。
云鬓半偏新睡觉，花冠不整下堂来㉙。
风吹仙袂飘摇举，犹似霓裳羽衣舞。
玉容寂寞泪阑干，梨花一枝春带雨㉚。

含情凝睇谢君王，一别音容两渺茫<sup>㉛</sup>。

昭阳殿里恩爱绝，蓬莱宫中日月长<sup>㉜</sup>。

回头下望人寰处，不见长安见尘雾。

唯将旧物表深情，钿合金钗寄将去<sup>㉝</sup>。

钗留一股合一扇，钗擘黄金合分钿<sup>㉞</sup>。

但教心似金钿坚，天上人间会相见。

临别殷勤重寄词，词中有誓两心知<sup>㉟</sup>。

七月七日长生殿，夜半无人私语时。

在天愿作比翼鸟，在地愿为连理枝<sup>㊱</sup>。

天长地久有时尽，此恨绵绵无绝期。

## 【注　释】

①本诗作于唐宪宗元和元年（公元 806 年），当时白居易任盩屋（今陕西周至县）县尉，陈鸿与王质夫居该县，三人同游，话及唐玄宗、杨贵妃事，白居易遂作《长恨歌》。陈鸿虑诗有不详，作《长恨歌传》，并言明文旨，不特感其事，意欲"惩尤物，窒乱阶，垂于将来也"。

②唐人好以汉自居，中唐后诗人多以汉武帝（刘彻）代借指唐玄宗。《汉书·外戚传》"延年侍上，起舞歌曰：'北方有佳人，绝世而独立。一顾倾人城，再顾倾人国。宁不知倾城与倾国？佳人难再得！'上叹息曰：'善！世岂有此人乎？'平阳主因言延年有女弟。上乃召见之，实妙丽善舞，由是得幸。"后以倾城倾国比美女，此处指杨贵妃。

③杨贵妃，小名玉环，蜀州司户杨玄琰的女儿，幼年寄养在叔父杨玄珪家。开元二十三年，册封为寿王（玄宗的儿子李瑁）妃。二十八年玄宗令她为道士，住太真宫，改名太真。天宝四年诏还俗，册封为贵妃。

④六宫为皇后居住之所，所以往往用六宫代指皇后。唐代的六宫已非专指皇后，而是泛指后妃了。

⑤华清池：《元和郡县志》"华清宫在骊山上，开元十一年初置温泉宫。天宝六年改为华清宫。又造长生殿，名为集灵台，以祀神也。"相传早在西周时期，周幽王曾在此建骊宫；后世的秦始皇、汉武帝也都在这里建立行宫。开元十一年唐玄宗建温泉宫于骊山，天宝六年更是大兴土木，修建的宫殿楼阁更为豪华，改名华清宫，温泉池也改名"华清池"。

⑥《释名·释首饰》"步摇，上有垂珠，步则动摇也。"其制作多以黄金屈曲成龙凤等形，其上缀以珠玉，晶莹辉耀，与钗钿相混杂，簪于发上。芙蓉帐：泛指华丽的帐子。

⑦《汉武故事》"帝以乙酉年七月七日生于猗兰殿。年四岁，立为胶东王。数岁，长公主嫖抱置膝上，问曰：儿欲得妇不？胶东王曰：欲得妇。长主指左右长御百余人，皆云

不用。末指其女问曰：阿娇好不？于是乃笑对曰：好！若得阿娇作妇，当作金屋贮之也。"
玉楼：以汉白玉所砌的楼宇。醉和春：醉意掺和着春意。

⑧ 姊妹弟兄：指杨氏一家。杨玉环受册封后，她的大姐封韩国夫人，三姐封虢国夫人，八姐封秦国夫人，一门四府，无限风光。伯叔兄弟杨铦官鸿胪卿，杨锜官侍御史，杨钊赐名国忠，天宝十一年为右丞相，所以说"皆列土"（分封土地）。

⑨ 缓歌慢舞：同"缓歌缦舞"，形容柔和的歌声、舒缓的舞姿。凝丝竹：徐缓的音乐。凝，徐缓。

⑩ 安禄山（703—757），营州（今辽宁朝阳）人。天宝十四年（公元755年），安禄山以清君侧为由从范阳起兵，长驱直入，仅用了三十五天就攻占东都洛阳。次年六月，安禄山率军进攻潼关，潼关失守，唐玄宗率部分朝官仓皇逃往成都。渔阳郡隶属范阳节度使，安禄山起兵范阳，故称渔阳鼙鼓动地来。鼙鼓：骑兵用的小鼓。霓裳羽衣曲：《霓裳羽衣》是唐代宫廷乐舞的代表作，原传自天竺，后经唐明皇改编，增至歌舞乐合一的大型宫廷乐舞。

⑪ 九重：指皇帝居住的地方，古代皇宫有九重门。翠华：以翠鸟的羽毛装饰的旗帜或车盖，此处指天子的御车、仪仗。

⑫ 六军：古代天子有六军，这里指唐明皇的卫队。不发：不再继续前进，这里即指兵变。当时乱兵先杀了杨国忠及杨贵妃的两个姊妹，又逼着唐明皇将杨贵妃赐死。翠翘：翠鸟尾上的长毛叫"翘"，此处指形似"翠翘"的头饰。金雀：雀形的金钗。玉搔头：玉簪。

⑬ 云栈：高入云端的栈道。萦纡：回环曲折。剑阁：即剑门关，在今四川省剑阁县北。

⑭ 峨嵋山：今作峨眉山，在今四川省峨眉山市境。唐玄宗到蜀中，不过峨眉山，这里只是泛指四川的高山而言。

⑮ 《明皇杂录》："明皇既幸蜀，西南行，初入斜谷，属霖雨涉旬，于栈道雨中闻铃音，隔山相应。上（指玄宗）既悼念贵妃，采其声为《雨淋铃曲》以寄恨焉。"

⑯ 天旋日转：比喻国家从倾覆后得到恢复。唐肃宗至德二年（公元757年）九月、十月，郭子仪收复两京。

⑰ 不见玉颜空死处：只有空坟，而尸体不见了。关于杨贵妃之死，《资治通鉴》、《旧唐书》、《唐国史补》、《长恨传》记载相同，都主"缢死"说。除此之外，刘禹锡还根据"里中儿言"，得出"贵人饮金屑"、"颜色真如故"的吞金而死的说法。后世又有"藏匿民间"、"流落海外"、"尸解成仙"的传说。

⑱ 谓听凭马自己行走，极言人心无绪的样子。

⑲ 太液：大明宫内的池水名。未央：汉代皇帝居住的宫殿名，这里借指唐代的大明宫。《开元天宝遗事》有载："帝与妃共赏太液池千叶莲，指妃子与左右曰：'何如此解语花也。'"

⑳ 西宫：太极宫，唐人称之为"西宫"或"西内"。南内：兴庆宫。唐人称大明宫、太极宫、兴庆宫为"三大内"。大明宫是当时的皇帝唐肃宗居住的地方。唐明皇回京后，

被尊为太上皇,先后曾被安置在宫城西面的太极宫和宫城南面的兴庆宫居住。

㉑ 梨园弟子:指昔日曾经侍奉过唐明皇的宫廷歌舞班子。唐玄宗于开元二年从各地教坊挑选三百人,教于梨园,称之为"皇帝梨园子弟",后世沿用梨园为戏院或戏曲界的别称。椒房:《汉书·车千秋传》颜师古注:"椒房殿名,皇后所居也,以椒和泥涂壁,取其温而芳也。"后常指后妃居住的宫室,以花椒和泥涂壁,一取其香,二取其多子。阿监:宫廷中的近侍,唐代六七品女官名。另说是太监。青娥:指年轻貌美的宫女。

㉒ 鸳鸯瓦:房顶上俯仰相扣的屋瓦。翡翠衾:用翡翠羽毛装饰的被子。

㉓ 临邛:今四川省邛崃县。鸿都:洛阳北宫门名。"临邛道士鸿都客"指有个来洛阳游访的四川方士。

㉔ 碧落:道家称天界为"碧落"。五云:中国古代崇拜五色,以五色为吉祥色。故古人以五色云彩为祥瑞。绰约:美好的样子。

㉕ 参差是:仿佛就是,好像就是。

㉖ 玉扃(jiōng):玉做的门。扃,本指门闩或门环,这里代指门扇。小玉:《霓裳羽舞歌》作者自注:"吴王夫差女小玉。"双成:指董双成,传说为浙江人,商亡后于西湖畔修炼成仙,飞升后任王母身边的玉女。《汉武帝内传》记:西王母命玉女董双成吹云和之笙。

㉗ 九华帐:指用华丽的案绣成的彩帐。九,极数,形容色彩斑斓。

㉘ 珠箔:珠帘。银屏:有金银装饰的屏风。逦迤:连接不断。

㉙ 觉(jiào):刚睡醒。

㉚ 阑干:纵横散乱貌。

㉛ 凝睇:凝视。

㉜ 昭阳殿:汉宫名,赵飞燕居住过的地方,这里代指杨贵妃旧居处。蓬莱宫:传说海上有三座仙山,其中蓬莱山上有蓬莱宫,这里代指仙境。

㉝ 钿合:镶嵌金花的首饰盒。合,同"盒"。

㉞ 钗擘黄金合分钿:擘:分开。这句意思是:将黄金钗和钿合各留半,另一半请道士寄回玄宗。

㉟ 词中有誓:陈鸿《长恨歌传》言,唐玄宗与杨贵妃天宝十年七月七日曾在长生殿"密相誓心,愿世世为夫妇"。此处指下文"在天愿作比翼鸟,在地愿为连理枝"一语。

㊱ 比翼鸟:《尔雅·释地》:"南方有比翼鸟焉,不比不飞,其名谓之鹣鹣。"连理枝:两树不同根而枝干彼此联结交错在一起。和"比翼鸟"一样,都用来比喻男女牢固不可分的爱情。

## 【分 析】

《长恨歌》是我国古代长篇叙事诗的名篇,它以唐玄宗李隆基和贵妃杨玉环的爱情悲剧为题材,以"长恨"为题旨,批判了唐玄宗的荒淫误国和杨贵妃的恃宠致乱,同时对李隆基和杨玉环的爱情悲剧寄予了同情,形成了批判与同情并存、惋惜与讽谕兼有的两重性主题。

全诗可分四个部分。

第一部分：开头二十六句。写唐玄宗宠幸杨贵妃，沉溺于歌舞声色之中。第二部分：二十四句。写安史之乱后唐玄宗被迫缢死杨贵妃，导致李杨爱情的悲剧。第三部分：二十四句。写唐玄宗回京后对杨贵妃的无穷思念，缠绵悱恻，极写其哀。第四部分：共四十六句。通过幻境从杨贵妃方面落笔，写她的思念、忆恋、密誓、意愿，揭出"长恨"题旨。

全诗主要的艺术特色及成就是：

1. 形象鲜明，倾向隐蔽；

2. 人物心理刻画细腻，描写形象生动，富于感染力；

3. 语言优美，描写细腻，故事曲折，情节生动，因而成为脍炙人口的名篇。

## 【思考与练习】

1. 关于《长恨歌》的主题，众说纷纭，谈谈你对作品主题的理解。

2. 分析第二部分景物描写的特点和作用。

3. 举例说明该诗是怎样把叙事、写景、抒情完美结合在一起的。

## 【辑　评】

### 清·吴乔《围炉诗话》

元和元年冬十二月，太原白乐天自校书郎尉于周至，鸿与琅玡王质夫家于是邑，日相携游仙游寺，话及此事，相与感叹。质夫举酒于乐天前曰："夫希代之事，非遇出世之才润色之，则与时消没，不闻于世，乐天深于诗，多于情者也，试为歌之如何？"乐天因为《长恨歌》，意者不但感其事，亦欲惩尤物，窒乱阶，垂于将来也。歌既成，使鸿传焉。《连昌》、《长恨》、《琵琶行》，前人之法尽变矣。

### 清·宋徽璧《抱真堂诗话》

七言初唐、盛唐随各一体，然极七言之变，则元白、温李，皆在所不废。元白体至卑，乃《琵琶行》、《连昌宫词》、《长恨歌》未尝不可读。但子由所云"元白纪事，尺寸不遗，所以拙耳"。

### 清·黄周星《唐诗快》

乐天诗如《长恨歌》、《琵琶行》，皆所谓老妪解颐者也。然无一字不深入人情，而借刺透心髓，即少陵、长吉歌行皆不能及。所以然者，少陵、长吉虽能为情语，然犹兼才学之。凡情语一类才学，终隔一层，便不能刺透心髓。乐天之妙，妙在全不用才学，一味以本色真切出之，所以感人最深。由是观之，则老妪解颐，谈何容易！

### 清·赵翼《瓯北诗话》

香山诗名最著，及身已风行海内，李谪仙后一人而已。……盖其得名，在《长恨歌》一篇。其事本易传，以易传之事，为绝妙之词，有声有情，可歌可泣，文人学士既叹为不可及，妇人女子亦喜闻而乐诵之。是以不胫而走，传遍天下。又有《琵琶行》一首助之。此即无全集，而二诗已自不朽，况又有三千八百四十首之工且多哉！

### 清·贺贻孙《诗筏》

长庆长篇，如白乐天《长恨歌》、《琵琶行》，元微之《连昌宫词》诸作，才调风致，自是才人之冠。其描写情事，如泣如诉，从《焦仲卿》篇得来。所不及《焦仲卿》篇者，正在描写有意耳。

## 【链　接】

### 清·袁枚《马嵬》（其四）

莫唱当年长恨歌，人间亦自有银河。
石壕村里夫妻哭，泪比长生殿上多。

# 无　题①

李商隐

　　李商隐（813—858），字义山，号玉谿生，又号樊南生，怀州河内（今河南沁阳）人。二十五岁中进士，授秘书省校书郎。当时牛李党争激烈，他被卷入旋涡，在政治上受到排挤，一生困顿失意。李商隐和杜牧齐名，人称"小李杜"，是晚唐重要诗人之一。李商隐擅长律、绝，诗作重意境，幽微含蓄、瑰艳绮丽，善于用典，隐晦曲折，寄托极深。其"无题"一类情思朦胧、内涵多义。有《李义山诗集》，后人辑有《樊南文集》、《樊南文集补编》。

　　　　　昨夜星辰昨夜风②，画楼西畔桂堂东③。
　　　　　身无彩凤双飞翼④，心有灵犀一点通⑤。
　　　　　隔座送钩春酒暖⑥，分曹射覆蜡灯红⑦。
　　　　　嗟余听鼓应官去⑧，走马兰台类转蓬⑨。

## 【注　释】

　　① 无题：即无所命题，多因所写内容不可明言，以无题寄托其意。此作古今皆有之，唯李商隐为甚。此类诗歌情致缠绵，含意深邈，具有独特风格。

　　② 星辰：指牵牛织女星。昨夜风：《尚书·洪范》"星有好风"。此含有好会的意思。

　　③ 画楼：彩绘华美的楼。西畔：西面。桂堂：用香木建成的厅堂，形容厅堂芳美。

　　④ 一个在楼西，一个在堂东，形影相隔，不能聚会，故恨身无双飞之翼。

　　⑤ 三国时吴人万震《南州异物志》载：犀有神异，表灵以角。意为犀牛乃灵异之兽，角中有白纹如线，直抵角梢，传说犀牛之间可通过角来感应心灵，诗中以此借喻两心相印。

　　⑥ 隔座：一西一东，所以称隔座。送钩：即"藏钩"。据《汉武故事》记载，钩弋夫人少时手拳，帝披其手，得一玉钩，手得展。相传此即为藏钩游戏之始，后人仿行，成为民间风行的一种游戏。

　　⑦ 分曹：分组。射覆：古时游戏，在覆器之下置物猜谜。最早见于《汉书·东方朔传》记载，上使诸数家射覆，置守宫盂下射之。射，猜。

　　⑧ 嗟余：感叹之余。《唐书·百官志》：宫门局、宫门郎二人，掌宫门管籥。凡夜漏

尽，击漏鼓而开；漏上水一刻，击漏鼓而闭。故此处"听鼓应官"意为去宫门听漏鼓之声，即朝见君王。

⑨兰台：唐朝杜佑《通典》记：御史大夫所居之处，后汉以来，谓之兰台寺。诗人时为王茂元辟作掌书记，得侍御史，故用此。转蓬：蓬草秋枯遇风被连根拔起，随风旋转。喻指身不由己，漂泊不定。

## 【分　析】

本诗抒写对昨夜一夕相值，旋成间隔的意中人的深切怀想。诗人以深沉的笔触抒写主人公真诚的情怀，突出了间隔中的契合、苦闷中的欣喜、寂寞中的慰安。回旋往复，情意深挚，在层叠与错落中表达了亦喜亦悲交织的情感。颔联两句，语奇情深，精警感人，既写了间隔中无翼双飞的苦恼，也写了离别后灵犀一点、心心相印的欣慰，苦闷而又欣喜，矛盾而又和谐，委婉深曲地写出了热恋中人的复杂心理，表达了真挚缠绵的爱情。尾联兰台转蓬固指诗人为职事所羁，不得与所爱如愿相会，同时也暗含了诗人两入秘省，仕途蹭蹬的人生经历。故这种间隔之叹中的转蓬之感，便在爱情的怅惘中带有自伤身世的意味。整首诗浅唱轻叹，惘怅绮美，突出地体现了义山诗"深情绵邈，典丽精工"的特点。

## 【思考与练习】

1. 请以本诗为例，分析李商隐"无题"诗的艺术特点。
2. 简述本诗是如何抒写主人公的心理活动的。

## 【辑　评】

### 清·钱牧斋《唐诗鼓吹评注》

此追忆昨夜之景而思其他，谓身不能至，而心则可通也。

### 清·叶燮《原诗》

寄托深而措辞婉。

### 葛兆光选注《唐诗卷》

李商隐诗歌语言试图表现一种内在的感受，而不像盛中唐诗人试图表达的是心中的感情。感情往往是明晰的有指向性的，喜怒哀乐表达起来比较容易，读者阅读时也能从字面上理解；而感受则深藏不现，连自己也不易捕捉，所以只能朦胧地表现，靠读者自行体验。

## 【链　接】

### 李商隐《锦瑟》

锦瑟无端五十弦，一弦一柱思华年。
庄生晓梦迷蝴蝶，望帝春心托杜鹃。
沧海月明珠有泪，蓝田日暖玉生烟。
此情可待成追忆，只是当时已惘然。

### 李商隐《无题》

相见时难别亦难，东风无力百花残。
春蚕到死丝方尽，蜡炬成灰泪始干。
晓镜但愁云鬓改，夜吟应觉月光寒。
蓬山此去无多路，青鸟殷勤为探看。

# 五代史伶官传序

欧阳修

欧阳修（1007—1072），字永叔，号醉翁，晚年又号六一居士，谥文忠。吉州永丰（今江西永丰）人，宋仁宗天圣八年（1030年）进士。作为北宋文学革新运动的领导人物，对北宋文学的发展有巨大贡献。长于古文、诗词，堪称一代散文宗师。为文以韩愈为宗，反对浮靡，文风条达舒畅，明白易晓。有《欧阳文忠公集》、《六一词》等。

呜呼！盛衰之理，虽曰天命，岂非人事哉①！原庄宗之所以得天下②，与其所以失之者，可以知之矣。

世言晋王之将终也③，以三矢赐庄宗，而告之曰："梁，吾仇也④；燕王，吾所立⑤；契丹，与吾约为兄弟⑥，而皆背晋以归梁。此三者，吾遗恨也。与尔三矢，尔其无忘乃父之志⑦！"庄宗受而藏之于庙⑧。其后用兵，则遣从事以一少牢告庙⑨，请其矢，盛以锦囊⑩，负而前驱，及凯旋而纳之⑪。

方其系燕父子以组⑫，函梁君臣之首⑬，入于太庙，还矢先王，而告以成功，其意气之盛，可谓壮哉！及仇雠已灭⑭，天下已定，一夫夜呼，乱者四应⑮，苍皇东出⑯，未及见贼而士卒离散，君臣相顾，不知所归。至于誓天断发，泣下沾襟⑰，何其衰也！岂得之难而失之易欤？抑本其成败之迹而皆自于人欤⑱？《书》曰："满招损，谦受益。"⑲忧劳可以兴国，逸豫可以亡身，自然之理也。故方其盛也，举天下之豪杰莫能与之争；及其衰也，数十伶人困之，而身死国灭⑳，为天下笑。

夫祸患常积于忽微，而智勇多困于所溺㉑，岂独伶人也哉！作《伶官传》。

**【注　释】**

①"盛衰"三句：国家的盛衰，虽说有天命，然而不也是由人事决定的吗？

②原：推究本源。庄宗：指后唐庄宗李存勖（885—926），唐朝晋王李克用之长子。于公元923年灭后梁，统一北中国，建立后唐王朝，定都洛阳。公元926年，被宫内伶人

所杀，时年 42 岁。

③ 晋王：指李克用。将终：临死之前。

④ 梁：指后梁太祖朱全忠，曾伏击追杀李克用，李侥幸逃脱，故结下仇怨。

⑤ 燕王：指刘仁恭、刘守光父子。刘仁恭机智狡诈，善伪装事人，因兵败投晋，后与晋王反目并大破燕王。刘守光囚父杀兄，于开平三年（公元 909 年）被朱全忠封为燕王。

⑥ 契丹：指辽国。辽太祖耶律乙，字阿保机，曾与李克用结盟，后背约与梁共同举兵攻晋。

⑦ 尔：你。乃：你的。

⑧ 庙：此处指祭祀、供奉祖先的地方。下文的"太庙"即皇帝的祖庙。

⑨ 从事：官名，此处泛指属下官吏。少牢：古代一猪一羊的祭祀品。旧时祭礼的牺牲，牛、羊、豕俱用叫太牢，只用羊、豕二牲叫少牢。《礼记·王制》："天子社稷皆太牢，诸侯社稷皆少牢。"告：禀告，请示。

⑩ 盛以锦囊：即盛之以锦囊。锦囊，丝织的袋子。

⑪ 纳：放置，收藏。之：指代"矢"。

⑫ 方：当……的时候。系：拴，捆绑。组：丝编的绳索。

⑬ 函：动词，用木匣子装东西。

⑭ 仇雠：即仇敌。雠，同"仇"。

⑮ 一夫夜呼：指贝州（今河北省清河县一带）将领皇甫晖兵变之事。乱者四应：指继皇甫晖之后，赵太、王景戡、李嗣源等相继反叛。见《旧五代史·唐纪·庄宗纪》。

⑯ 苍皇：同"仓皇"，匆遽、狼狈的样子。东出：指同光四年（公元 926 年）三月庄宗由洛阳避乱至汴州（今河南开封）。

⑰ "至于"二句：《旧五代史·唐书·庄宗纪第八》："元行钦等百余人，垂泣而奏曰：'臣本校人，蒙陛下抚养，位极将相。危难之时，不能立功报主，虽死无以塞责。乞申后效，以报国恩。'于是百余人皆援刀截发，置髻于地，以断首自誓。上下无不悲号。"

⑱ 抑：连词，表选择，相当于"或是"。本：原本。

⑲ 语出《尚书·大禹谟》。孔颖达疏："自以为满，人必损之。自谦受物，人必益之。"

⑳ "数十伶人"二句：《新五代史·伶官传》："庄宗既好俳优，又知音，能度曲。……自其为王，至于为天子，常身与俳优杂戏于庭，伶人由此用事，遂至于亡。"皇甫晖兵变后，李存勖众叛亲离，伶人出身的重臣郭从谦（艺名"门高"）又乘危作乱，用乱箭射死庄宗。

㉑ 忽：粗心。微：细小。所溺：指让人沉溺而不能自拔的事物。

## 【分　析】

《伶官传序》是欧阳修《新五代史·伶官传》的序文，也是中国古典文学史上备受推崇的政论名篇。本文借助后唐庄宗得天下、失天下的典型事例，以史为鉴，通过总结伶官受庞幸而乱朝政的历史教训，阐述了国家盛衰主要取决于人事的道理，讽谏当时的北宋统治者。

本文的一大特色是论点精辟，论证有力，真正实现了"立片言以居要"（陆机《文赋》）。如果说"忧劳兴国，逸豫亡身"的结论是对儒家"生于忧患，死于安乐"（《孟子·告子下》）的传统思想在治国方略上的某种升华，那么，"祸患常积于忽微，而智勇多困于所溺"的观点则成为这种思想的鲜活注解。此外，文章脉络清晰，结构紧凑，并且多使用感叹、反问语气，强化议论抒情。全文呈现出简约凝练、酣畅淋漓、气势充沛的艺术风格。

## 【思考与练习】

1. 归纳本文的中心论点，并分析其现实意义。
2. 试分析本文在语言表达上有何特色。

## 【辑 评】

### 吴楚材、吴调侯《古文观止》

起手一提，已括全篇之意。次一段叙事，中后只是两扬两抑。低昂反复，感慨淋漓，直可与史迁相为颉颃。

### 《中国散文鉴赏文库·古代卷》

作为"史论"，应就史论事，在写作上要求能用归纳论证的方法。这就要求能准确地选用史料来进行归纳论证。本文选用了"晋王三矢"的故事，该故事在《新五代史》的《庄宗本纪》未用，因系"世言"，不足为信，这正体现了作者遵循"无徵不信"原则的严谨态度。然而既是"世言"，序言中就不妨引用，以免被人讥为疏漏，又可不再引用《庄宗本纪》的史料而避免重复，这是一种积极选材的方法。

## 【链 接】

### 欧阳修《五代史周臣传论》

夫乱国之君，常置愚不肖于上，而强其不能以暴其短恶；置贤智于下，而泯没其材能。使君子小人皆失其所，而身蹈危亡。治君之用能置贤智于近，而置愚不肖于远，使君子小人各适其分，而身享安荣。治乱相去虽远甚，而其所以致之者不多也。反其所置而已。呜呼！自古治君少而乱君多，况于五代？士之遇不遇者，可胜叹哉！

## 王安石《祭欧阳文忠公文》

夫事有人力之可致，犹不可期，况乎天理之溟漠，又安可得而推？惟公生有闻于当时，死有传于后世，苟能如此足矣，而亦又何悲？

# 八声甘州·对潇潇暮雨①

柳 永

　　柳永（987？—1053），原名三变，字耆卿，后改名永。崇安（今属福建武夷山市）人。宋仁宗景祐元年（1034年）进士，官至屯田员外郎，世称"柳屯田"。前期热衷功名，却屡试不第，失意放浪，经常流连青楼酒肆，与教坊乐工和歌伎们交往，沉溺城市生活的时间长，因而熟悉士民、歌伎的生活，使他成为以描写城市风貌见长的婉约派代表词人。有《乐章集》传世。

　　对潇潇暮雨洒江天②，一番洗清秋。渐霜风凄紧③，关河冷落④，残照当楼⑤。是处红衰翠减⑥，苒苒物华休⑦。惟有长江水，无语东流。

　　不忍登高临远，望故乡渺邈⑧，归思难收⑨。叹年来踪迹，何事苦淹留⑩？想佳人、妆楼颙望⑪，误几回、天际识归舟。争知我、倚阑干处⑫，正恁凝愁⑬！

## 【注 释】

① 八声甘州：唐教坊大曲名，后为词牌，又名《甘州》、《潇潇雨》等。

② 潇潇：一说雨势急骤，另说下雨声。

③ 渐：逐渐，慢慢地。霜风：秋风。

④ 关河：泛指山河。关，关山之地。

⑤ 残照：落日的余晖。

⑥ 是处：到处。红衰翠减：花朵凋零，绿叶枯萎。李商隐《赠荷花》中有"此荷此叶常相映，红衰翠减愁煞人"句。

⑦ 苒苒（rǎn）：同"荏苒"，形容时光消逝。物华休：美好的景物衰残。

⑧ 渺邈（miǎo）：同"渺渺"，非常遥远。

⑨ 归思（sì）：回归的思绪。

⑩ 淹留：长期停留，久留。

⑪ 颙（yóng）望：凝望，呆望。颙，仰慕。

⑫ 争：怎。

⑬恁（rèn）：如此。

## 【分　析】

　　这是柳永表达羁旅失意，身在路途思念家乡亲人的代表作之一。词融写景、抒情为一体，描写羁旅行役之苦，表达强烈的思归情绪，层层铺陈，渲染浓郁。词中佳句"不减唐人高处"（苏轼语）。

　　上片铺写深秋傍晚雨景。造声构势，描写新颖。以"渐"字领起"霜风"三句，承时间推移并展开空间的层次和深度，展示了一幅雄浑高远的境界。"长江水无语东流"更增无穷伤感，耐人寻味，为以下抒情蓄势待发。

　　下片直抒归思愁绪。"想佳人"句与"争知我"回环对照，以换位设想，作强烈比照，更显感情缠绵悱恻，兼有谢朓"天际识归舟，云中辨江树"（《之宣城郡出新林浦向板桥》）和温庭筠"过尽千帆皆不是，斜晖脉脉水悠悠，断肠白蘋州"（《梦江南》）妙语意境，具有特殊的感染力和表现力。

## 【思考与练习】

　　1. 联系其他古代诗词作家类似的内容风格，深入理解《八声甘州》词的思想内容。

　　2. 结合链接内容谈谈柳永写词的艺术风格特点。

## 【辑　评】

### 宋·赵德麟《侯鲭录》引苏轼语

　　世言柳耆卿词俗，非也。如《八声甘州》云："霜风凄紧，关河冷落，残照当楼。"此语于诗句，不减唐人高处。

### 宋·叶梦得《避暑录话》

　　柳耆卿为举子时，多游狭邪，善为歌词。教坊乐工每得新腔，必求永为辞，始行于世，于是声传一时……"凡有井水饮处，即能歌柳词。"

### 宋·陈振孙《直斋书录解题》

　　柳词格固不高，而音律谐婉，语意妥帖，承平气象，形容曲致，尤工于羁旅行役。

### 宋·胡仔《苕溪渔隐丛话》引《艺苑雌黄》

喜作小词，然薄于操行。当时有荐其才者，上曰："得非填词柳三变乎？"曰："然。"上曰："且去填词！"由是不得志。日与儇子纵游倡馆酒楼间，无复检约。自称"奉圣旨填词柳三变"。

## 【链　接】

### 宋·俞文豹《吹剑录》

东坡在玉堂日，有幕士善讴。因问："我词比柳词何如？"对曰："柳郎中词，只好十七八女孩儿，执红牙拍板，唱'杨柳岸、晓风残月'；学士词，须关西大汉，执铁板，唱'大江东去'。"公为之绝倒。

### 柳永《鹤冲天》

黄金榜上，偶失龙头望。明代暂遗贤，如何向？未遂风云便，争不恣游狂荡，何须论得丧。才子词人，自是白衣卿相。

烟花巷陌，依约丹青屏障。幸有意中人，堪寻访。且恁偎红倚翠，风流事、平生畅。青春都一饷。忍把浮名，换了浅斟低唱。

### 柳永《望海潮》

东南形胜，三吴都会，钱塘自古繁华。烟柳画桥，风帘翠幕，参差十万人家。云树绕堤沙。怒涛卷霜雪，天堑无涯。市列珠玑，户盈罗绮，竞豪奢。

重湖叠巘清嘉。有三秋桂子，十里荷花。羌管弄晴，菱歌泛夜，嬉嬉钓叟莲娃。千骑拥高牙。乘醉听箫鼓，吟赏烟霞。异日图将好景，归去凤池夸。

# 定风波·莫听穿林打叶声

苏　轼

　　三月七日，沙湖道中遇雨。雨具先去，同行皆狼狈，余独不觉。已而遂晴，故作此①。

　　莫听穿林打叶声，何妨吟啸且徐行。竹杖芒鞋②轻胜马，谁怕？一蓑烟雨任平生。

　　料峭春风吹酒醒，微冷，山头斜照却相迎。回首向来萧瑟处，归去，也无风雨也无晴。

## 【注　释】

　　① 本篇作于元丰五年（1082 年），时苏轼被贬黄州（今湖北黄冈）。沙湖：在黄州东南三十里。

　　② 芒鞋：草鞋。

## 【分　析】

　　这是一幅生活速写，苏轼通过抒写途中遇雨这一小事，抒发了自己"一蓑烟雨任平生"的旷达超脱的人生态度。词的上阕写雨中。首句"穿林打叶"，渲染出雨骤风狂。在逆境中，词人的反应是什么呢？"莫听"、"何妨"体现了他无所谓的态度，"吟啸且徐行"、"竹杖芒鞋"、"一蓑烟雨"三组形象则较好地表现出他旷达、自然、洒脱的精神风貌。下阕写雨后的情景和感受。"料峭春风吹酒醒，微冷，山头斜照却相迎"，一边是料峭的春风，一边是温暖的阳光，这既是写景，也是表达人生的哲理：人生亦如此，在寒冷中会有温暖，在逆境中会有希望。在此基础上，词人进一步彻悟人生，达观地唱道"也无风雨也无晴"——他既不以风雨为忧，也不以晚晴为喜，只要自己逍遥自得、处之泰然，那么任何情况对于自己都是一样，从而使自己的思想升华到一种"于有差别境中能常入无差别定"的境界。

**【思考与练习】**

1. 这首词句句双关，请结合作者的人生经历，体会双关手法在作品中的运用。

2. 请谈谈词作中所表达出来的人生态度的当代价值。

3. "也无风雨也无晴"表达的境界与王维《终南别业》的"行到水穷处，坐看云起时"颇为相似，都蕴涵着世事变化无穷，应以达观圆融的态度对待人生，从而达到心境的自由与解脱的深意。试说一说你是否也有过这样的体验和感受。

**【辑　评】**

### 郑文焯《手批东坡乐府》

此足征是翁坦荡之怀，任天而动。琢句亦瘦劲，能道眼前景。以曲笔直写胸臆，倚声能事尽之矣。

### 刘永济《唐五代两宋词简析》

上半阕可见作者修养有素，履险如夷，不为忧患所动摇之精神。下半阕则显示其对于人生经验之深刻体验，而表现出忧乐两忘之胸怀。

### 叶嘉莹《论苏轼词》

立身之志意，与超然之襟怀，做了泯灭无痕的最好的融汇和结合。

### 刘乃昌《苏轼选集》

这首词虽是写途中遇雨这一件极平常的小事，却反映了作者坦荡自然的生活态度。显然，这也隐隐透露了诗人看破忧患的襟怀：他准备要以不避坎坷、任其自然的态度，来对付瞬息即变的政治风雨。

## 邓魁英《中国文学史·宋辽金元》

嘉祐元年（1056 年），苏轼在父亲苏洵的陪同下自川入京，次年考中进士。嘉祐六年通过制科考试，除授大理评事、凤翔府签判，从此步入仕途，开始了他坎坷多难的政治生涯。神宗熙宁二年（1069 年），苏轼服父丧期满还朝。时王安石开始推行新法，苏轼认为国家局势是"有治平之名而无治平之实"（《策略》第一），也主张变革，但反对"以立法更制为事"（《策略》第三）的激烈变法措施，而要求实行"任人"与"任法"并行（《应制举上两制书》）、"自可徐徐"（《上神宗皇帝书》）的渐进改革，因而接连上书对新法提出批评。由于政见不合并遭攻击，他自求外调，于熙宁四年通判杭州，又改知密州、徐州。

元丰二年（1079 年），御史李定等人抓住苏轼诗歌中一些批评新法的内容，罗织罪名，说他"指斥乘舆"、"包藏祸心"，将他从湖州拘捕入京，投入御史狱，酿成著名"乌台诗案"（乌台指御史台）。结案后苏轼被贬黄州，沉重的政治打击严重挫伤了他的锐气，但又促使他检讨人生，精神境界为之一变，文学创作也相应发生了明显变化。黄州时期留下了许多脍炙人口的作品。

# 永遇乐·落日熔金

李清照（1084—1155?），号易安居士，山东济南人，著名女词人。工诗善文，精通金石学，尤以词著称于世。出生于书香之家，少时即有才名。丈夫赵明诚为金石学家。金人南侵，李清照随丈夫南奔避难。两年后，赵明诚病亡。李清照先后漂泊于杭州、绍兴、台州、金华一带，约在1155年前后病故。有《漱玉词》（后人辑本）。词以北宋灭亡为界，分为前后两个时期。前期的词，内容比较狭窄，多写闺情；后期由于遭遇不幸，风格突变，在哀情愁绪的叙写中寄寓了深沉的故国之思和家国之恨，具有一定的时代精神和社会意义。

落日熔金①，暮云合璧②，人在何处？染柳烟浓，吹梅笛怨③，春意知几许？元宵佳节，融和天气，次第岂无风雨？来相召、香车宝马，谢他酒朋诗侣。

中州④盛日，闺门多暇，记得偏重三五，铺翠冠儿⑤，捻金雪柳⑥，簇带⑦争济楚，如今憔悴，风鬟霜鬓，怕见夜间出去。不如向、帘儿底下，听人笑语。

## 【注　释】

①落日熔金：落日的颜色好像熔化的黄金。
②合璧：像璧玉一样合成一块。
③吹梅笛怨：指笛子吹出《梅花落》曲幽怨的声音。
④中州：这里指北宋汴京。
⑤铺翠冠儿：饰有翠羽的女式帽子。
⑥捻金雪柳：元宵节女子头上的装饰。
⑦簇带：插戴之意。

## 【分　析】

这首词为李清照晚年流寓临安时所作。全词通过对比南渡前后过元宵佳节的两种不同状况，展示出生活的巨大变化，抒发了词人思国怀乡的悲苦情怀。全词情景交融，跌宕有致。由今而昔，又由昔而今，形成今昔盛衰的鲜明对比。感情深沉、真挚。语言于朴素中见清新，平淡中见工致。

本词在写作上主要采用了对比的手法：往日的繁华欢悦与今日的凄苦寂寞、他人的笑语与自己的独愁相比，从而深化了主题。在章法上，由今到昔，再由昔到今，层层深入，首尾圆合，情景交融，跌宕有致，意境更为深远。

## 【思考与练习】

1. 试述对比手法在本词中的运用。
2. 词的上片用了三个设问句，其作用是什么？

## 【辑　评】

### 宋·张炎《词源》

至如李易安〔永遇乐〕云："不如向、帘儿底下，听人笑语。"此词亦自不恶。而以俚词歌于坐花醉月之际，似乎击缶韶外，良可叹也。

### 清·永瑢等《四库全书总目提要》

张端义《贵耳集》极推其元宵词〔永遇乐〕、秋词〔声声慢〕，以为闺阁有此文笔，殆为间气，良非虚美。虽篇帙无多，固不能不宝而存之，为词家一大宗矣。

### 吴梅《词学通论》

大抵易安诸作，能疏俊而少沉着。即如〔永遇乐·元宵〕词，人咸谓绝佳；此事感怀京、洛，须有沉痛语方佳。词中如"如今憔悴，风鬟雾鬓，怕见夜间出去"固是佳语，而上下文皆不称。上云"铺翠冠儿，捻金雪柳，簇带争济楚"，下云"不如向、帘儿底下，听人笑语"，皆太质率，明者自能辨之。

### 唐圭璋《词学论丛》

实则其《永遇乐》一词，亦富于爱国思想，后来刘辰翁读此词为之泪下，并依其声以清照自喻，可见其感人之深，而二人痛心亡国，怀念故都，先后亦如出一辙。

上片写首都临安之元宵现实，景色好，天气好，倾城赏灯，盛极一时，而己则暗伤亡国，无心往观。下片回忆当年汴都之元宵盛况，妇女多浓妆艳饰，出门观灯，转眼金兵侵入，风流云散，万户流离失所，惨不可言。而己亦首如飞蓬，无心梳洗，再逢元宵佳节，更不思夜出赏灯，正是"良辰美景奈何天，赏心乐事谁家院"。最后，从听人笑语，反映一己之孤独悲哀，默默无言，吞声饮泣，实甚于放声痛哭。

### 胡云翼《宋词选》

这首词主要是抒发她饱经忧患后不安定的心情和自甘寂寞的消沉思想。词中追怀"中州盛日"的元宵景象，也适当地表现出作者对故国的眷念不忘。（南渡词人往往通过写汴京灯节的盛况以寄托自己的爱国思想。）南宋末年词人刘辰翁说："诵李易安《永遇乐》，为之涕下。"（见《须溪词·永遇乐》题序）可想见其强烈的感染力。通篇把今昔不同的情景构成鲜明的对照，又把一些寻常用语组织入词，格外显得生动。

## 【链　接】

### 明·徐士俊《古今词统》

辛词"泛菊杯深，吹梅角暖"，与易安句法同。

### 清·沈雄《古今词话·词品》

李易安"被冷香消新梦觉，不许愁人不起"，又"于今憔悴，风鬟霜鬓，怕见夜间出去"，杨用修以其寻常语度入音律，殊为自然。

### 清·谢章铤《赌棋山庄集》

柳屯田"晓风残月"文洁而体清；李易安"落日""暮云"，虑周而藻密。综述性灵，敷写气象，盖骎骎乎大雅之林矣。

# 游 山 西 村<sup>①</sup>

陆　游

　　陆游（1125—1210），字务观，号放翁，山阴（今浙江绍兴）人。绍兴（宋高宗赵构年号）中应礼部试，为秦桧所打击，被除名。孝宗即位，赐进士出身，曾任镇江、隆兴通判（地位略次于州、府长官）。乾道六年（1170年）入蜀，任夔州通判。乾道八年，入四川宣抚使王炎幕府，投身军旅生活。陆游一生坚持抗金主张，虽多次遭受投降派的打击，但爱国之志始终不渝，是南宋伟大的爱国诗人。一生写诗60年，现存9 300多首。诗的题材极为广泛，内容丰富，其中表现抗金报国的作品最能反映那个时代的精神。有《渭南文集》、《剑南诗稿》、《南唐书》、《老学庵笔记》、《放翁词》等。

莫笑农家腊酒浑，丰年留客足鸡豚。
山重水复疑无路，柳暗花明又一村。
箫鼓追随春社近<sup>②</sup>，衣冠简朴古风存。
从今若许闲乘月，拄杖无时夜叩门。

## 【注　释】

　　① 这首诗写于宋孝宗乾道三年（1167年），当时诗人罢官闲居，住在山阴镜湖的三山乡。诗题中"山西村"，指三山乡西边的村落。诗中记叙了当地的风俗，饶有兴味。
　　② 箫鼓：箫与鼓，泛指各种民间乐器。追随：伴随人的生活。春社：古时把立春后第五个戊日定为春社日，民间在这一天祭祀土地神，祈求丰收。

## 【分　析】

　　这是一首记游诗，记录了诗人罢官归故里后一次到山西村游赏的经历。全诗四联，围绕"游"字层层展开。首联渲染出丰收之年的农村一片宁静、欢悦的气象，表现了农家待客的盛情与真诚。颔联写山间水畔的景色，写景中寓含哲理，千百年来广泛被人引用。这里描写的是诗人置身山阴道上，信步而行，疑若无路，忽又开朗的情景，不仅反映了诗人对前途所抱的希望，也道出了世间事物消长变化的哲理。它的妙处就在于越出了自然景色描写的范围，而具有很强的艺术生命力。这就是此联给人们的启发，也是宋诗特有的理趣。颈联正面写山西村所见所感，箫鼓声不绝于耳，村民衣着淳朴厚道，着重表现诗人身临其境后的真实体验和感受，它突现了山西村的精神风貌，倾注了诗人的一片深情。尾联写归途中的愉悦之情和重游的期望。全诗主线突出，处处切"游"字，游兴十足，游意不尽，层次分明，引人入胜。

**【思考与练习】**

1. 诗人对山西村的热爱在诗中是怎样表现出来的？
2. 景中寓含哲理是宋诗特有的一种理趣，请结合本诗谈谈你的认识。

**【辑　评】**

### 清·方东树《昭昧詹言》

以游村情事作起，徐言境地之幽，风俗之美，愿为频来之约。

**【链　接】**

### 唐·王维《蓝田山石门精舍》

落日山水好，漾舟信归风。
探奇不觉远，因以缘源穷。
遥看云木秀，初疑路不同。
安知清流转，忽与前山通。
舍舟理轻策，果然惬所适。
老僧四五人，逍遥荫松柏。
朝梵林未曙，夜禅山更寂。
道心及牧童，世事问樵客。
暝宿长林下，焚香卧瑶席。
涧芳袭人衣，山月映石壁。
再寻畏迷误，明发更登历。
笑谢桃源人，花红复来觌。

### 唐·孟浩然《过故人庄》

故人具鸡黍，邀我至田家。
绿树村边合，青山郭外斜。
开轩面场圃，把酒话桑麻。
待到重阳日，还来就菊花。

### 宋·王安石《江上》

江北秋阴一半开，晚云含雨却低徊。
青山缭绕疑无路，忽见千帆隐映来。

### 宋·苏轼《蝶恋花·密州上元》

灯火钱塘三五夜，明月如霜，照见人如画。帐底吹笙香吐麝，更无一点尘随马。

寂寞山城人老也，击鼓吹箫，却入农桑社。火冷灯稀霜露下，昏昏雪意云垂野。

# 水龙吟·登建康赏心亭①

辛弃疾

　　辛弃疾（1140—1207），字幼安，号稼轩，历城（今山东济南）人，南宋爱国词人。出生时，山东已为金兵所占。二十一岁参加抗金义军，不久回归南宋，一生坚决主张北伐，但一直不被重用。辛弃疾的词现存六百多首，其词抒写力图恢复国家统一的爱国热情，倾诉壮志难酬的悲愤，也有不少吟咏祖国河山的作品。艺术风格多样，而以豪放为主，热情洋溢，慷慨悲壮，笔力雄厚，与苏轼并称为"苏辛"。词有四卷本《稼轩词》及十二卷本《稼轩长短句》两种。

　　楚天千里清秋，水随天去秋无际②。遥岑远目，献愁供恨，玉簪螺髻③。落日楼头，断鸿声里，江南游子④。把吴钩看了，阑干拍遍，无人会，登临意⑤。

　　休说鲈鱼堪脍，尽西风、季鹰归未⑥？求田问舍，怕应羞见，刘郎才气⑦。可惜流年，忧愁风雨，树犹如此⑧！倩何人、唤取红巾翠袖，揾英雄泪⑨！

## 【注　释】

　　① 水龙吟：词牌名，又名《龙吟曲》。建康：今南京。赏心亭：南宋时建康城上的一座亭子。

　　② 楚天：泛指长江中游一带，因战国时曾属楚国。两句意为：南方的天空一片清新，水天相连秋色无际。

　　③ 遥岑（cén）：远处的山。目：望。玉簪：古代妇女插戴的首饰。螺髻（jì）：古代妇女螺旋形的发结。三句意为：举目极望远处的山峰，如同玉簪螺髻那样美丽，然而却只能引起我的忧愁和愤恨。

　　④ 断鸿：失群的孤雁。

　　⑤ 吴钩：吴地制造的弯形的刀。阑干：栏杆。会：理解。

　　⑥ 脍（kuài）：细切的鱼、肉。尽西风：西风劲吹。季鹰：即张翰，晋朝吴（今江苏苏州）人。他在洛阳做官，秋风起，思恋家乡味美的鲈鱼，便弃官而归。

·103·

⑦ 求田问舍：买田造屋。此指三国时的许汜（sì）。许汜路过下邳去看望陈登，陈登看不起他，不与交谈，独自睡在大床上，叫他睡下床。后来许汜把这事告诉刘备，刘备鄙薄他说："现在天下大乱，希望你有忧国忘家的胸怀，而你只知求田问舍，谋求个人私利，陈登当然不会理你。如果碰上我，我要睡在百尺高楼，叫你睡地下，岂止只相差上下床呢？"（见《三国志·魏书·陈登传》）刘郎，刘备。这里作者表示：更不愿像只知求田问舍的许汜那样，为当世的英雄所耻笑。

⑧ 风雨：比喻飘摇的国势。树犹如此：据《世说新语·言语》载，桓温北伐苻秦时，途经金城，见到自己过去种的柳树已长到十围粗，便感叹地说："木犹如此，人何以堪！"作者在此对岁月迁延，北伐无期，表示了无限的愤慨。

⑨ 倩：请。红巾翠袖：古时妇女的装束，这里指女子。揾（wèn）：揩拭。

## 【分　析】

这首词作于淳熙元年（1174 年）。辛弃疾南归以来，一直遭到朝廷的冷遇，这种处境使作者非常忧伤。在他 35 岁任建康通判时，在秋高气爽的黄昏，他登上了赏心亭，向北方眺望，感慨万端，写下了著名的《水龙吟·登建康赏心亭》。在词中倾吐了壮志难伸、报国无路的抑郁心情。

上片先写词人登楼北望，北方锦绣河山却已沦入异族之手，引起满腹"愁"和"恨"，次写登楼抒怀，"吴钩"本是锋利的杀敌武器，现在却闲置腰间，抽出来只能是看看而已，引出的是英雄无用武之地的苦恼和悲愤。"无人会，登临意"写出了作者的一颗爱国心得不到理解和支持的苦闷。

下片开始就连用三个典故，为上片的"登临意"作了注脚。结尾一句照应与深化了"无人会，登临意"的寂寞。全词在这悲愤的高潮中结束，给读者留下了难以抑制的愤慨。

## 【思考与练习】

1. 本篇采用了多种抒情手段表达深沉的情感，请作简要分析。

2. 本篇运用典故阐述"登临意"，请作简要分析。

## 【辑　评】

### 唐圭璋《唐宋词简释》

起句浩荡，笼照全篇，包括山水空阔境界。"水随"一句，分写水；"遥岑"三句，分写山。"秋无际"从"水随天去"中见，"玉簪螺髻"从"远目"中见，皆用倒卷之笔。"落日"三句，写境极悲凉，与屯田之"霜风凄紧，关河冷落，残照当楼"同为佳境。"江南游子"亦倒卷之笔。"把吴钩"三句，写情事尤不堪，沉恨塞胸，一吐之于纸上，仲宣之赋无此慷慨也。换头，三用典、委曲之至。"休说"两句，用张翰事，言不得便归。"求田"两句，用刘备事，言不屑求田。"可惜"两句，用桓温事，言己之伤感。"倩何人"两句，十三字，应"无人会"句作结，豪气浓情，一时并集，如闻垓下之歌。

## 【链　接】

### 清·纪昀等《四库全书总目提要》

（稼轩）其词慷慨纵横，有不可一世之概，于倚声家为变调，而异军特起，能于翦红刻翠之外，屹然别立一宗，迄今不废。

### 清·吴衡照《莲子居词话》

辛稼轩别开天地，横绝古今，论、孟、诗小序、左氏春秋、南华、离骚、史、汉、世说、选学、李杜诗，拉杂运用，弥见其笔力之峭。

### 清·刘熙载《艺概》

稼轩词龙腾虎掷，任古书中理语、瘦语，一经运用，便得风流，天姿是何夐异！

### 清·周济《宋四家词选》

苏、辛并称。东坡天趣独到处，殆成绝诣，而苦不经意，完璧甚少。稼轩则沉着痛快，有辙可循。南宋诸公，无不传其衣钵。

# 牡丹亭·惊梦①

汤显祖

　　汤显祖（1550—1616），字义仍，号海若、若士、清远道人，临川（今江西临川）人。明代杰出的剧作家、文学家。出生于诗书世家，为人正直，屡犯权贵，仕途不得意，后弃官归隐。其文学主张提倡性灵，反对模拟，主要成就在戏剧方面。代表作有传奇《牡丹亭》（又名《还魂记》）及《南柯记》、《邯郸记》、《紫钗记》，合称"临川四梦"或"玉茗堂四梦"。

　　【绕池游】〔旦上②〕梦回莺啭，乱煞年光遍③。人立小庭深院。〔贴④〕炷尽沉烟，抛残绣线，恁今春关情似去年？

　　【乌夜啼】〔旦〕晓来望断梅关⑤，宿妆残。〔贴〕你侧着宜春髻子⑥，恰凭阑。〔旦〕剪不断，理还乱⑦，闷无端。〔贴〕已分付催花莺燕借春看。〔旦〕春香，可曾叫人扫除花径？〔贴〕分付了。〔旦〕取镜台衣服来。〔贴取镜台衣服上〕"云髻罢梳还对镜，罗衣欲换更添香。"⑧镜台衣服在此。

　　【步步娇】〔旦〕袅晴丝⑨，吹来闲庭院，摇漾春如线。停半晌、整花钿。没揣菱花⑩，偷人半面，迤逗的彩云偏。〔行介〕步香闺怎便把全身现！

　　〔贴〕今日穿插的好。

　　【醉扶归】〔旦〕你道翠生生出落的裙衫儿茜，艳晶晶花簪八宝填，可知我常一生儿爱好是天然。恰三春好处无人见。不提防沉鱼落雁鸟惊喧，则怕的羞花闭月花愁颤⑪。

　　〔贴〕早茶时了，请行。〔行介〕你看："画廊金粉半零星，池馆苍苔一片青。踏草怕泥新绣袜，惜花疼煞小金铃⑫。"〔旦〕不到园林，怎知春色如许！

　　【皂罗袍】原来姹紫嫣红开遍，似这般都付与断井颓垣。良辰美景奈何天，赏心乐事谁家院⑬！恁般景致，我老爷和奶奶，再不提起。〔合〕朝飞暮卷⑭，云霞翠轩；雨丝风片，烟波画船——锦屏人忒看的这韶光贱⑮！

　　〔贴〕是花都放了，那牡丹还早。

　　【好姐姐】〔旦〕遍青山啼红了杜鹃，荼蘼外烟丝醉软⑯。春香啊，牡丹

·106·

虽好，他春归怎占的先！〔贴〕成对儿莺燕啊。〔合〕闲凝眄[17]，生生燕语明如剪，呖呖莺歌溜的圆。

〔旦〕去罢。〔贴〕这园子委是观之不足也。〔旦〕提他怎的！〔行介〕

【隔尾】观之不足由他缱[18]，便赏遍了十二亭台是枉然[19]。到不如兴尽回家闲过遣[20]。

〔作到介〕〔贴〕"开我西阁门，展我东阁床。瓶插映山紫，炉添沉水香[21]。"小姐，你歇息片时，俺瞧老夫人去也。〔下〕


# 【注 释】

①《牡丹亭》全名《牡丹亭还魂记》，共55出，《惊梦》为第10出，由〔绕池游〕和〔山坡羊〕两套组成，这里选了〔绕池游〕一套。

②旦：指剧中女性角色，分为"正旦"、"贴旦"等类，"正旦"即剧中的女主人公。

③乱煞年光遍：意谓到处都是撩乱人心的春光。乱煞，撩乱。年光，春光。

④贴："贴旦"的省称，旦角的一种，扮演次要的女角色。

⑤望断：一直望到尽头，表示望的时间久长。梅关：在今江西、广东交界处大庾岭上，这里是虚指。

⑥宿妆：晚妆。宜春髻子：古代妇女于立春之日，剪彩纸为燕形，贴上"宜春"二字，戴在髻上。

⑦剪不断，理还乱：语出南唐李煜词《相见欢》，这里形容愁绪纷乱。

⑧云髻二句：语自唐诗人薛逢《宫词》，见《全唐诗》卷五百四十八。

⑨袅：摇曳飘忽。晴丝：虫类所吐的丝缕，常见于春秋之日晴空中。

⑩没揣（chuǎi）：不料。菱花：镜子。

⑪沉鱼落雁：形容女子的美丽。庄子《齐物论》："毛嫱、丽姬，人之所以美者，鱼见之深入，鸟见之高飞。"羞花：也是形容女子的美丽。李白《西施》："秀色掩古今，荷花羞玉颜。"

⑫泥：玷污。惜花句：《开元天宝遗事》记："天宝初，宁王……于后园中纫红丝为绳，密缀金铃，系于花梢之上。每有鸟雀翔集，则令园吏擎铃索以惊之。盖惜花之故也。"疼煞，疼坏了。此句意为惜花驱雀而勤于擎铃，致使小金铃被拉疼。

⑬良辰二句：语出谢灵运《拟魏太子邺中集诗序》："天下良辰美景、赏心乐事，四者难并"。奈何天：无可奈何。

⑭朝飞暮卷：语出唐诗人王勃《滕王阁诗》："画栋朝飞南浦云，珠帘暮卷西山雨。"

⑮锦屏人：泛指幽居深闺，不能领略自然美景的人。忒（tuī，又 tēi）：太。韶光：春光。

⑯荼蘼（túmí）：花名，属蔷薇科。烟丝：即游丝。

⑰凝眄（miǎn）：目不转睛地看。

⑱ 缱（qiǎn）：恋恋不舍。

⑲ 十二：虚指，相当于所有。

⑳ 到：同"倒"。过遣：过活，打发日子。

㉑ "开我"二句：语本《木兰辞》："开我东阁门，坐我西阁床。"映山紫：即映山红（杜鹃花）的一种。沉水香：即沉香，香料名。

## 【分　析】

《惊梦》描写了女主人公杜丽娘在丫鬟春香的鼓舞下违背父母、塾师的训诫，走出深闺，在大好春光的感召下所发生的情感变化。她痛惜自己的青春被埋没在小庭院中，而引起了她的自我觉醒。这里有对封建礼教的不满，有对自然和青春的热爱，有对春色的惊叹和对命运的感伤。从这几支曲子里可以看到封建社会妇女内心的痛苦和对自由的向往。作品刻画人物内心细致入微，语言自然、优美。

汤显祖在本剧《题词》中写道："如丽娘者，乃可谓之有情人耳。情不知所起，一往而深，生者可以死，死可以生。生而不可与死，死而不可复生者，皆非情之至也。"汤显祖所说的"情"，指人们的真正感情，在《牡丹亭》里表现为青年男女对自由的爱情的追求。"理"，指封建道德观念，在《牡丹亭》里表现为封建礼教和家长对青年自由情感的束缚。

## 【思考与练习】

1. 分析《惊梦》中杜丽娘的心理。

2. 《惊梦》的曲文艳丽典雅，绚丽多彩。请对其中的一二支曲子略作分析。

3. 背诵《皂罗袍》一曲。

## 【辑　评】

### 吴梅《霜崖曲选》

此剧肯綮在死生之际。记中"惊梦"、"寻梦"、"诊祟"、"写真"、"悼殇"五折，自生而之死，"游魂"、"幽媾"、"欢桡"、"冥逝"、"回升"五折，自死而之生。其中收拔灵根，掀翻情窟，为从来填词家屡齿所未及，遂能确据词坛，历千古不朽也。

### 冷成金《中国文学的历史与审美》

《牡丹亭》写出了觉醒的个人与僵固的社会之间不可调和的冲突，肯定了人的情感，肯定了人的生命欲望，肯定了人的自由，将人的解放从政治的层面推进到了生命本质的深度，以"为情作使"的无畏勇气唱出一曲情的颂歌，从而树立了中国戏剧史上的里程碑。

## 【链　接】

### 汤显祖《牡丹亭记题词》

天才女子有情，宁有如杜丽娘者乎！梦其人即病，病即弥连，至手画形容传于世而后死。死三年矣，复能溟溟中求得所梦者而生。如丽娘者，乃可谓之有情人耳。情不知所起，一往而深，生者可以死，死可以生，生而不可与死，死而不可复生者，皆非情之至也。梦中之情，何必非真，天下岂少梦中之人耶？必因荐枕而成亲，待挂冠而为密者，皆形骸之论也……

嗟夫，人世之事，非人世所可尽。自非通人，恒以理相格耳。第云理之所必无，安知情之所必有耶？

### 袁行霈主编《中国文学史》

诞生于16世纪末的《牡丹亭》，有其特殊的文化意义。

一是以情反理，反对处于正统地位的程朱理学，肯定和提倡人的自由权利和情感价值，褒扬像杜丽娘这样的有情之人，从而拨开了正统理学的迷雾，在受迫害最深的女性胸间吹拂起阵阵和煦清新的春风。

二是崇尚个性解放，突破禁欲主义，肯定了青春的美好、爱情的崇高以及生死相随的美满结合。

三是在商业经济日益增长、市民阶层不断壮大的新形势下，对于正在兴起的个性解放思潮起了推波助澜的作用。

# 大观楼长联①

孙　髯

孙髯（约1711—1773），字髯翁，号颐庵，晚号蛟台老人，昆明人。生活于康熙乾隆年间，布衣，卒于云南弥勒。清代诗人。著有《金沙诗草》《永言堂文集》等，但大部分散佚。乾隆间创作的昆明大观楼长联，被誉为"海内第一长联"、"古今第一长联"，名扬海内外。

五百里滇池，奔来眼底，披襟岸帻②，喜茫茫空阔无边！看东骧神骏③，西翥灵仪④，北走蜿蜒⑤，南翔缟素⑥；高人韵士⑦，何妨选胜登临。趁蟹屿螺洲⑧，梳裹就风鬟雾鬓；更蘋⑨天苇地，点缀些翠羽丹霞⑩。莫孤负⑪四围香稻，万顷晴沙，九夏芙蓉⑫，三春杨柳⑬。

数千年往事，注到心头，把酒凌虚，叹滚滚英雄谁在？想汉习楼船⑭，唐标铁柱⑮，宋挥玉斧⑯，元跨革囊⑰；伟烈丰功，费尽移山心力。尽珠帘画栋，卷不及暮雨朝云⑱；便断碣残碑，都付与苍烟落照。只赢得几杵疏钟，半江渔火，两行秋雁，一枕清霜。

## 【注　释】

① 大观楼：位于昆明小西门外约三公里的滇池草海畔大观公园内，隔水与西山相望。长堤纵横，游廊宛曲，树荫四合，花木繁盛。其主要建筑有大观楼、揽月阁、涌月亭、催耕馆、观稼亭等，风景绝佳，是昆明城郊游览胜地。长联悬挂于大观楼正面，书联者为清末民初云南名士赵藩。

② 岸帻（zé）：把头巾推高，即把头巾推开，堆在脑后的发髻上。帻，头巾。

③ 东骧神骏：指昆明东面的金马山。骧，骏马昂首奔驰。神骏，神马。

④ 西翥灵仪：指昆明西面的碧鸡山。翥，飞。灵仪，凤凰。

⑤ 北走蜿蜒：指昆明北面的蛇山（又称长虫山）。蜿蜒，蛇前行状。

⑥ 南翔缟素：指滇池南面晋宁的白鹤山。缟素，白色的丝织物。

⑦ 高人韵士：这里指诗人墨客。高人，思想行为高尚的人。韵士，风雅之士。

⑧ 趁蟹屿螺洲：趁，登上。远望中的岛屿很小，形如螃蟹，如螺壳，故称为蟹屿

螺洲。

⑨ 蘋天苇地：绿蘋与芦苇接天连地。蘋，水生植物名，也叫田字草，夏秋开小白花。

⑩ 翠羽，羽毛艳美的鸟。丹霞，红色的云霞。

⑪ 孤负：亏负，对不住。今多作"辜负"。

⑫九夏：夏季有九十天，因此称为九夏。

⑬三春：春季有三个月，故称三春。

⑭ 汉习楼船：指汉武帝在长安修昆明池，治楼船，习水战，准备征伐昆明一事。

⑮ 唐标铁柱：唐景龙元年（707 年），唐御史唐九徵在洱海地区击败吐蕃，在波州（今云南祥云县）立铁柱以纪功。

⑯ 宋挥玉斧：《绪资治通鉴·宋纪》：太祖乾德三年（965 年）"（王）全斌既平蜀，欲乘势取云南，以图献，帝鉴唐天宝祸起于南诏，以玉斧画大渡河以西曰：'此外非吾有也。'"玉斧，文房器物。

⑰ 元跨革囊：《元史·世祖本纪》：岁癸丑（1253 年）冬十月，"过大渡河，又经行山谷二千余里，至金山江，乘革囊及筏以渡……十二月丙辰，军薄大理城。"革囊，皮筏。

⑱ 尽珠帘画栋，卷不及暮雨朝云：化用唐朝诗人王勃《滕王阁诗》句："画栋朝飞南浦云，珠帘暮卷西山雨。"意思是历代帝王的丰功伟绩，像"暮雨朝云"一样，连帘幕都拉不开，就很快消失了。

## 【分　析】

大观楼长联共 180 字。此联的特点一是对仗工整，二是较多地使用排比句，三是用典以增信息量。

上联开头两句总写景，继写所"喜"之景。"看"为领字，直贯上联尾句。中间从各个角度铺叙景物：山景是重点，用排比句（东、西、北、南），山势用动词"骧"、"鬐"、"走"、"翔"，形象生动，比喻贴切。续写水上之景，也各具风姿，"梳裹就风鬓雾鬓"运用拟人修辞方法，妩媚多姿。"莫孤负"四句仍用排比句，写四季之景，景物含情，也是作者感情的外化。大观楼外处处有景，四时可游，令人神往。

下联咏史抒怀，开头回顾云南历史，感慨深沉，"叹"字为眼，总写感怀。"想"为领字，直贯下联尾句。中间列举汉、唐、宋、元兴衰过程，气势磅礴。"汉习楼船"等六句是重点，用排比句尽显英雄业绩，历数云南史实。"尽"四句点明朝代更迭。"只赢得"四句写结局，景语即情语，仍用排比句。"几杵"、"半江"数量词连用，加重结局冷落凄清之感，与伟业丰功形成对照，又是上联生机勃勃景色的反衬。

孙髯以极高的艺术造诣，精心布局，使上下两联各 90 字对仗整齐，平仄相对，音韵铿锵。联内采用当句自对，平仄相间；用语跌宕，形象生动。全联绘景叙史，情景交融，用典自然，意境深远，读来荡气回肠，余音绕梁。清代楹联学家梁章钜说它"虽一纵一横，其气足以举之"。郭沫若在《登大观楼即事》一诗中说"长联犹在壁，巨笔信如椽"。孙髯翁撰大观楼长联之前，长联并不多见，故称它为"古今第一长联"。可以说，此联开创了长联的先河，是我国长联创作的一个渊源。《大观楼长联》也给后来的长联创作提供了借鉴。边写景，边叙事，边抒情，事情景相互交融的写法影响了后人长联的撰写，几乎成为一种"定格"。

【思考与练习】

1. 作者是怎样写景叙史，景与情是怎么融合的？

2. 将作者在对联中所表达的历史观与阮元改动过的联语比较，谈谈你的看法。

3. 试分析长联的结构，并举例说明此联对仗的特点。

4. 试说明链接中的由云龙、王灿、赵藩三人的联语是如何对仗的。

【辑 评】

### 清·梁章钜等《楹联丛话》

惟云南省城附郭大观楼，一楹贴多至一百七十余言，传诵海内。虽一纵一横，其气足以举之，究未免冗长之讥也。

### 《续修昆明县志·人物志》

（孙髯）博学多识，诗古文辞皆豪宕不羁，一时名士相与酬唱，所撰乐府，虽不逮汉魏，亦几入香山、崆峒之室。五七规仿唐人，时有杰作。其题大观楼楹联凡一百八十字，浑灏流转，化去堆垛之迹，实为仅见。

【链 接】

### 由云龙《大观楼联》

依然明媚山川，苍霭白云，人世几回伤往事；

自笑婆娑风月，绿蓑青箬，江湖满地一渔翁。

## 王灿《大观楼联》

朝云起雨，暮霭飞烟，世事古今殊，只余无恙西山，随时在目；
雪浪吞天，风涛卷地，英雄淘泻尽，为问倒流滇水，何日回头？

## 赵藩《大观楼联》

滇池非即昆明池。误认战习楼船，元人殊陋矣！
汉县原为谷昌县。上溯疆开筰路，楚蹻实先之。

## 阮元及其所改《大观楼长联》

阮元（1764—1849），字伯元，号芸台，江苏仪征人，为清代经学家、楹联家。乾隆五十四年进士，历官山东、浙江学政，兵、礼、户部侍郎，浙江、江西、河南巡抚，湖广、两广、云贵总督。道光朝拜体仁阁大学士，致仁，加太傅，谥文达。"主持文坛数十年，学者奉为泰斗。博学贯通，精穷经义。余事为诗。"（《中国文学家大辞典·清代卷》）。生平事迹见《清史稿》、《清史列传》。阮元于清道光六年至十四年（1826—1835）任云贵总督。在云南期间，他改动孙髯大观楼长联。阮元改动的长联如下：

五百里滇池，奔来眼底。凭栏向远，喜茫茫波浪无边。看东骧金马，西翥碧鸡，北倚盘龙，南驯宝象。高人韵士，惜抛流水光阴。趁蟹屿螺洲，衬将起苍崖翠壁。更蘋天苇地，早收回薄雾残霞，莫孤负四围香稻，万顷鸥沙，九夏芙蓉，三春杨柳。

数千年往事，注到心头。把酒凌虚，叹滚滚英雄谁在？想汉习楼船，唐标铁柱，宋挥玉斧，元跨革囊。爨长蒙酋，费尽移山气力。尽珠帘画栋，卷不及暮雨朝云。便薜碣苔碑，都付与荒烟落照。只赢得几杵疏钟，半江渔火，两行鸿雁，一片沧桑。

## 张炯等主编《中华文学通史》（第五卷·近现代文学编）

赵藩（1851—1927），字樾村，亦作越村，号介庵，别号蝯仙，晚号石禅老人。云南剑川人，白族。少博学经史，负才略。光绪元年（1875年）举人，官至四川臬台人。曾参加辛亥革命、反袁运动。1920年回到云南，主持编纂《云南丛书》及《滇中兵事记》等。

赵藩的文学作品主要是旧体诗词，目前能见到的诗词约有四五千首，如《向湖村舍文集》初集和二集的部分手稿，还有已经刊行的《小鸥波馆诗钞》、《介庵遗句辑钞》正续集等。

　　赵藩任四川盐茶使时，为成都武侯祠撰书的对联"能攻心则反侧自消从古知兵非好战，不审势即宽严皆误后来治蜀要深思"为武侯祠对联中的压卷之作。写于光绪二十八年（1902年）的武侯祠对联不仅在当时有现实意义，今人读之，也有启迪教育作用。短短三十字，字字精要，不同凡响。这副富有哲理和政治远见的联语，曾赢得一代伟人毛泽东的多次赞誉，成为举世闻名的文坛佳话。

　　赵藩书大观楼长联，楷书稳健，用笔严谨，浑厚圆润，风格独具，其书法与孙髯的长联堪称联中"双璧"。

# 桨声灯影里的秦淮河

朱自清

朱自清（1898—1948），散文家，学者。原名自华，号实秋，字佩弦。原籍浙江绍兴，生于江苏东海，长于扬州。1916年入北京大学预科，次年入哲学系，参加过五四运动，文学研究会早期会员。朱自清最初以诗出名，发表过长诗《毁灭》和一些短诗，收入《雪朝》和《踪迹》。从20世纪20年代中期起，致力于散文创作，著有散文集《背影》、《欧游杂记》、《你我》、《伦敦杂记》和杂文集《标准与尺度》、《论雅俗共赏》等。作为学者，在诗歌理论、古典文学、新文学史和语文教育诸方面研究上都有实绩。论著有《新诗杂话》、《诗言志辨》、《经典常谈》、《国文教学》（与叶圣陶合著）和讲义《中国新文学研究纲要》等。

一九二三年八月的一晚，我和平伯同游秦淮河；平伯是初泛，我是重来了。我们雇了一只"七板子"，在夕阳已去，皎月方来的时候，便下了船。于是桨声汩——汩，我们开始领略那晃荡着蔷薇色的历史的秦淮河的滋味了。

秦淮河里的船，比北京万牲园、颐和园的船好，比西湖的船好，比扬州瘦西湖的船也好。这几处的船不是觉着笨，就是觉着简陋、局促；都不能引起乘客们的情韵，如秦淮河的船一样。秦淮河的船约略可分为两种：一是大船；一是小船，就是所谓"七板子"。大船舱口阔大，可容二三十人。里面陈设着字画和光洁的红木家具，桌上一律嵌着冰凉的大理石面。窗格雕镂颇细，使人起柔腻之感。窗格里映着红色蓝色的玻璃；玻璃上有精致的花纹，也颇悦人目。"七板子"规模虽不及大船，但那淡蓝色的栏杆，空敞的舱，也足系人情思。而最出色处却在它的舱前。舱前是甲板上的一部，上面有弧形的顶，两边用疏疏的栏杆支着。里面通常放着两张藤的躺椅。躺下，可以谈天，可以望远，可以顾盼两岸的河房。大船上也有这个，但在小船上更觉清隽罢了。舱前的顶下，一律悬着灯彩；灯的多少，明暗，彩苏的精粗，艳晦，是不一的。但好歹总还你一个灯彩。这灯彩实在是最能钩人的东西。夜幕垂垂地下来时，大小船上都点起灯火。从两重玻璃里映出那辐射着的黄黄的散光，反晕出一片朦胧的烟霭；透过这烟霭，在黯黯的水波里，又逗起缕缕的明漪。在这薄霭和微漪里，听着那悠然的间歇的桨声，谁能不被引入他的美梦去呢？只愁梦太多了，这些大小船儿如何载得起呀？我们这时模模糊糊的谈着明末的秦淮河的艳迹，如《桃花扇》及《板桥杂记》里所载的。我们真神往了。我们仿佛亲见那时华灯映水，画舫凌波的光景了。于是我们的船便成了历史的重载了。我们终于恍然秦淮河的船所以雅丽过于他处，而又有奇异的吸引力的，实在是许多历史的影象使然了。

秦淮河的水是碧阴阴的；看起来厚而不腻，或者是六朝金粉所凝么？我们初上船的时候，天色还未断黑，那漾漾的柔波是这样的恬静，委婉，使我们一面有水阔天空之想，一面又憧憬着纸醉金迷之境了。等到灯火明时，阴阴的变为沉沉了：黯淡的水光，像梦一般；那偶然闪烁着的光芒，就是梦的眼睛了。我们坐在舱前，因了那隆起的顶棚，仿佛总是昂着首向前走着似的；于是飘飘然如御风而行的我们，看着那些自在的湾泊着的船，船里走马灯般的人物，便像是下界一般，迢迢的远了，又像在雾里看花，尽朦朦胧胧的。这时我们已过了利涉桥，望见东关头了。沿路听见断续的歌声：有从沿河的妓楼飘来的，有从河上船里度来的。我们明知那些歌声，只是些因袭的言词，从生涩的歌喉里机械的发出来的；但它们经了夏夜的微风的吹漾和水波的摇拂，袅娜着到我们耳边的时候，已经不单是她们的歌声，而混着微风和河水的密语了。于是我们不得不被牵惹着，震撼着，相与浮沉于这歌声里了。从东关头转湾，不久就到大中桥。大中桥共有三个桥拱，都很阔大，俨然是三座门儿；使我们觉得我们的船和船里的我们，在桥下过去时，真是太无颜色了。桥砖是深褐色，表明它的历史的长久；但都完好无缺，令人太息于古昔工程的坚美。桥上两旁都是木壁的房子，中间应该有街路？这些房子都破旧了，多年烟熏的迹，遮没了当年的美丽。我想象秦淮河的极盛时，在这样宏阔的桥上，特地盖了房子，必然是髤漆得富富丽丽的；晚间必然是灯火通明的。现在却只剩下一片黑沉沉！但是桥上造着房子，毕竟使我们多少可以想见往日的繁华；这也慰情聊胜无了。过了大中桥，便到了灯月交辉，笙歌彻夜的秦淮河；这才是秦淮河的真面目哩。

大中桥外，顿然空阔，和桥内两岸排着密密的人家的大异了。一眼望去，疏疏的林，淡淡的月，衬着蓝蔚的天，颇像荒江野渡光景；那边呢，郁丛丛的，阴森森的，又似乎藏着无边的黑暗：令人几乎不信那是繁华的秦淮河了。但是河中眩晕着的灯光，纵横着的画舫，悠扬着的笛韵，夹着那吱吱的胡琴声，终于使我们认识绿如茵陈酒的秦淮水了。此地天裸露着的多些，故觉夜来的独迟些；从清清的水影里，我们感到的只是薄薄的夜——这正是秦淮河的夜。大中桥外，本来还有一座复成桥，是船夫口中的我们的游踪尽处，或也是秦淮河繁华的尽处了。我的脚曾踏过复成桥的脊，在十三四岁的时候。但是两次游秦淮河，却都不曾见着复成桥的面；明知总在前途的，却常觉得有些虚无缥缈似的。我想，不见倒也好。这时正是盛夏。我们下船后，借着新生的晚凉和河上的微风，暑气已渐渐消散；到了此地，豁然开朗，身子顿然轻了——习习的清风荏苒在面上，手上，衣上，这便又感到了一缕新凉了。南京的日光，大概没有杭州猛烈；西湖的夏夜老是热蓬蓬的，水像沸着一般，秦淮河的水却尽是这样冷冷地绿着。任你人影的憧憧，歌声的扰扰，总像隔着一层薄薄的绿纱面幂似的；它尽是这样静静的，冷冷的绿着。我们出了大中桥，走不上半里路，船夫便将船划到一旁，停了桨由它宕着。他以为那里正是繁华的极点，再过去就是荒凉了；所以让我们多多赏鉴一会儿。他自己却静的蹲着。他是看惯这光景的了，大约只是一个无可无不可。这无可无不可，无论是升的沉的，总之，都比我们高了。

那时河里闹热极了；船大半泊着，小半在水上穿梭似的来往。停泊着的都在近市的那一边，我们的船自然也夹在其中。因为这边略略的挤，便觉得那边十分的疏了。在每一只船从那边过去时，我们能画出它的轻轻的影和曲曲的波，在我们的心上；这显着是空，且显着是静的。那时处处都是歌声和凄厉的胡琴声，圆润的喉咙，确乎是很少的。但那生涩的，尖脆的调子能使人有少年的，粗率不拘的感觉，也正可快我们的意。况且多少隔开些儿听着，因为想象与渴慕的做美，总觉更有滋味；而竞发的喧嚣，抑扬的不齐，远近的杂沓，和乐器的嘈嘈切切，合成另一意味的谐音，也使我们无所适从，如随着大风而走。这实在因为我们的心枯涩久了，变为脆弱；故偶然润泽一下，便疯狂似的不能自主了。但秦淮河确也腻人。即如船里的人面，无论是和我们一堆儿泊着的，无论是从我们眼前过去的，总是模模糊糊的，甚至渺渺茫茫的；任你张圆了眼睛，揩净了眦垢，也是枉然。这真够人想呢。在我们停泊的地方，灯光原是纷然的；不过这些灯光都是黄而有晕的。黄已经不能明了，再加上了晕，便更不成了。灯愈多，晕就愈甚；在繁星般的黄的交错里，秦淮河仿佛笼上了一团光雾。光芒与雾气腾腾的晕着，什么都只剩了轮廓；所以人面的详细的曲线，便消失于我们的眼底了。但灯光究竟夺不了那边的月色；灯光是浑的，月色是清的，在浑沌的灯光里，渗入了一派清辉，却真是奇迹！那晚月儿已瘦削了两三分。她晚妆才罢，盈盈的上了柳梢头。天是蓝得可爱，仿佛一汪水似的；月儿便更出落得精神了。岸上原有三株两株的垂杨树，淡淡的影子，在水里摇曳着。它们那柔细的枝条浴着月光，就像一支支美人的臂膊，交互的缠着，挽着；又像是月儿披着的发。而月儿偶然也从它们的交叉处偷偷窥看我们，大有小姑娘怕羞的样子。岸上另有几株不知名的老树，光光的立着；在月光里照起来。却又俨然是精神矍铄的老人。远处——快到天际线了，才有一两片白云，亮得现出异彩，像美丽的贝壳一般。白云下便是黑黑的一带轮廓；是一条随意画的不规则的曲线。这一段光景，和河中的风味大异了。但灯与月竟能并存着，交融着，使月成了缠绵的月，灯射着渺渺的灵辉；这正是天之所以厚秦淮河，也正是天之所以厚我们了。

这时却遇着了难解的纠纷。秦淮河上原有一种歌妓，是以歌为业的。从前都在茶舫上，唱些大曲之类。每日午后一时起；什么时候止，却忘记了。晚上照样也有一回，也在黄晕的灯光里。我从前过南京时，曾随着朋友去听过两次。因为茶舫里的人脸太多了，觉得不大适意，终于听不出所以然。前年听说歌妓被取缔了，不知怎的，颇涉想了几次——却想不出什么。这次到南京，先到茶舫上去看看，觉得颇是寂寥，令我无端的怅怅了。不料她们却仍在秦淮河里挣扎着，不料她们竟会纠缠到我们，我于是很张皇了。她们也乘着"七板子"，她们总是坐在舱前的。舱前点着石油汽灯，光亮眩人眼目：坐在下面的，自然是纤毫毕见了——引诱客人们的力量，也便在此了。舱里躲着乐工等人，映着汽灯的余辉蠕动着；他们是永远不被注意的。每船的歌妓大约都是二人；天色一黑，她们的船就在大中桥外往来不息的兜生意。无论行着的船，泊着的船，都要来兜揽的。这都是我后来推想出来的。那晚不知怎样，忽然轮着我们的船了。我们的船好好的停着，一只歌舫划向我们来了；渐渐和我们的船并着了。烁烁的灯光逼得我们皱起了眉头；我们的风尘色全给它托出来了，这使我踟蹰不安了。那时一个伙计跨过船来，拿着摊开的歌折，就近塞向我的手里，说，"点几出吧！"他跨过来的时候，我们船上似乎有许多眼光跟着。同时相近的别的船上也似乎有许多眼睛炯炯的向我们船上看着。我真窘了！我也装出大方的样子，向歌妓们瞥了一眼，但究竟是不成的！我勉强将那歌折翻了一翻，却不曾看清了几个字；便赶紧递还那伙计，一面不好意思地说："不要，我们……不要。"他便塞给平伯。平伯掉转头去，摇手说："不要！"那人还腻着不走。平伯又回过脸来，摇着头道："不要！"于是那人重到我处。我窘着再拒绝了他。他这才有所不屑似的走了。我的心立刻放下，如释了重负一般。我们就开始自白了。

我说我受了道德律的压迫，拒绝了她们；心里似乎很抱歉的。这所谓抱歉，一面对于她们，一面对于我自己。她们于我们虽然没有很奢的希望；但总有些希望的。我们拒绝了她们，无论理由如何充足，却使她们的希望受了伤；这总有几分不做美了。这是我觉得很怅怅的。至于我自己，更有一种不足之感。我这时被四面的歌声诱惑了，降服了；但是远远的，远远的歌声总仿佛隔着重衣搔痒似的，越搔越搔不着痒处。我于是憧憬着贴耳的妙音了。在歌舫划来时，我的憧憬，变为盼望；我固执的盼望着，有如饥渴。虽然从浅薄的经验里，也能够推知，那贴耳的歌声，将剥去了一切的美妙；但一个平常的人像我的，谁愿凭了理性之力去丑化未来呢？我宁愿自己骗着了。不过我的社会感性是很敏锐的；我的思力能拆穿道德律的西洋镜，而我的感情却终于被它压服着，我于是有所顾忌了，尤其是在众目昭彰的时候。道德律的力，本来是民众赋予的；在民众的面前，自然更显出它的威严了。我这时一面盼望，一面却感到了两重的禁制：一，在通俗的意义上，接近妓者总算一种不正当的行为；二，妓是一种不健全的职业，我们对于她们，应有哀矜勿喜之心，不应赏玩的去听她们的歌。在众目睽睽之下，这两种思想在我心里最为旺盛。她们暂时压倒了我的听歌的盼望，这便成就了我的灰色的拒绝。那时的心实在异常状态中，觉得颇是昏乱。歌舫去了，暂时宁静之后，我的思绪又如潮涌。两个相反的意思在我心头往复：卖歌和卖淫不同，听歌和狎妓不同，又干道德甚事？——但是，但是，她们既被逼的以歌为业，她们的歌必无艺术味的；况她们的身世，我们究竟该同情的。所以拒绝倒也是正办。但这些意思终于不曾撇开我的听歌的盼望。它力量异常坚强；它总想将别的思绪踏在脚下。从这重重的争斗里，我感到了浓厚的不足之感。这不足之感使我的心盘旋不安，起坐都不安宁了。唉！我承认我是一个自私的人！平伯呢，却与我不同。他引周启明先生的诗："因为我有妻子，所以我爱一切的女人；因为我有子女，所以我爱一切的孩子。"①

他的意思可以见了。他因为推及的同情，爱着那些歌妓，并且尊重着她们，所以拒绝了她们。在这种情形下，他自然以为听歌是对于她们的一种侮辱。但他也是想听歌的，虽然不和我一样，所以在他的心中，当然也有一番小小的争斗；争斗的结果，是同情胜了。至于道德律，在他是没有什么的；因为他很有蔑视一切的倾向，民众的力量在他是不大觉着的。这时他的心意的活动比较简单，又比较松弱，故事后还怡然自若；我却不能了。这里平伯又比我高了。

在我们谈话中间，又来了两只歌舫。伙计照前一样的请我们点戏，我们照前一样的拒绝了。我受了三次窘，心里的不安更甚了。清艳的夜景也为之减色。船夫大约因为要赶第二趟生意，催着我们回去；我们无可无不可的答应了。我们渐渐和那些晕黄的灯光远了，只有些月色冷清清的随着我们的归舟。我们的船竟没个伴儿，秦淮河的夜正长哩！到大中桥近处，才遇着一只来船。这是一只载妓的板船，黑漆漆的没有一点光。船头上坐着一个妓女；暗里看出，白地小花的衫子，黑的下衣。她手里拉着胡琴，口里唱着青衫的调子。她唱得响亮而圆转；当她的船箭一般驶过去时，余音还袅袅的在我们耳际，使我们倾听而向往。想不到在弩末的游踪里，还能领略到这样的清歌！这时船过大中桥了，森森的水影，如黑暗张着巨口，要将我们的船吞了下去，我们回顾那渺渺的黄光，不胜依恋之情；我们感到了寂寞了！这一段地方夜色甚浓，又有两头的灯火招邀着；桥外的灯火不用说了，过了桥另有东关头疏疏的灯火。我们忽然仰头看见依人的素月，不觉深悔归来之早了！走过东关头，有一两只大船湾泊着，又有几只船向我们来着。嚣嚣的一阵歌声人语，仿佛笑我们无伴的孤舟哩。东关头转湾，河上的夜色更浓了；临水的妓楼上，时时从帘缝里射出一线一线的灯光；仿佛黑暗从酣睡里眨了一眨眼。我们默然的对着，静听那汨——汨的桨声，几乎要入睡了；朦胧里却温寻着适才的繁华的余味。我那不安的心在静里愈显活跃了！这时我们都有了不足之感，而我的更其浓厚。我们却又不愿回去，于是只能由懊悔而怅惘了。船里便满载着怅惘了。直到利涉桥下，微微嘈杂的人声，才使我豁然一惊；那光景却又不同。右岸的河房里，都大开了窗户，里面亮着晃晃的电灯，电灯的光射到水上，蜿蜒曲折，闪闪不息，正如跳舞着的仙女的臂膊。我们的船已在她的臂膊里了；如睡在摇篮里一样，倦了的我们便又入梦了。那电灯下的人物，只觉像蚂蚁一般，更不去萦念。这是最后的梦；可惜是最短的梦！黑暗重复落在我们面前，我们看见傍岸的空船上一星两星的，枯燥无力又摇摇不定的灯光。我们的梦醒了，我们知道就要上岸了；我们心里充满了幻灭的情思。

一九二三年十月十一日作完，于温州。

**【注　释】**

① 原诗句是"我为了自己的儿女才爱小孩子，为了自己的妻才爱女人"，见朱自清、周作人、俞平伯等八人诗集《雪朝》第48页。

**【分　析】**

这是朱自清一篇出色的代表作，它相当突出地标志着"五四"散文创作所达到的艺术成就。作品记叙夏夜泛舟秦淮河的见闻感受，作者在声光色彩的协奏中，敏锐地捕捉到了秦淮河不同时地、不同情境中的绰约风姿，引发思古之幽情。从艺术上明显体现了朱自清散文缜密、细致的特色：在描绘秦淮景色时，作者将自然景色、历史影像、真实情感融会起来，洋溢着一股真挚深沉而又细腻的感情，给人以眷恋、思慕、追怀的感受。

## 【思考与练习】

1. 作品的华美是从哪些方面呈现出来的？
2. 试结合作品感知作者的心灵行程。

## 【辑　评】

### 吴周文《论朱自清的散文艺术》

朱自清的散文结构，不仅具有整体的美，而且富有变化的美，他从主题的需要出发，善于运用各种对立统一的艺术法则来营构他的作品，处置各种材料，使它们各得其所，以造成意境的跌宕、层次的波澜。这是他散文结构的又一个显著的特点。《桨声灯影里的秦淮河》，以秦淮河的"六朝金粉"的遗留"艳迹"——歌妓卖唱，与作者恪守的"道德律"的矛盾，作为结构的"主峰"，而造成了记游情节的高潮。

### 秦亢宗《谈朱自清散文的写景技巧》

在朱自清的笔下，无论天地、山水、花木、鸟虫，或衬染，或辉映，或虚摹，或写实，总是表现得主客分明。《桨声灯影里的秦淮河》开头是用虚景来衬写实景的。作者从想象中明示秦淮河上"那时华灯映水，画舫凌波的光景"，衬染出由桨声和灯影构成朦胧而又迷人的眼前景色。文章处处扣住那河上的灯影，那汩汩的桨声，那沉沉的河水，那清辉的月色，那悠扬的笛韵……这一切都与河上的灯影组成一幅幅和谐而多种色调、多种情味的画面。

## 【链　接】

### 俞平伯《桨声灯影里的秦淮河》

我们消受得秦淮河上的灯影，当圆月犹皎的仲夏之夜。

在茶店里吃了一盘豆腐干丝，两个烧饼之后，以歪歪的脚步踅上夫子庙前停泊着的画舫，就懒洋洋躺到藤椅上去了。好郁蒸的江南，傍晚也还是热的。"快开船罢！"桨声响了。

小的灯舫初次在河中荡漾；于我，情景是颇朦胧，滋味是怪羞涩的。我要错认它作七里的山塘；可是，河房里明窗洞启，映着玲珑入画的曲栏干，顿然省得身在何处了。佩弦呢。他已是重来，很应当消释一些迷惘的。但看他太频繁地摇着我的黑纸扇。胖子是这个样怯热的吗？

在利涉桥边买了一匣烟，荡过东关头，渐荡出大中桥了。船儿悄悄地穿出连环着的三个壮阔的涵洞，青溪夏夜的韶华已如巨幅的画豁然而抖落。哦！凄厉而繁的弦索，颤岔而涩的歌喉，杂着吓哈的笑语声，劈拍的竹牌响，更能把诸楼船上的华灯彩绘，显出火样的鲜明，火样的温煦了。小船儿载着我们，在大船缝里挤着，挨着，抹着走。它忘了自己也是今宵河上的一星灯火。

既踏进所谓"六朝金粉气"的销金锅，谁不笑笑呢！今天的一晚，且默了滔滔的言说，且舒了恻恻的情怀，暂且学着，姑且学着我们平时认为在醉里梦里的他们的憨痴笑语。看！初上的灯儿们一点点掠剪柔腻的波心，梭织地往来，把河水都皱得微明了。纸薄的心旌，我的，尽无休息地跟着它们飘荡，以致于怦怦而内热。这还好说什么的！如此说，诱惑是诚然有的，且于我已留下不易磨灭的印记。至于对榻的那一位先生，自认曾经一度摆脱了纠缠的他，其辩解又在何处？这实在非我所知。

漫题那些纷烦的话，船儿已将泊在灯火的丛中去了。对岸有盏跳动的汽油灯，佩弦便硬说它远不如微黄的灯火。我简直没法和他分证那是非。

时有小小的艇子急忙忙打桨，向灯影的密流里横冲直撞。冷静孤独的油灯映见黯淡久的画舫头上，秦淮河姑娘们的靓妆。茉莉的香，白兰花的香，脂粉的香，纱衣裳的香……微波泛滥出甜的暗香，随着她们那些船儿荡，随着我们这船儿荡，随着大大小小一切的船儿荡。有的互相笑语，有的默然不响，有的衬着胡琴亮着嗓子唱。一个，三两个，五六七个，比肩坐在船头的两旁，也无非多添些淡薄的影儿葬在我们的心上——太过火了，不至于罢，早消失在我们的眼皮上。谁都是这样急忙忙的打着桨，谁都是这样向灯影的密流里冲着撞；又何况久沉沦的她们，又何况飘泊惯的我们俩。当时浅浅的醉，今朝空空的惆怅；老实说，咱们萍泛的绮思不过如此而已，至多也不过如此而已。你且别讲，你且别想！这无非是梦中的电光，这无非是无明的幻相，这无非是以零星的火种微炎在大欲的根苗上。扮戏的咱们，散了场一个样，然而，上场锣，下场锣，天天忙，人人忙。看！吓！载送女郎的艇子才过去，货郎担的小船不是又来了？一盏小煤油灯，一舱的什物，他也忙得来象手里的摇铃，这样丁冬而郎当。

穿花蝴蝶样的小艇子多到不和我们相干。货郎担式的船，曾以一瓶汽水之故而拢近来，这是真的。至于她们呢，即使偶然灯影相偎而切掠过去，也无非瞧见我们微红的脸罢了，不见得有什么别的。可是，夸口早哩！——来了，竟向我们来了！不但是近，且拢着了。船头傍着，船尾也傍着；这不但是拢着，且并着了。厮并着倒还不很要紧，且有人扑冬地跨上我们的船头。这岂不大吃一惊！幸而来的不是姑娘们，还好。（她们正冷冰冰地在那船头上。）来人年纪并不大，神气倒怪狡猾，把一扣破烂的手折，摊在我们眼前，让细瞧那些戏目，好好儿点个唱。他说："先生，这是小意思。"诸君，读者，怎么办？

好，自命为超然派的来看榜样！两船挨着，灯光愈皎，见佩弦的脸又红起来了。那时的我是否也这样？这当转问他。（我希望我的镜子不要过于给我下不去。）老是红着脸终久不能打发人家走路的，所以想个法子在当时是很必要。说来也好笑，我的老调是一味的默，或干脆说个"不"，或者摇摇头，摆摆手表示"决不"。如今都已使尽了。佩弦便进了一步，他嫌我的方术太冷漠了，又未必中用，摆脱纠缠的正当道路惟有辩解。好吗！听他说："你不知道？这事我们是不能做的。"这是诸辩解中最简洁，最漂亮的一个。可惜他所说的"不知道？"来人倒真有些"不知道！"辜负了这二十分聪明的反语。他想得有理由，你们为什么不能做这事呢？因这"为什么？"佩弦又有进一层的曲解。那知道更坏事，竟只博得那些船上人的一哂而去。他们平常虽不以聪明名家，但今晚却又怪聪明，如洞彻我们的肺肝一样的。这故事即我情愿讲给诸君听，怕有人未必愿意哩。"算了罢，就是这样算了罢。"恕我不再写下了，以外的让他自己说。

曾游过秦淮河的到底乖些。佩弦告船家："我们多给你酒钱，把船摇开，别让他们来罗嗦。"自此以后，桨声复响，还我以平静了，我们俩又渐渐无束舒服起来，又滔滔不断地来谈谈方才的经过。今儿是算怎么一回事？我们齐声说，欲的胎动无可疑的。正如水见波痕轻婉已极，与未波时究不相类。微醉的我们，洪醉的他们，深浅虽不同，却同为一醉。接着来了第二问，既自认有欲的微炎，为什么艇子来时又羞涩地躲了呢？在这儿，答语参差着。佩弦说他的是一种暗昧的道德意味，我说是一种似较深沉的眷爱。我只背诵岂君的几句诗给佩弦听，望他曲喻我的心胸。可恨他今天似乎有些发钝，反而追着问我。

前面已是复成桥。青溪之东，暗碧的树梢上面微耀着一桁的清光。我们的船就缚在枯柳桩边待月。其时河心里晃荡着的，河岸头歇泊着的各式灯船，望去，少说点也有十廿来只。惟不觉繁喧，只添我们以幽甜。虽同是灯船，虽同是秦淮，虽同是我们；却是灯影淡了，河水静了，我们倦了，——况且月儿将上了。灯影里的昏黄，和月下灯影里的昏黄原是不相似的，又何况入倦的眼中所见的昏黄呢。灯光所以映她的，月华所以洗她的秀骨，以腾的心焰跳舞她的盛年以饧涩的眼波供养她的迟暮。必如此，才会有圆足的醉，圆足的恋，圆足的颓弛，成熟了我们的心田。

············

凉月凉风之下，我们背着秦淮河走去，悄默是当然的事了。如回头，河中的繁灯想定是依然。我们却早已走得远，"灯火未阑人散"；佩弦，诸君，我记得这就是在南京四日的醺嬉，将分手时的前夜。

一九二三，八，二二，北京。

## 魏威、戴子聪《各以心声抒胸怀》

朱、俞二人气质、性格、处境皆有所不同，处世态度也不尽相同。朱自清正直、执著、拘谨，即便是欢乐也会化作无法排遣的郁闷和惆怅。俞平伯旷达、洒脱，处身于秦淮艳丽之中，自然会表现出超脱的闲逸。世人常说"文如其人"，这两篇风格迥异的同名散文，十分真切地反映了朱、俞两人不同的性格，不同的处世哲学以及在特定环境中不同的艺术感受。

# 云 南 看 云

沈从文

沈从文（1902—1988），原名沈岳焕，湖南凤凰人，苗族，著名小说家、散文家、历史文物研究家。14岁在湘西土著军队当兵，20岁时只身到北京，以自修获得创作能力。于20世纪20至40年代发表了大量文学作品。有《湘行散记》、《湘西》、《烛虚》、《云南看云集》等散文集。小说集有《龙朱》、《虎雏》、《阿黑小史》、《月下小景》、《八骏图》、《从文小说习作选》等，中长篇有《阿丽思中国游记》、《边城》、《长河》等。其作品以湘西题材为主，文体多样，风格独具，蕴涵深刻，影响广远。

云南是因云而得名的，可是外省人到了云南一年半载后，一定会和本地人差不多，对于云南的云，除了只能从它变化上得到一点晴雨知识，就再也不会单纯的来欣赏它的美丽了。

看过卢锡麟先生的摄影后，必有许多人方俨然重新觉醒，明白自己是生在云南，或住在云南。云南特点之一，就是天上的云变化得出奇。尤其是傍晚时候，云的颜色，云的形态，云的风度，实在动人。

战争给了许多人一种有关生活的教育，走了许多路，过了许多桥，睡了许多床，此外还必须吃了许多想象不到的小苦头。然而真正具有深刻教育意义的，说不定倒是明白了许多地方各有各的天气，天气不同还多少影响到一点人事。云有云的地方性：中国北部的云厚重，人也同样那么厚重。南部的云活泼，人也同样那么活泼。海边的云幻异，渤海和南海云又各不相同，正如两处海边的人性情不同。河南的云一片黄，抓一把下来似乎就可以作窝窝头。云粗中有细，人亦粗中有细。湖湘的云一片灰，长年挂在天空一片灰，无性格可言，然而橘子、辣子就在这种地方大量产生，在这种天气下成熟，却给湖南人增加了生命的发展性和进取精神。四川的云与湖南云虽相似而不尽相同，巫峡峨眉夹天耸立，高峰把云分割又加浓，云有了生命，人也有了生命。

论色彩丰富，青岛海面的云应当首屈一指。有时五色相煊，千变万化，天空如展开一张张图案新奇的锦毯。有时素净纯洁，天空只见一片绿玉，别无它物，看来令人起轻快感，温柔感，音乐感。一年中有大半年天空完全是一幅神奇的图画，有青春的嘘息，煽起人狂想和梦想，海市蜃楼即在这种天空下显现。海市蜃楼虽并不常在人眼底，却永远在人心中。秦皇汉武的事业，同样结束在一个长生不死青春常在的美梦里，不是毫无道理的。云南的云给人印象大不相同，它的特点是素朴，影响到人性情，也应当是挚厚而单纯。

云南的云似乎是用西藏高山的冰雪，和南海长年的热风，两种原料经过一种神奇的手续完成的。色调出奇的单纯。惟其单纯反而见出伟大。尤以天时晴明的黄昏前后，光景异常动人。完全是水墨画，笔调超脱而大胆。天上一角有时黑得如一片漆，它的颜色虽然异样黑，给人感觉竟十分轻。在任何地方"乌云蔽天"照例是个沉重可怕的象征，云南傍晚的黑云，越黑反而越不碍事，且表示第二天天气必然顶好。几年前中国古物运到伦敦展览时，记得有一个赵松雪作的卷子，名《秋江叠嶂》，净白的澄心堂纸上用浓墨重重涂抹，给人印象却十分秀美。云南的云也恰恰如此，看来只觉得黑而秀。

可是我们若在黄昏前后，到城郊外一个小丘上去，或坐船在滇池中，看到这种云彩时，低下头来一定会轻轻的叹一口气。具体一点将发生"大好河山"感想，抽象一点将发生"逝者如斯"感想。心中可能会觉得有些痛苦，为一片悬在天空中的沉静黑云而痛苦。因为这东西给了我们一种无言之教，比目前政治家的文章，宣传家的讲演，杂感家的讽刺文，都高明得多，深刻得多，同时还美丽得多。觉得痛苦原因或许也就在此。那么好看的云，孕育了在这一片天底下讨生活的人，究竟是些什么？是一种精深博大的人生理想？还是一种单纯美丽的诗的激情？若把它与地面所见、所闻、所有两相对照，实在使人不能不痛苦！

在这美丽天空下，人事方面，我们每天所能看到的，除了官方报纸虚虚实实的消息，物价的变化，空洞的论文，不通的演讲，小巧的杂感，此外似乎到处就只碰到"法币"。商人和银行办事人直接为法币而忙，教授学生也间接为法币而忙。最可悲的现象，实无过于大学校的商学院，近年每到注册上课时，照例人数必最多。这些人其所以热中于习经济、学会计，可说对于生命无任何高尚理想，目的只在毕业后能入银行作事。"熙熙攘攘，皆为利往，挤挤挨挨，皆为利来。利之所在，群集若蛆。"教务处几个熟人都不免感到无可奈何。教这一行的教授，也认为风气实不大好。社会研究所的专家，机会一来即向银行跑。习图书馆的，弄古典文学的，学外国文学的，工作皆因此而清闲下来，因亲戚、朋友、同乡……种种机会，不少人也像失去了对本业的信心。有子女升学的，都不反对子弟改业从实际出发，能挤进银行或金融机关作办事员，认为比较稳妥。大部分优秀脑子，都给真正的法币和抽象的法币弄得昏昏的，失去了应有的灵敏与弹性，以及对于"生命"较深一层的认识。其余无知识的脑子，成天打算些什么，就可想而知了。云南的云即或再美丽一点，对于那个真正的多数人，还似乎毫无意义可言的。

近两个月来本市连续的警报，城中二十万市民，无一不早早的就跑到郊外去，向天空把一个颈脖昂酸，无一人不看到过几片天空飘动的浮云，仰望结果，不过增加了许多人对于财富得失的忧心罢了。"我的法币下落了"，"我的汽油上涨了"，"我的事业这一年发了五十万财"，"我从公家赚了八万三"，这还是就仅有十几个熟人口里说说的。此外说不定还有三五个教授之流，终日除玩牌外无其他娱乐，想到前一晚上玩麻雀牌输赢事情，聊以解嘲似的自言自语："我输牌不输理。"这种教授先生当然是不输理的，在警报解除以后，不妨跑到老同学住处去，再玩个八圈，证明一下输的究竟是什么。一个人若乐意在地下爬，以为是活下来最好的姿势，他人劝他不妨站起来试走走看，或更盼望他挺起脊梁来做个人，当然是不会有什么结果的。

就在这么一个社会这么一种情形中，卢先生却来昆明展览他在云南的摄影，告给我们云南法币以外还有些什么值得注意。即以天空的云彩言，色彩单纯的云有多健美，多飘逸，多温柔，多崇高！观众人数多，批评好，正说明只要有人会看云，就能从云影中取得一种诗的感兴和热情，还可望将这种可贵的感情，转给另外一种人。换言之，就是云南的云即或不能直接教育人，还可望由一个艺术家的心与手，间接来教育人。卢先生摄影的兴趣，似乎就在介绍这种美丽感印给多数人，所以作品中对于云物的题材，处理得特别好。每一幅云都有一种不同的性情，流动的美。不纤巧，不做作，不过分修饰，一任自然，心手相印，表现得素朴而亲切，作品取得的成功是必然的。可是我以为得到"赞美"还不是艺术家最终的目的，应当还有一点更深的意义。我意思是如果一种可怕的实际主义，正在这个社会各组织各阶层间普遍流行，腐蚀我们多数人做人的良心，做人的理想，且在同时把每一个人都有形无形市侩化，社会中优秀分子一部分，所梦想，所希望，也只是糊口混日子了事，毫无一种较高尚的情感，更缺少用这情感去追求一个美丽而伟大的道德原则的勇气时，我们这个民族应当怎么办？大学生读书目的，不是站在柜台边作行员，就是坐在公事房作办事员，脑子都不用，都不想，只要有一碗饭吃就算有了出路。甚至于做政论的，作讲演的，写不高明讽刺文的，习理工的，玩玩文学充文化人的，办党的，信教的，……出路也都是只顾眼前。大家眼前固然都有了出路，这个国家的明天，是不是还有希望可言？我们如真能够像卢先生那么静观默会天空的云彩，云物的美丽景象，也许会慢慢的陶冶我们，启发我们，改造我们，使我们习惯于向远景凝眸，不敢堕落，不甘心堕落，我以为这才像是一个艺术家最后的目的。正因为这个民族是在求发展，求生存，战争已经三年，战争虽败北，不气馁，虽死亡万千人民，牺牲无数财富，仍然能坚持抗战，就为的是这战争背后还有个庄严伟大的理想，使我们对于忧患之来，在任何情形下都能忍受。我们其所以能忍受，不特是我们要发展，要生存，还要为后来者设想，使他们活在这片土地上更好一点，更像人一点！我们责任那么严重而且又那么困难，所以不特多数知识分子必然要有一个较坚朴的人生观，拉之向上，推之向前，就是作生意的，也少不了需要那么一分知识，方能够把企业的发展与国家的发展放在同一目标上，分道并进，异途同归！

举一个浅近的例来说说：我们的眼光注意到"出路"、"赚钱"以外，若还能够估量到在滇越铁路的另一端，正有多少鬼蜮成性阴险狡诈的木屐儿，圆睁两只鼠眼，安排种种巧计阴谋，在武力与武器无作用地点，预备把劣货倾销到昆明来，且把推销劣货的责任，派给昆明市的大小商家时，就知道学习注意远处，实在是目前一件如何重要的事情！照相必选择地点，取准角度，方可望有较好效果。做人何尝不是一样，明分际，识大体，"有所不为"，敌人虽花样再多，劣货在有经验商家的眼中，总依然看得出，取舍之间是极容易的。若只图发财，见利忘义，"无所不为"，把日本货变成国货，改头换面，不过是反手间事！劣货推销仅仅是若干有形事件中之一种。此外各层知识阶级中不争气处，所作所为，实在更甚于此者。

所以我觉得卢先生的摄影，不只是给人看看，还应当给人深思。

1940 年，昆明

原载 1940 年 12 月 12 日《大公报》

## 【分　析】

《云南看云》从云南的得名，对卢锡麟先生摄影的观看出发，用流畅的抒情笔致，对云南的云在不同情形下的颜色、形状作了生动形象的描绘，并在与其他地方的云的比较中写出了云南的云的地方性。还对云南之云下的战乱时局中的人作了从容平淡的描述、议论，倾泻出对现实人生和社会的思考。在借景抒情、寓理言志中，悲悯这战乱的时局，担忧着民族的前景，体现着作者对社会人生的关照，寄寓了作者的一种不平凡的人生观。开拓了作品的情感、意象，加深了对云南的云的纵深度的理解和感悟，从而达到一种情景与人事水乳交融的和谐意境。作品抽象凝练的表述占据了主体，他把抽象而深刻的社会人生哲理具体化、形象化，进行"抽象的抒情"。文章语言质朴生动，不假修饰而具有极强的表现力，呈现出清灵、秀丽之美。

**【思考与练习】**

1. 作者在对云南的云的描写中寄寓了怎样的思想感情？
2. 本文从哪些方面体现出其笔调清灵、秀美、素朴的特点？

**【辑　评】**

### 赵学勇《沈从文名作欣赏》

"看云"实在"赋云"，"言云"，也实则"言志"……"云南的云"之于沈从文却是一种"高明"、"深刻"、"美丽"的无言之教，教育天底下讨生活的人"一种精深博大的人生理想，一种单纯美丽的诗的激情"，从拯救那种人性的"堕落"，让大脑恢复失去的"应有的灵敏与弹性"，更深刻、更单纯地认识生命。于是沈从文静观默会天空之云时的"痛苦叹息"便有了四种含意：具体来说是对自然景观美的惊异，对大好河山的赞叹；抽象的说，是对"逝者如斯"的时间流逝、生命短促的痛惜与遗憾；现实的说，是对抗战艰难、民族忧患的忧心如焚；历史的说，是"为后来者设想，使他们活在这片土地上，更好一点，更像人一点"。

### 司马长风《中国新文学史》（中）

沈从文的笔是彩笔，写出来的文章像画出来的画。画的是写意画，只几笔就点出韵味和神髓、轻妙而空灵。……沈从文的散文，则像顺流而下的船，不着一点气力，"轻舟已过万重山"。

### 凌宇《沈从文散文选·编后记》

在《一个传奇的本事·附记》里，沈从文说："这个小文和较前一时写的《湘行散记》及《湘西》二书，前后相距约十年，叙述方法和处理事件各不相同。前者写背景和人事，后者谈地方问题，本文却范围更小，作纵的叙述。可是基本上是相通的。""表面看来，只像'借题发挥'一种杂乱无章的零星回忆"，"整幅来看，不免有点令人眼目迷乱，不易明确把握它的主题寓意何在。"这些话，不只是《一个传奇的本事》一篇文章的说明，实际上概括了沈从文寓居云南以后整个散文创作内容与表现形式的特点。确实，用三十年代的散文创作相比，沈从文这一时期散文的风格与表现形式发生了极大变化，也许是受乡下生活孤寂、冷漠的影响吧，这一时期的散文创作已经从三十年代对外部现实世界的客观叙写转入对社会人生的内心关照，明显的哲理性的思考在作品中占据了压倒的优势。

# 春

穆 旦

　　穆旦（1918—1977）原名查良铮，祖籍浙江海宁。1935 年考入清华大学外文系，1940 年在昆明西南联合大学外文系毕业，1948 年赴美国芝加哥大学英国文学系读书，1953 年回国，执教南开大学外文系。20 世纪 30 年代中期开始发表诗作，40 年代达到创作高峰期，成为"九叶派"诗人群中代表人物，著有诗集《探险队》（1945）、《旗》（1948）、《穆旦诗集 1939—1945》（1947）。晚年迎来诗作的又一个收获期，将中国现代史推向一个新高峰。人民文学出版社于 1996 年出版了《穆旦诗全集》。

　　　　绿色的火焰在草上摇曳，
　　　　他渴求着拥抱你，花朵。
　　　　反抗着土地，花朵伸出来，
　　　　当暖风吹来烦恼，或者欢乐。
　　　　如果你是醒了，推开窗子，
　　　　看这满园的欲望多么美丽。

　　　　蓝天下，为永远的谜蛊惑着的
　　　　是我们二十岁的紧闭的肉体，
　　　　一如那泥土做成的鸟的歌，
　　　　你们被点燃，卷曲又卷曲，却无处归依。
　　　　呵，光，影，声，色，都已经赤裸，
　　　　痛苦着，等待伸入新的组合。

　　　　　　　　　　（1942 年）

## 【分　析】

诗题"春"一语三关，它既是自然之春，又象征着男女情爱，更可以理解为生命中一种向上的力量。《春》的深层意蕴在于，诗人以直觉和知性相融合，呈现了对人生的"丰富和丰富的痛苦"（穆旦《出发》）的思考过程。人在生命意识觉醒后会自觉寻求突破，渴望获得新生，而生命的催生是感性和理性互生的不屈的抗争，是一个纠缠着迷失和冲动、痛苦和等待的磨砺过程。

## 【思考与练习】

1. 王佐良曾经用"感性化和肉体化"来评价穆旦的诗歌，请结合穆旦的《春》，谈谈你对这种诗歌观点的理解。

2. 穆旦在 1976 年也写过一首同题诗《春》，我们可以把两首诗对照阅读，并试作简要评析。

## 【辑　评】

### 唐晓渡《看这满园的欲望多么美丽——浅析穆旦的〈春〉》

第二节中那纠结着矛盾与痛苦的生命之感，又怎能用一个简单的"爱情失落"所能解释！它更是人们理想与信念破灭、生命的内在力量遭到严酷压抑后的铭心苦闷与彷徨无依。那"被点燃""却无处归依"的感情，是超越爱情之上的更博大、更深邃的爱，是对生命、理想、信念和人类伟大事业的深沉热爱。联系到诗人当时写作此诗的历史背景（此诗写于一九四二年）便可知诗人传达的是一个时代一代人的心灵呼声，是那个时代有理想、有抱负的青年知识分子的普泛化的心态。

### 象年《解析穆旦〈春〉》

此诗的不同凡响之处还在于穆旦用杰出的技艺美妙地平衡了这两种力量：人性的美丽和虚无，世界的痛苦和希望，我们穿行其间，因颂歌和挽歌的热烈簇拥而获得生命的尊严、深度。

# 回　答

北岛（1949—　　　），原名赵振开，祖籍浙江，生于北京，中国当代著名诗人，朦胧诗人代表之一。1969 年高中毕业后在建筑公司当工人。1970 年，诗人开始写诗，1979 年开始发表诗歌，不久在杂志社任编辑，曾参与著名诗刊《今天》的创办和编辑工作。1990 年移居美国，现任教于加利福尼亚州戴维斯大学。曾获诺贝尔文学奖提名。曾出版诗集《北岛·顾城诗选》（瑞士出版）、《太阳城札记》、《在天涯》、《午夜歌手》、《零度以下的风景》、《开锁》等，小说集《归来的陌生人》，散文集《蓝房子》。

卑鄙是卑鄙者的通行证，
高尚是高尚者的墓志铭，
看吧，在那镀金的天空中，
飘满了死者弯曲的倒影。

冰川纪过去了，
为什么到处都是冰凌？
好望角发现了，
为什么死海里千帆相竞？

我来到这个世界上，
只带着纸、绳索和身影，
为了在审判之前，
宣读那被判决了的声音：

告诉你吧，世界，
我——不——相——信！

纵使你脚下有一千名挑战者，
那就把我算做第一千零一名。

我不相信天是蓝的，
我不相信雷的回声，
我不相信梦是假的，
我不相信死无报应。

如果海洋注定要决堤，
就让所有的苦水都注入我心中；
如果陆地注定要上升，
就让人类重新选择生存的峰顶。

新的转机和闪闪的星斗，
正在缀满没有遮拦的天空，
那是五千年的象形文字，
那是未来人们凝视的眼睛。

## 【分　析】

作品写于1976年清明节，是北岛早期诗歌的代表作，也是那一时期朦胧诗的代表作之一。

在经历了十年浩劫的中国大地上，代表一代觉醒的青年，诗人怒不可遏地迸发出震耳欲聋的宣言式呐喊："我——不——相——信！"，通过对荒诞现实的否定和解构，以悲壮的英雄主义和理想主义精神，以乐观、坚定的信念，表达了对未来的美好向往："如果陆地注定要上升，就让人类重新选择生存的峰顶。"

"卑鄙是卑鄙者的通行证，高尚是高尚者的墓志铭"已经成为广为传颂的具有哲学和反讽意义的著名诗句。

作品大量运用象征手法，思想丰富、立意宏大。"冰凌"、"苦水"、"绳索"等意象，形象生动地表现了人们在那个缺乏理性的时代，所遭遇的挫折、误解与伤害。而"天空"、"陆地"、"星斗"等则显示了作为"挑战者"的青年一代，追求美好生活的梦想、希望和勇气。作品将新颖意象与宏大理想完美组合，显示出朦胧诗典型的艺术特征。

【思考与练习】

1. 怎样理解诗中所传达的信念，即诗人到底要回答什么。
2. 学习本诗后，结合其他作品谈谈对朦胧诗的艺术特征的理解。

## 【辑　评】

### 洪子诚《中国当代新诗史》

北岛在70年代初开始写诗。……他被看做是《今天》（或朦胧诗）的主要诗人之一。在朦胧诗论争中，他也是最具争议的一位。七八十年代之交的作品，最主要的是表达一种怀疑、否定的精神和在理想世界的争取中，对虚幻的期许，对缺乏人性内容的苟且生活的拒绝。《回答》这首影响很大的诗，普遍认为写于1976年的春天，与当时发生的"天安门事件"有关。在《回答》连同《宣告》、《结局或开始》等诗中，诗的叙说者，在悲剧性的抗争道路上，表现了"觉醒者"的内心紧张冲突，历史"转折"的意识和类乎"反抗绝望"的精神态度，表现了在批判、否定中寻找个体和民族"再生"之路的激情。大体而言，严肃、悲壮是北岛此时诗的主调。

### 徐敬亚《崛起的诗群——评我国诗歌的现代倾向》

青年——这就是几乎全部青年诗的主题指向。关于青年诗的整体内容上的特征，谢冕同志曾做过相当准确的概括——他们对过去生活的回答是四个字：我不相信！（这同西方诗歌上具有相似的主题倾向的）对于未来的生活是无所羁绊的"渴望与追求"！（这又是十足的中华民族的血气）他们诗的主调是"希望"与"进取"。我这里只想说，这批青年为我们留下了十几年中我国青年徘徊、苦闷、反抗、激愤、思考、追求的全部脚印——读他们的诗感觉到有"一代人正在走过"的历史进程感！从北岛的《回答》、《雨夜》到杨炼的《耕与织》、《走向生活，我的诗》，他们展示出了我国年青一代痛苦而坚韧的步伐，为我国文学史提供了一整套当代青年史诗般的心灵图画，留下了受屈辱、受损害，然而却是压不倒也更骗不了的年轻灵魂们的形象。

# 泛读部分

## 秋 夜①

鲁 迅

鲁迅（1881—1936），原名周樟寿，字豫山，后改名为周树人，号豫才。浙江绍兴人。中国现代伟大的文学家、思想家。20世纪世界文化巨人之一。鲁迅一生留下了大量的文学作品，短篇小说集有《呐喊》、《彷徨》和《故事新编》。散文诗集《野草》，散文集《朝花夕拾》，杂文集有《坟》、《且介亭杂文》等，书信集《两地书》，学术著作《中国小说史略》、《汉文学史纲要》。鲁迅的文学创作以1927年为界分为两个时期。前期坚持"五四"现实战斗精神，坚持启蒙文化精神，揭示国民精神的病态，批判封建传统文化，以小说创作为主；后期转向杂文创作，揭露与批判现实社会的黑暗，文笔犀利。

在我的后园，可以看见墙外有两株树，一株是枣树，还有一株也是枣树。

这上面的夜的天空，奇怪而高，我生平没有见过这样的奇怪而高的天空，他仿佛要离开人间而去，使人们仰面不再看见。然而现在却非常之蓝，闪闪地眹着几十个星星的眼，冷眼。他的口角上现出微笑，似乎自以为大有深意，而将繁霜洒在我的园里的野花草上。

我不知道那些花草真叫什么名字，人们叫他们什么名字。我记得有一种开过极细小的粉红花，现在还开着，但是更极细小了，她在冷的夜气中，瑟缩地做梦，梦见春的到来，梦见秋的到来，梦见瘦的诗人将眼泪擦在她最末的花瓣上，告诉她秋虽然来，冬虽然来，而此后接着还是春，胡蝶乱飞，蜜蜂都唱起春词来了。她于是一笑，虽然颜色冻得红惨惨地，仍然瑟缩着。

枣树，他们简直落尽了叶子。先前，还有一两个孩子来打他们别人打剩的枣子，现在是一个也不剩了，连叶子也落尽了。他知道小粉红花的梦，秋后要有春；他也知道落叶的梦，春后还是秋。他简直落尽叶子，单剩干子，然而脱了当初满树是果实和叶子时候的弧形，欠伸得很舒服。但是，有几枝还低亚着，护定他从打枣的竿梢所得的皮伤，而最直最长的几枝，却已默默地铁似的直刺着奇怪而高的天空，使天空闪闪地鬼眼；直刺着天空中圆满的月亮，使月亮窘得发白。

鬼眼的天空越加非常之蓝，不安了，仿佛想离去人间，避开枣树，只将月亮剩下。然而月亮也暗暗地躲到东边去了。而一无所有的干子，却仍然默默地铁似的直刺着奇怪而高的天空，一意要制他的死命，不管他各式各样地眼着许多蛊惑的眼睛。

哇的一声，夜游的恶鸟飞过了。

我忽而听到夜半的笑声，吃吃地，似乎不愿意惊动睡着的人，然而四周的空气都应和着笑。夜半，没有别的人，我即刻听出这声音就在我嘴里，我也即刻被这笑声所驱逐，回进自己的房。灯火的带子也即刻被我旋高了。

后窗的玻璃上丁丁地响，还有许多小飞虫乱撞。不多久，几个进来了，许是从窗纸的破孔进来的。他们一进来，又在玻璃的灯罩上撞得丁丁地响。一个从上面撞进去了，他于是遇到火，而且我以为这火是真的。两三个却休息在灯的纸罩上喘气。那罩是昨晚新换的罩，雪白的纸，折出波浪纹的叠痕，一角还画出一枝猩红色的栀子②。

猩红的栀子开花时，枣树又要做小粉红花的梦，青葱地弯成弧形了……我又听到夜半的笑声；我赶紧砍断我的心绪，看那老在白纸罩上的小青虫，头大尾小，向日葵子似的，只有半粒小麦那么大，遍身的颜色苍翠得可爱，可怜。

我打一个呵欠，点起一支纸烟，喷出烟来，对着灯默默地敬奠这些苍翠精致的英雄们。

一九二四年九月十五日。

【注　释】

① 本篇最初发表于 1924 年 12 月 1 日《语丝》周刊第 3 期，后收入散文诗集《野草》。

② 栀子：长绿灌木，叶子对生，花白色或淡黄色，有浓香；红栀子花是一种罕见的品种。

【分　析】

《秋夜》是鲁迅用奇异的意象、独特的构思、深沉的感情编织而成的感时抒怀的散文诗，对它的理解可谓众说纷纭，甚至对其中各种意象的理解亦然。或谓它表明当时鲁迅在北京与北洋军阀的黑暗统治及封建势力进行着韧性的战斗，其内心是矛盾、痛苦而又压抑的，但是具有顽强不倦的战斗精神，决不向黑暗势力低头；或谓它表明鲁迅开始对许广平的爱情发现后，怀着最初冷峻的向往和期待……无论如何理解，作品苦心孤诣的象征手法都是一目了然：它描绘了在肃杀的秋夜里，自然界各种生物与夜空及其附着者对抗、搏斗的情景，以枣树坚强、挺拔的形象，象征刚毅、韧性的战斗精神。它是鲁迅这一时期思想矛盾的真实记录，是他高尚心灵的自我写照，既有精神上的追求，也有自我解剖的痕迹，蕴涵着深刻的哲理。

作品中写到许多意象：天空、月亮、星星、恶鸟、枣树、小粉红花、小青虫、灯火、瘦的诗人等等，作者用拟人化的手法赋予它们象征意义，把自己强烈的思想感情藏匿在景物描写之中，采用隐晦的方法对抗恶劣的环境。作品还采用环境烘托、形象对比等多种手法，以枣树为主的形象，深化主题，增强作品的思想性和艺术性。从寓意深远、不同凡响的开头，到不无悲壮的结尾，无不耐人寻味。

**【思考与练习】**

1. 分析枣树形象的特征及其象征意蕴。

2. 作者怎样描写星星、月亮、小红花和小青虫？对它们的态度有什么不同？

**【辑　评】**

### 李欧梵《铁屋中的呐喊》

《野草》的第一篇《秋夜》是鲁迅散文诗召唤力的最好说明。……《秋夜》之奇不仅来自诗意的想象，同时也来自鲁迅对主观境界着意的精巧的处理。

### 薛毅《无词的言语——论〈野草〉》

《秋夜》中枣树的"战斗"姿态，也许最接近人们对鲁迅的要求了。不过，"战斗"的枣树又喻指着一种悲哀的个体生存，枣树结了果子之后被打落一空，随后被遗弃，留给它的是皮肉的伤害。枣树知道秋后要有春，春后还是秋，但并不能使它看穿和超越春秋轮回，因为一到时候，它"又要做小粉红花的梦"。战斗姿态背后，是个体在做梦和受伤之间的循环折磨。

### 吴中杰《评点鲁迅诗歌散文》

作家总是不断地追求思想内容的新颖和叙述方式的独特的，唐人韩愈说："唯陈言之务去"，俄国形式主义理论家则提出"陌生化"的原则。《秋夜》首句，吸引人之处，亦正在此。更关键的是作品通过陌生化的叙述，突出了枣树的形象，明确了全篇命意的中心所在。

### 李天明《难以直说的苦衷》

美国学者威廉·施瓦兹论及鲁迅小说和散文诗中声音形象的象征意义时指出，《孤独者》中魏连殳受伤的狼似的嚎哭及《秋夜》中夜游的猫头鹰的呼叫都具有"积极的性质，它们是压抑的寂静中抗议的、孤独的呼喊"……进一步考察发现，猫头鹰的形象不光出现在鲁迅的散文诗里，也多次出现在他的杂文中。更重要的是鲁迅改变了它在中国传统文化中被人们视为不祥之兆的形象，而赋予它反抗与叛逆的含义。

## 【链 接】

### 鲁迅《野草·题辞》

野草，根本不深，花叶不美，然而吸取露，吸取水，吸取陈死人的血和肉，各各夺取它的生存。当生存时，还是将遭践踏，将遭删刈，直至于死亡而朽腐。

但我坦然，欣然。我将大笑，我将歌唱。

我自爱我的野草，但我憎恶这以野草作装饰的地面。

地火在地下运行，奔突；熔岩一旦喷出，将烧尽一切野草，以及乔木，于是并且无可朽腐。

### 鲁迅《故事新编·补天》

天边的血红的云彩里有一个光芒四射的太阳，如流动的金球包在荒古的熔岩中；那一边，是一个生铁一般的冷而且白的月亮。但不知道谁是下去和谁是上来。这时候，伊的以自己用尽了自己一切的躯壳，便在这中间躺倒，而且不再呼吸了。

## 严家炎《鲁迅作品的经典意义》

鲁迅创作又是"文的觉醒"的杰出代表。如果说大部分五四新文学作家的作品都比较幼稚浅露，那么，鲁迅作品艺术上却是圆熟独到的。他比一般作家高出一大截，几乎形成"鹤立鸡群"之势。无论小说、散文、散文诗或杂文，鲁迅的许多作品都包含了对生活的独特发现，熔铸着作者自己的真知灼见，艺术表现上又是那么简洁凝练，圆熟老到，质朴遒劲，余味无穷，因而具有沉甸甸的分量。

## 孙玉石《鲁迅〈野草〉的生命哲学与象征艺术》

《野草》区别于鲁迅其他创作的一个最大的特征，是它隐藏的深邃的哲理性与传达的象征性。不满足于当时一般闲话或抒情性美文来传情达意，而将从现实和人生经验中体悟的生命哲学赋予一种美的形式，创造一种特异的"独语"式的抒情散文，是鲁迅先生写作《野草》时的一个非常自觉的追求……

韧性战斗的哲学，主要是指对于旧的社会制度与黑暗势力，对人和人性摧残压迫所采取的生命选择和心理姿态。基于对改革中国社会艰难的深刻了解，对于五四以后青年抗争黑暗势力过分乐观和急躁的观察，鲁迅以一个启蒙者独有的清醒，提出坚持长期作战的韧性哲学。他说他佩服天津青皮的"无赖精神"。他主张同敌人战斗中，要坚持"壕堑战"，尽量减少流血和牺牲，他告诉人们："正无须乎震骇一时的牺牲，不如深沉韧性的战斗。"《野草》第一篇《秋夜》暗示的就是这个思想……

《野草》这部作品运用了一种与《呐喊》、《彷徨》不同的艺术表现方式，这就是象征主义的表现方法。创造者的独特追求造成了艺术传达的幽深与神秘美，同时也造成并加大了作品与读者接受之间的陌生感。

## 方知范等《大学语文指要》

鲁迅对猫头鹰从不反感，他曾经把自己的声音（文章）比作"枭鸣"。他的老友许寿裳也说过："猫头鹰本是他（指鲁迅）自己所钟爱的。"（见《我所认识的鲁迅》）据此分析，夜游鸟的飞过，显然是在为枣树的胜利而助威了。

# 接任国立清华大学校长演说

梅贻琦

　　梅贻琦（1889—1962），字月涵，中国现代著名教育家。生于天津，1909年作为第一批庚子赔款留学生赴美国伍斯特大学攻读电机专业。1914年学成回国，次年入清华大学，历任教员、物理系教授、教务长等职。1931年出任清华大学校长，连任17年之久（如果计入主持台湾新竹清华大学时间，则有31年之久），包括在西南联合大学主持校务的8年，有"清华终身校长"的美誉。在任期间，他积极延揽国内外著名学者来校执教，着力构建民主自由的教育体制，推行"教授治校"的管理模式，培育理性务实的清华学风，使清华大学发展成为一所在国内外颇有影响的一流学府。

　　本人离开清华，已有三年多的时期。今天在场的诸位，恐怕只有很少数的人认识我吧。我今天看出诸位里面，有许多女同学，这是从前我在清华的时候所没有的。我还记得我从前在清华负责的时候，就有许多同学向我请求，开放女禁，招收女生。我当时的回复说，招收女生这件事，在原则上我是赞成的，不过在事实上，我认为尚需有待。因为男女的性别不同，有许多方面，必须有特别的准备，所以必须经过相当的筹备，方能举办。现在我出国的三年内，当然准备齐全，所以今天有许多女同学在内，这是本人所深以为慰的。

　　本人能够回到清华，当然是极高兴、极快慰的事。可是想到责任之重大，诚恐不能胜任，所以一再请辞，无奈政府方面，不能邀准，而且本人与清华已有十余年的关系，又享受过清华留学的利益，则为清华服务，乃是应尽的义务，所以只得勉力去做，但求能够尽自己的心力，为清华谋相当的发展，将来可告无罪于清华足矣。

　　清华这些年来，在发展上可算已有了相当的规模。本人因为出国已逾三年，最近的情形，不很熟悉，所以现在也没有什么具体的意见可说。现在姑且把我对于今后的清华，所抱的希望，略为说一说。

　　一、我先谈一谈清华的经济问题。清华的经济，在国内总算是特别的好，特别的幸运。如果拿外国大学的情形比起来，当然相差甚远，譬如哥伦比亚大学本年的预算，共有3 600万美金，较之清华，相差不知多少。但比较国内的其他大学，清华的经济，总不能算少，而且比较稳定了。我们对于经济问题，有两个方针，就是基金的增加和保存。我们总希望清华的基金能够日渐增多，并且十分安全，不至动摇清华的前途。然而我们对于目前的必需，也不能因为求基金的增加而忽视，应当用的我们也还得要用，不过用的时候总要力图搏节与经济罢了。

二、我希望清华今后仍然保持它的特殊地位，不使堕落。我所谓特殊地位，并不是说清华要享受什么特殊的权利，我的意思是要清华在学术的研究上，应该有特殊的成就，我希望清华在学术方面就应向高深专精的方面去做。办学校，特别是办大学，应有两种目的：一是研究学术，二是造就人才。清华的经济和环境，很可以实现这两种目的，所以我们要向这方面努力。有人往往拿量的发展，来估定教育费的经济与否，这是很有商量的余地的。因为学术的造诣，是不能以数量计较的。我们要向高深研究的方向去做，必须有两个必备的条件，其一是设备，其二是教授。设备这一层，比较容易办到，我们只要有钱而且肯把钱用在这方面，就不难办到。可是教授就难了。一个大学所以为大学，全在于有没有好教授。孟子说："所谓故国者，非谓有乔木之谓也，有世臣之谓也。"我现在可以仿照说："所谓大学者，非谓有大楼之谓也，有大师之谓也。"我们的智识，固有赖于教授的教导指点，就是我们的精神修养，亦全赖有教授的 inspiration。但是这样的好教授，绝不是一朝一夕所可罗致的。我们只有随时随地留意延揽而已。同时对于在校的教授，我们应该尊敬，这也是招致的一法。

三、我们固然要造就人才，但是我们同时也要注意到利用人才。就拿清华说吧，清华的旧同学，其中有很多人才，而且还有不少的杰出人才，但是回国之后，很少能够适当利用的。多半是用非所学，甚且有学而不用的，这是多么浪费——人才浪费——的一件事。我们今后对于本校的毕业生，应该在这方面多加注意。

四、清华向来有一种俭朴好学的风气，这种良好的校风，我望今后仍然保持着。清华从前在外间有一个贵族学校的名声，但是这是外界不明真相的结果，实际的清华，是非常俭朴的。平日在校，多是布衣布服，棉布鞋，毫无纨绔习气。我希望清华今后仍然保持这种良好的校风。

五、最后我不能不谈一谈国事。中国现在的确是到了紧急关头，凡是国民一分子，不能不关心的。不过我们要知道救国的方法极多，救国又不是一天的事。我们只要看日本对于图谋中国的情形，就可以知道了。日本田中的奏策，诸位都看过了，你看他们那种处心积虑的所在，就该知道我们救国事业的困难了。我们现在，只要紧记住国家这种危急的情势，刻刻不忘了救国的重责，各人在自己的地位上，尽自己的力，则若干时期之后，自能达到救世主国的目的了。我们做教师做学生的，最好最切实的救国方法，就是致力学术，造成有用人才，将来为国家服务。

今天所说的，就只这几点，将来对于学校进行事项日后再与诸君商榷。

## 【分　析】

梅贻琦是一个用一生的时间来守护和践行他在就职演讲中所表达的原则和理想的人。也正因为如此，他这篇朴实无华的演说，成为中国现代教育史上的一道耀眼光芒。

梅贻琦就任清华大学校长，正值国家民族内忧外患极严峻而清华又风波未宁之时，他深知自己肩上责任之重大。在一段亲切而富有寓意的开场白后，梅贻琦一方面表达了对校长这一重大职务恐不胜任的真诚，另一方面表达了"为清华服务，乃是应尽的义务"的承当和"为清华谋相当发展"的决心。态度何其平和而刚毅，作风何其从容而简劲！接下来，分四方面逐一谈了"对清华所抱的希望"。首先是经济问题，其次是清华的学术地位和人才利用，再次是保持俭朴学风，最后讲要为国家服务有准备。在这些看似散漫的讲述中，始终贯穿着一种思考：大学该做什么？中国的大学该做什么？落实到清华大学，那就是：其一，因"清华的经济，在国内总算是特别的好，特别的幸运"，就应该在学术上取得特殊的成就，而致力学术也正是一个大学"最好最切实的救国方法"。其二，经济条件好，更要经济地用钱，保持俭朴好学的良好校风。梅贻琦的这份态度，代表了中国现代优秀知识分子的担当精神和社会良心。

自然，在梅贻琦的这篇演讲中，最为后人所追记的是两句话："办学校，特别是办大学，应有两种目的：一是研究学术，二是造就人才。""所谓大学者，非谓有大楼之谓也，有大师之谓也。"如果说前一句话是梅贻琦对大学功能的理性定位的话，那么后一句话就是他对大学性质的诗意概括。梅先生发表这篇演讲至今已近八十年，但时间的流逝并没有改变这两句话的经典性，反而衬托出它们金石般的品质。

【思考与练习】

1. 梅贻琦的这次就职演讲,语言质朴无华,却成为中国现代教育史上的一段传奇。这难道仅仅是演讲本身的原因吗? 你从演讲中觉得梅贻琦是怎样一个人?

2. 梅贻琦在就职演讲中说,"学术的造诣,是不能以数量计较的",而如今在中国大学里普遍流行学术量化考核制度。你对此有何感想?

## 【链  接】

### 金耀基:《大学之理念》

大学是一个栽培普遍性的理念与理想,如平等、公正、和平的地方,这些理念与理想对于纯洁而有朝气的大学生具有启发与挑激的作用。当他们的理想主义与所接触到的现实世界发生差距时,大学生是很难加以容忍的,他们对不合理的现实是较易采取一不妥协的激烈而绝对的态度的。这现象几乎是世界性的。因此,大学生常不能把自己的责任局限于学问的追求上,并且觉得"为学问而学问"的态度是良心上不安的;也因此,大学生常自觉与不自觉地采取了一个传统上的"知识分子"的角色,即关心天下事,对天下事一肩承起。这可以看做是大学生的"直接责任观",或"无限责任观"。

### 陈平原:《中国大学十讲》

不只是钻研高深学术的研究院,也不只是传统深厚的人文学科,在清华大学校长梅贻琦看来,大学精神之所寄,在于教师之树立楷模与学子之自谋修养。时人乐于传诵梅校长的名言,"所谓大学者,非谓有大楼之谓也,有大师之谓也",却不大追究这句话的真正内涵。对于大学来说,"大师"之所以至关重要,不只是因其学识渊博,智慧超群,更因其可以为学生提供追摹的目标。"我们的智识,固有赖于教授的教导指点,就是我们的精神修养,亦全赖有教授的 inspiration。"这一思路,在四十年代初的《大学一解》中,得到更加精彩的发挥。

### 智效民《梅贻琦怎样当清华校长》

办好一所大学,除现代教育思想和教育制度外,还需要两个条件:一是充足的经费，二是称职的校长。所谓称职，除懂行外，更重要的是人格高尚。人格修养与制度建设是相互依存、相互影响的。前者属于自律，后者属于他律。在制度还不健全、尚不完善的时候，人格修养就显得特别重要。当年清华大学能够成为人们心目中最好的学校，就是因为具备这样两个条件——美国退还的庚子赔款为它提供了充足的经费，梅贻琦校长的人格风范为它步入辉煌提供了可能。

　　1948 年 12 月北平被围困的时候，梅贻琦是搭乘最后一班飞机离开的。他走的目的，是为了保护清华基金。梅贻琦去美国后生活非常艰难，年过花甲的梅夫人不得不再次出去找工。后来，梅夫人在一次座谈会上说，梅先生晚年病重的时候，胡适想劝他写遗嘱，好对公事、私事有个交代，但梅先生不爱听，直到去世也没有写。不过在他的病床下有一个皮包，皮包里放着什么，连梅夫人也不知道。梅先生去世后，秘书先把这个皮包封存好，然后在一个公开场合打开，大家一看，里面全是清华基金的账目，一笔一笔，丝毫不差。

# 七 子 之 歌

闻一多

闻一多（1899—1946）著名诗人、学者、爱国民主战士。本名闻家骅，生于湖北浠水。曾留学美国，先后在中山大学、武汉大学、青岛大学、清华大学、西南联大任教。因怒斥特务杀害李公朴等爱国志士而遭暗杀。五四运动后开始发表新诗。早年参加新月社，提倡新格律体诗。他的诗具有极强的民族意识和民族气质。代表作《红烛》、《死水》具有沉郁奇丽的艺术风格，整齐、和谐的艺术表现，影响颇大。另对《周易》、《诗经》、《庄子》、《楚辞》等研究颇深，有《神话与诗》、《唐诗杂论》、《古典新义》、《楚辞校补》等专著。有《闻一多全集》（4卷）。

邶有七子之母不安其室。七子自怨自艾，冀以回其母心。诗人作《凯风》以愍[①]之。吾国自尼布楚条约迄旅大之租让，先后丧失之土地，失养于祖国，受虐于异类，臆其悲哀之情，盖有甚于《凯风》之七子，因择其与中华关系最亲切者七地，为作歌各一章，以抒其孤苦亡告，眷怀祖国之哀忱，亦以励国人之奋兴云尔。国疆崩丧，积日既久，国人视之漠然。不见夫法兰西之 Alsace – Lorraine[②]耶？"精诚所至，金石能开"。诚如斯，中华"七子"之归来其在旦夕乎？

## 澳　门

你可知"妈港"不是我的真名姓？
我离开你的襁褓太久了，母亲！
但是他们掳去的是我的肉体，
你依然保管着我内心的灵魂。
三百年来梦寐不忘的生母啊！
请叫儿的乳名，叫我一声"澳门"！

母亲！我要回来，母亲！

# 香　港

我好比凤阁阶前守夜的黄豹，
母亲呀，我身份虽微，地位险要。
如今狞恶的海狮扑在我身上，
啖着我的骨肉，咽着我的脂膏；
母亲呀，我哭泣号啕，呼你不应。
母亲呀，快让我躲入你的怀抱！
母亲！我要回来，母亲！

# 台　湾

我们是东海捧出的珍珠一串，
琉球是我的群弟我就是台湾。
我胸中还氤氲着郑氏的英魂，
精忠的赤血点染了我的家传。
母亲，酷炎的夏日要晒死我了；
赐我个号令，我还能背城一战。
母亲！我要回来，母亲！

# 威海卫

再让我看守着中华最古的海，
这边岸上原有圣人的丘陵在。
母亲，莫忘了我是防海的健将，
我有一座刘公岛作我的盾牌。
快救我回来呀，时期已经到了。
我背后葬的尽是圣人的遗骸！
母亲！我要回来，母亲！

## 广州湾

东海和硇洲是我的一双管钥，
我是神州后门上的一把铁锁。
你为什么把我借给一个盗贼？
母亲呀，你千万不该抛弃了我！
母亲，让我快回到你的膝前来，
我要紧紧地拥抱着你的脚踝。
母亲！我要回来，母亲！

## 九　龙

我的胞兄香港在诉他的苦痛，
母亲呀，可记得你的幼女九龙？
自从我下嫁给那镇海的魔王，
我何曾有一天不在泪涛汹涌！
母亲，我天天数着归宁的吉日，
我只怕希望要变作一场空梦。
母亲！我要回来，母亲！

## 旅顺，大连

我们是旅顺，大连，孪生的兄弟。
我们的命运应该如何的比拟？
两个强邻将我来回的蹂躏，
我们是暴徒脚下的两团烂泥。
母亲，归期到了，快领我们回来。
你不知道儿们如何的想念你！
母亲！我们要回来，母亲！

(1925 年)

· 148 ·

**【注　释】**

　　① 愍（mǐn）：怜悯，哀怜。
　　② 即法国在普法战争后割让给德国的阿尔萨斯、洛林。


**【分　析】**

　　《七子之歌》组诗体现出闻一多先生爱国主义的深沉、热烈情怀。闻一多认为爱国诗应该"处于至情至性"，诗人借诗经《邶风·凯风》中七个儿子怀念母亲的故事，把 20 世纪 20 年代备遭蹂躏深受外凌内乱之苦的祖国比拟成命运悲惨的生母，把被列强分割和控制的澳门、香港、台湾、威海卫、广州湾、九龙和旅顺、大连比做远离母亲的七个孤苦无依的孩子。通过哭诉其悲苦流亡的遭遇和抒发眷怀祖国母亲的哀忱，声声血、字字泪地反复呼唤"母亲！我要回来，母亲！"，揭露了帝国主义列强贪婪凶残的本性和罪恶行径，抒发了对列强的强烈愤懑和中国人民在反帝爱国运动中渴望收复失地统一祖国的强烈情感。诗歌情感真挚深沉，格调沉郁顿挫，作者又善于用丰富的幻象拓展时空，把古今的爱国之痛、忧国之伤浓缩于诗篇当中，旧愁新恨把"母亲！我要回来，母亲！"的血泪呼唤点燃成了"还我河山"的愤怒抗争。《七子之歌》每七行为一小节，每小节叠一韵，每一诗节用同一句子闭合，诗歌富于旋律美，切合反映出他提倡的新格律诗的"三美"主张。


**【思考与练习】**

　　1. 结合历史知识，梳理香港、澳门、台湾、九龙、威海卫、广州湾和旅顺、大连被侵占和割让的屈辱史。

　　2. 闻一多先生提出新格律诗的"三美"（音乐美、绘画美、建筑美）原则时曾作过一个形象的比喻："带着镣铐跳舞"。请结合本诗，谈谈你对闻一多先生这一诗学主张的看法。

　　3. 迄今为止，闻一多先生《七子之歌》中离开祖国母亲的七个孩子已经回来了六个，只有台湾仍在外漂泊。陆游有诗说："王师北定中原日，家祭无忘告乃翁。"联系六子回归的现实，试仿《七子之歌》中任意诗节和诗，以告慰闻一多先生赤子亡灵。

【链 接】

## 朱自清《中国新文学大系·诗集·导言》

他的诗不失其为情诗，另一方面他又是一个爱国诗人，而且几乎可以说是唯一的爱国诗人。

## 闻立鹏《闻一多与〈七子之歌〉——纪念父亲百年诞辰》

（这些诗）提前在《现代评论》发表，诗后有跋云："这些是历年旅外因受帝国主义的闲气而喊出的不平的呼声……我把这些诗找一条捷径发表了，是希望他们可以在同胞中激起一些敌忾，把激昂的民气变得更加激昂。"

当年《七子之歌》发表之后，确实拨动了许多人的心弦。一位青年读后写道："读《出师表》不感动者，不忠；读《陈情表》不下泪者，不孝；古人言之屡矣。余读《七子之歌》信口悲鸣一阕复一阕，不知清泪之盈眶，读《出师》、《陈情》时，固未有如是之感动也。今录出之聊使读者一沥同情之泪，毋忘七子之哀呼而已。"

## 苏雪林《闻一多的诗》

闻一多第一本诗集《红烛》便表现了"精练"的作风，他的气魄雄浑似郭沫若，却不似他的直率显露；意趣幽深似俞平伯，却不似他的暧昧拖杳；风致秀媚似冰心，却不似她的腼腆温柔。他的每首诗都看出是用异常的气力做成的。这种用气力做诗，成为新诗的趋向。后来他的《死水》更朝着这趋向走，诗刊派和新月派的同人，也都朝着这趋向走。

# 十四行诗选<sup>①</sup>

冯 至

冯至（1905—1993），本为"沉钟社"诗人，因诗集《昨日之歌》、《北游及其他》，被鲁迅称为"中国最杰出的抒情诗人"。《十四行集》采用变体十四行诗的形式，是向西方借鉴诗歌形式的一个有意义的尝试。冯至的这些十四行诗对这一诗体进行了创造性的艺术处理，既保留了十四行诗格律谨严、章法曲折的特质，又很好地运用朴素的日常语言表现了生动而沉静、浓烈而节制的情感。

我们准备着深深地领受
那些意想不到的奇迹，
在漫长的岁月里忽然有
彗星的出现，狂风乍起；

我们的生命在这一瞬间，
仿佛在第一次的拥抱里
过去的悲欢忽然在眼前
凝结成屹然不动的形体。

我们赞颂那些小昆虫，
它们经过了一次交媾
或是抵御了一次危险，

便结束它们美妙的一生。
我们整个的生命在承受
狂风乍起，彗星的出现。

151

**【注　释】**

①选自《十四行集》。《十四行集》是抗日战争期间冯至在西南联大任教时所作，共27首，出版于1942年。

**【分　析】**

"我们准备着深深地领受/那些意想不到的奇迹"，冯至《十四行集》的第一首以准备领受奇迹的方式开篇，同时，这首诗也是整部诗集的开篇。

诗篇以舒缓的调子，节制而又饱含深情的言说，抒写了诗人对生命的存在与死亡的思考。充溢诗中的是存在主义式的领受与承担。诗人似乎想说：生命就在于过程，人生际遇之不可预测令每一次偶遇都是"意想不到的奇迹"。

冯至的十四行诗大都格律谨严，这一首尤为整饬。这是一首变体十四行诗，韵脚为 ABAB/CBCB/DAC/EAC。韵脚的巧妙使用，使诗句在回环统一的格律中如波浪般荡漾起伏，诗情亦随之萦绕回荡。诗歌开篇的"彗星的出现，狂风乍起"，与结尾处的"狂风乍起，彗星的出现"也在为格律需要颠倒次序之后正好形成了诗意的回旋呼应，诗也在此成为一个自足的整体。

**【思考与练习】**

1. 在新月派"新诗格律化"的尝试后，冯至借用西方十四行诗体开拓新诗发展路向，这是否也是一种"带着镣铐跳舞"的尝试？对于新诗向外国诗歌的借鉴，你有什么看法？

2. 诗歌的格律是否限制了情感的抒发？新诗冲破旧诗格律后会不会陷入新的束缚？对新诗的格律化你有何看法？

**【辑　评】**

### 废名《谈新诗》

我很懂得这首诗的好处，其运用十四行诗体的好处是使得诗情不呆板，一方面是整齐，而又实在不整齐，好像奇巧的图案一样，一新耳目了。同样的诗情，如果用中国式的排偶写法，一定单调不见精神。

## 汪剑钊《论冯至的"十四行诗"》

形式为冯至的情感和哲思提供了一个合式的框架，40 年代的冯至已从早期海涅式的浪漫的抒情，走向哲理的沉思，经过自由诗的尝试以后，感情已由最初的浮躁转向内敛。而节制，含蓄的特点又需要格律化的形式辅助。所以，与其说十四行限制了冯的诗情，毋宁说为他提供了一个很佳的视角，"从一粒沙中看世界"，以形式的有限启迪了思想的无限。

我们以往太过看轻形式的作用，忽视形式的生成功能，冯至的实验表明，形式与内容原本是浑然莫能分离的东西，十四行的体式帮助冯至完成了他的诗意沉思，冯至则为十四行体在中国的移植提供了成功的例证："这集子可以说建立了中国十四行的基础，使得向来怀疑这诗体的人也相信它可以在中国诗里活下去。"（朱自清《新诗杂话·诗的形式》）

## 【链　接】

### 冯至《冯至全集·第三卷·山水·后记》

1941 年我住在昆明附近的一座山里，每星期要进城两次，十五里的路程，走去走回，是很好的散步。一人在山径上、田埂间，总不免要看，要想，看的好像比往日看的格外多，想的也比往日想的格外丰富……但是有一次，在一个冬天的下午，望着几架银色的飞机在蓝得像结晶体一般的天空里飞翔，想到古人的鹏鸟梦，我就随着脚步的节奏，信口说出一首有韵的诗，回家写在纸上，正巧是一首遍体的十四行。这是诗集里的第八首，是最早也是最生涩的一首，因为我是那样久不曾写诗了。

### 冯至《冯至全集·第一卷·十四行集·序》

这开端是偶然的，但是自己的内心渐渐感到一个要求：有些体验，永远在我的脑里再现，有些人物，我不断地从他们那里吸取养分，有些自然现象，它们给我许多启示：我为什么不给他们留下一些感谢的纪念呢？由于这个念头，于是从历史上不朽的人物到无名的村童农妇，从远方的千古的名城到山坡上的飞虫小草，从个人的一段生活到许多人共同的遭遇，凡是和我的生命发生深切的关联的，对于每一件事物我都写出一首诗。

## 闻一多《谈商籁体》

（十四行诗）总计全篇的四小段，第一段起，第二承，第三转，第四合。……"承"是连着"起"来的，但"转"却不能连着"承"走，否则转不过来了。大概"起"、"承"容易办，"转"、"合"最难，一篇的精神往往得靠一转一合。总之，一首理想的商籁体，应该是个三百六十度的圆形，最忌的是一条直线。

# 翠湖心影①

汪曾祺

汪曾祺（1920—1997），江苏高邮人，当代作家。1939 年考入昆明西南联合大学中文系，曾在昆明、上海任中学国文教员和历史博物馆职员、刊物编辑、京剧团编剧等。1940 年发表第一篇小说。创作以小说、散文居多。著有小说集《邂逅集》、《羊舍的夜晚》、《晚饭花集》、《寂寞和温暖》、《茱萸集》，散文集《蒲桥集》、《塔上随笔》、《旅食集》等。短篇《受戒》和《大淖纪事》为获奖小说，被视为"文化寻根文学"的一部分。汪曾祺的散文取材自由，散漫而娴静，抒情上多以氛围的营造抒写情感，平淡中显现清逸秀丽，形成空灵、淡远的风格。

有一个姑娘，牙长得好。有人问她：

"姑娘，你多大了？"

"十七。"

"住在哪里？"

"翠湖西。"

"爱吃什么？"

"辣子鸡。"

过了两天，姑娘摔了一跤，磕掉了门牙。有人问她：

"姑娘多大了？"

"十五。"

"住在哪里？"

"翠湖。"

"爱吃什么？"

"麻婆豆腐。"

这是我在四十四年前听到的一个笑话。当时觉得很无聊（是在一个座谈会上听一个本地才子说的）。现在想起来觉得很亲切。因为它让我想起翠湖。

· 155 ·

昆明和翠湖分不开，很多城市都有湖。杭州西湖、济南大明湖、扬州瘦西湖。然而这些湖和城的关系都还不是那样密切。似乎把这些湖挪开，城市也还是城市。翠湖可不能挪开。没有翠湖，昆明就不成其为昆明了。翠湖在城里，而且几乎就挨着市中心。城中有湖，这在中国，在世界上，都是不多的。说某某湖是某某城的眼睛，这是一个俗得不能再俗的比喻了。然而说到翠湖，这个比喻还是躲不开。只能说：翠湖是昆明的眼睛。有什么办法呢，因为它非常贴切。

　　翠湖是一片湖，同时也是一条路。城中有湖，并不妨碍交通。湖之中，有一条很整齐的贯通南北的大路。从文林街、先生坡、府甬道，到华山南路、正义路，这是一条直达的捷径。——否则就要走翠湖东路或翠湖西路，那就绕远多了。昆明人特意来游翠湖的也有，不多。多数人只是从这里穿过。翠湖中游人少而行人多。但是行人到了翠湖，也就成了游人了。从喧嚣扰攘的闹市和刻板枯燥的机关里，匆匆忙忙地走过来，一进了翠湖，即刻就会觉得浑身轻松下来；生活的重压、柴米油盐、委屈烦恼，就会冲淡一些。人们不知不觉地放慢了脚步，甚至可以停下来，在路边的石凳上坐一坐，抽一支烟，四边看看。即使仍在匆忙地赶路，人在湖光树影中，精神也很不一样了。翠湖每天每日，给了昆明人多少浮世的安慰和精神的疗养啊。因此，昆明人——包括外来的游子，对翠湖充满感激。

　　翠湖这个名字起得好！湖不大，也不小，正合适。小了，不够一游；太大了，游起来怪累。湖的周围和湖中都有堤。堤边密密地栽着树。树都很高大。主要的是垂柳。"秋尽江南草未凋"，昆明的树好像到了冬天也还是绿的。尤其是雨季，翠湖的柳树真是绿得好像要滴下来。湖水极清。我的印象里翠湖似乎没有蚊子。夏天的夜晚，我们在湖中漫步或在堤边浅草中坐卧，好像都没有被蚊子咬过。湖水常年盈满。我在昆明住了七年，没有看见过翠湖干得见了底。偶尔接连下了几天大雨，湖水涨了，湖中的大路也被淹没，不能通过了。但这样的时候很少。翠湖的水不深。浅处没膝，深处也不过齐腰。因此没有人到这里来自杀。我们有一个广东籍的同学，因为失恋，曾投过翠湖。但是他下湖在水里走了一截，又爬上来了。因为他大概还不太想死，而且翠湖里也淹不死人。翠湖不种荷花，但是有许多水浮莲。肥厚碧绿的猪耳状的叶子，开着一望无际的粉紫色的蝶形的花，很热闹。我是在翠湖才认识这种水生植物的。我以后也再也没看到过这样大片大片的水浮莲。湖中多红鱼，很大，都有一尺多长。这些鱼已经习惯于人声脚步，见人不惊，整天只是安安静静地，悠然地浮沉游动着。有时夜晚从湖中大路上过，会忽然拨刺一声，从湖心跃起一条极大的大鱼，吓你一跳。湖水、柳树、粉紫色的水浮莲、红鱼，共同组成一个印象：翠。

　　一九三九年的夏天，我到昆明来考大学，寄住在青莲街的同济中学的宿舍里，几乎每天都要到翠湖。学校已经发了榜，还没有开学，我们除了骑马到黑龙潭、金殿，坐船到大观楼，就是到翠湖图书馆去看书。这是我这一生去过次数最多的一个图书馆，也是印象极佳的一个图书馆。图书馆不大，形制有一点像一个道观。非常安静整洁。有一个侧院，院里种了好多盆白茶花。这些白茶花有时整天没有一个人来看它，就只是安安静静地欣然地开着。图书馆的管理员是一个妙人。他没有准确的上下班时间。有时我们去得早了，他还没有来，门没有开，我们就在外面等着。他来了，谁也不理，开了门，走进阅览室，把壁上一个不走的挂钟的时针"喀拉拉"一拨，拨到八点，这就上班了，开始借书。这个图书馆的藏书室在楼上。楼板上挖出一个长方形的洞，从洞里用绳子吊下一个长方形的木盘。借书人开好借书单，——管理员把借书单叫做"飞子"，昆明人把一切不大的纸片都叫做"飞子"，买米的发票、包裹单、汽车票，都叫"飞子"，——这位管理员看一看，放在木盘里，一拽旁边的铃铛，"嘟嘟"，木盘就从洞里吊上去了。——上面大概有个滑车。不一会，上面拽一下铃铛，木盘又系了下来，你要的书来了。这种古老而有趣的借书手续我以后再也没有见过。这个小图书馆藏书似不少，而且有些善本。我们想看的书大都能够借到。过了两三个小时，这位干瘦而沉默的有点像陈老莲画出来的古典的图书管理员站起来，把壁上不走的挂钟的时针"喀拉拉"一拨，拨到十二点：下班！我们对他这种以意为之的计时方法完全没有意见。因为我们没有一定要看完的书，到这里来只是享受一点安静。我们的看书，是没有目的的，从《南诏国志》到福尔摩斯，逮着什么看什么。

　　翠湖图书馆现在还有么？这位图书管理员大概早已作古了。不知道为什么，我会常常想起他来，并和我所认识的几个孤独、贫穷而有点怪癖的小知识分子的印象掺和在一起，越来越鲜明。总有一天，这个人物的形象会出现在我的小说里的。

　　翠湖的好处是建筑物少。我最怕风景区挤满了亭台楼阁。除了翠湖图书馆，有一簇洋房，是法国人开的翠湖饭店。这所饭店似乎是终年空着的。大门虽开着，但我从未见过有人进去，不论是中国人还是法国人。此外，大路之东，有几间黑瓦朱栏的平房，狭长的，按形制似应该叫做"轩"。也许里面是有一方题作什么轩的横匾的，但是我记不得了。也许根本没有。轩里有一阵曾有人卖过面点，大概因为生意不好，停歇了。轩内空荡荡的，没有桌椅。只在廊下有一个卖"糠虾"的老婆婆。"糠虾"是只有皮壳没有肉的小虾。晒干了，卖给游人喂鱼。花极少的钱，便可从老婆婆手里买半碗，一把一把撒在水里，一尺多长的红鱼就很兴奋地游过来，抢食水面的糠虾，嗉喋有声。糠虾喂完，人鱼俱散，轩中又是空荡荡的，剩下老婆婆一个人寂然地坐在那里。

路东伸进湖水，有一个半岛。半岛上有一个两层的楼阁。阁上是个茶馆。茶馆的地势很好，四面有窗，入目都是湖水。夏天，在阁子上喝茶，很凉快。这家茶馆，夏天，是到了晚上还卖茶的（昆明的茶馆都是这样，收市很晚），我们有时会一直坐到十点多钟。茶馆卖盖碗茶，还卖炒葵花子、南瓜子、花生米，都装在一个白铁敲成的方碟子里，昆明的茶馆计账的方法有点特别：瓜子、花生，都是一个价钱，按碟算。喝完了茶，"收茶钱！"堂倌走过来，数一数碟子，就报出个钱数。我们的同学有时临窗饮茶，嗑完一碟瓜子，随手把铁皮碟往外一扔，"Pia——"，碟子就落进了水里。堂倌算账，还是照碟算。这些堂倌们晚上清点时，自然会发现碟子少了，并且也一定会知道这些碟子上哪里去了。但是从来没有一次收茶钱时因此和顾客吵起来过；并且在提着大铜壶用"凤凰三点头"手法为客人续水时，也从不拿眼睛"贼"着客人。把瓜子碟扔进水里，自然是不大道德。不过堂倌不那么斤斤计较的风度却是很可佩服的。

除了到昆明图书馆看书，喝茶，我们更多的时候是到翠湖去"穷遛"。这"穷遛"有两层意思，一是不名一钱地遛，一是无穷无尽地遛。"园日涉以成趣"，我们遛翠湖没有个够的时候。尤其是晚上，踏着斑驳的月光树影，可以在湖里一遛遛好几圈。一面走，一面海阔天空，高谈阔论。我们那时都是二十岁上下的人，似乎有很多话要说，可说，我们都说了些什么呢？我现在一句都记不得了！

我是一九四六年离开昆明的。一别翠湖，已经三十八年了，时间过得真快！

我是很想念翠湖的。

前几年，听说因为搞什么"建设"，挖断了水脉，翠湖没有水了。我听了，觉得怅然，而且，愤怒了。这是怎么搞的！谁搞的？翠湖会成了什么样子呢？那些树呢？那些水浮莲呢？那些鱼呢？

最近听说，翠湖又有水了，我高兴！我当然会想到这是三中全会带来的好处。这是拨乱反正。

但是我又听说，翠湖现在很热闹，经常举办"蛇展"什么的，我又有点担心。这又会成了什么样子呢？我不反对翠湖游人多，甚至可以有游艇，甚至可以设立摊篷卖破酥包子、焖鸡米线、冰激凌、雪糕，但是最好不要搞"蛇展"。我希望还我一个明爽安静的翠湖。我想这也是很多昆明人的希望。

1984 年 5 月 9 日

**【注　释】**

①1939 年夏天，汪曾祺来投考西南联大，寄住在翠湖东青莲街的同济中学宿舍里，几乎每天都要到翠湖，于是与翠湖结下了不解之缘。离开昆明 38 年后，他深情地写下《翠湖心影》。

**【分　析】**

从艺术特色上看，作品不事雕琢，平实淡远。

《翠湖心影》写的是翠湖及其周围的景观以及作者与翠湖有关的生活，都是一些凡人小事，如话家常，自然、亲切、平淡，使读者在其中体会到一种从容淡定之美。

其次是语言的洁净质朴。

《翠湖心影》没有华丽的辞藻，用词造句质朴、洁净、明快，不饰铅华，淡而有味——在絮叨平淡的语调里展示着生活原貌，表现了一份和谐，一份淡远，具有牵扯人心的魅力。

**【思考与练习】**

1. 翠湖的景物为什么令作者依恋不舍？找出文中描写景物的一些句子，仔细体会。

2. 品味文章平实淡远的写作风格。

**【链　接】**

**汪曾祺《蒲桥集》**

我受营养最深的是明朝大散文家归有光的几篇代表作。归有光以轻淡的文笔写平常的人物，亲切而凄婉。这和我的气质相近，我现在的小说里还时时回响着归有光的余韵。

### 汪曾祺《汪曾祺作品自选集·自序》

　　我的散文大都是记叙文。间发议论，也是夹叙夹议。我写不了像伏尔泰、叔本华那样闪烁着智慧的论著，也写不了蒙田那样渊博而优美的谈论人生哲理的长篇散文。我也很少写纯粹的抒情散文。我觉得散文的感情要适当克制。感情过于洋溢，就像老年人写情书一样，自己有点不好意思。

### 邓友梅《漫忆汪曾祺》

　　汪曾祺办事处人，不靠作派，不使技巧，不玩花活，就凭一副真面孔，一个真性情。对谁都谦虚有礼，朴素实在。真谈起问题来，你才发现此人学问有真知灼见，写作有独到之功，使你敬而不生畏，爱而不生烦。

# 忆 父 亲<sup>①</sup>

熊秉明

熊秉明（1922—2002），熊庆来次子，祖籍云南弥勒，1922年生于南京。1944年毕业于西南联合大学哲学系，参加中国远征军入缅抗战。1947年入巴黎大学哲学系攻读博士学位，次年转入巴黎高等美术学院。1961年在苏黎世大学教授中国哲学。1962年任教于巴黎东方语言学校。1981年任巴黎第三大学东方语言文化学院中文系主任。1983年获法国教育部棕榈骑士勋章。熊秉明是具有创造精神、享有国际声誉的华人艺术家和学者，在雕塑、水墨画、油画、书法、诗学等方面均有出色建树。艺术作品集有《中国当代艺术选集(6)·熊秉明》（台湾山美术馆，1999）等，学术著作有《中国书法理论体系》（香港商务印书馆，1985）等。1999年，上海文汇出版社出版《熊秉明文集》4卷，收录了他的主要文字著作。

> 父亲帮助儿子时，两个人都笑了；儿子帮助父亲时，两个人都哭了。
>
> ——希伯来谚语

## 一

若要简单扼要地用一两个词来描写父亲的性格，我想可以说："平实、诚笃"。

他的面貌方正，嘴阔，鼻系"悬胆"型，眼睛较细而近视，目光含蓄平和，举止言谈也比较缓慢而持重，我记得很小的时候，他便常训诫我："不要心急，慢慢想解决问题的办法。"因为我生性灵活好动而常嫌浮躁。

我没有看到他非常地动怒过，或者激烈地表现过欢欣与悲哀，他没有浪漫主义的素质，可以说相反，他厌恶浮夸与虚饰，在把笔起文稿的时候，很费斟酌。他的要求是文从字顺，精确达意。他的美学原则是从数学来的，推理的缜密和巧妙乃是法语里所说的"优美"（élégance）。他为我们改文章时常说：用字要恰当，陈述要中肯，推理要清晰。

他并不善辞令，至少，我如此觉得。在北京清华大学任教十数年，他一直说着云南话，音调低沉而缓慢。我6岁到北京，他告诉我北方话的特点，举了一个例子："黑板"，"板"字念第三声，拖得很长。这是我唯一听到他所说的北京话。当然云南话很容易懂，他不需要改变自己的腔调去讲课或和人交谈。此外，他好像也没有去学习语调较抑扬的北方话的欲求。云南人说云南话，似乎是十分自然的，本色的，和他的平实诚笃的气质正是一致的。我想他是一个相当典型的云南人，山国的人。

待人接物以诚，是他一向为人的原则。外表的浮华、机巧的欺谎、曲折的手腕，都是他所排斥的。学校里建造考究的美国式体育馆，他认为没有必要。他常说巴斯德发现细菌、居里夫妇发现镭，都不是在漂亮的试验室里完成的。

他爱恬淡朴素的生活，不吸烟，不喝酒，不许母亲打牌。这些都不是立意要做出自律正严的道学家或者清教徒。他确乎爱恬淡的生活情调。家里的烹调是清淡的家常口味。他的衣着也朴素，但也有一定的考究和大方。室内没有奢侈的陈设。工作之余他爱收藏一些字画，但是并不苦心搜求稀见难得的古董。较古的物件不过是祝枝山的字、何绍基的字而已。他爱齐白石的画，买过十多件。我9岁时，曾带我去过白石老人家。所以我现在手边还藏着老人那天送我的一幅《雁来红》。其他当代画家的作品也不少，特别是徐悲鸿的画，胡小石的字，他和他们是多年的朋友和同事。不知名的画家的作品，他见了喜欢，也买，并不只因慕名而收藏。

他自己也写字，亲自为人题婚联、挽联，措辞总求有新意。但机会不多，他的字体开阔平稳，没有外在规矩的拘束，也没有内在的情绪的紧张。点画丰润，顿挫舒缓，给人以宽和端厚的感觉，一如他的性格。眼光尖锐的还可以察觉出他对空间的敏感，这一点大概和他的数学训练有关，半身不遂之后，左手握笔难于控制，笔画颤抖，但过去的笔致和结构仍隐隐然可见。

他喜欢京戏，却不常看，若去，必和母亲一道。

诵读古诗是他心情好时的遣兴，也是他失意时的慰藉和支持。1950年他在巴黎，对自己的未来颇多烦忧，正考虑留在法国，重新拾起数学研究工作，说是已想好若干题目可做，不料1951年1月突患脑溢血，引起半身不遂，住入医院，病情稍稍好转时，命我带一册唐诗，放在枕边。我深知那时他的心情是极为低沉的。那些唐诗似乎能够给老人受伤的根蒂带来甘露，其回生的作用和药物相同。有意兴时，他自己也作诗，遣词造句，常见新意。1957年东返后，颇有不少赞扬祖国新气象的咏唱。

诗人中他最爱陶渊明。他喜欢菊花。住清华园西院时，每到秋初，便向学校的花房订十数盆各色的菊放在石阶的两旁，一两个月，院里充满"秋菊有佳色"的韵味。

"菊缘"是母亲的名字。他们同年同月生。母亲生于9月9日重阳节，命名从这里来。父亲生于9月12日，所以一向合并了在一天庆祝生日：9月10日。庆祝的方式其实很简单。头天晚上母亲亲自和面擀面，面粉里不掺水，全用鸡蛋，擀得极薄，切得极匀，放在湿布下，留待第二天用。鸡选上等的，炖出做汤。一家人就在温暖快活的气氛中围桌享用这鸡丝寿面。鸡肉、面条、鸡汤都透着、闪着浅浅的明亮的金色。经过母亲的慈心巧手，使滋味的精美与纯粹升到象征的境地，铭在我们幼小的心。我们以为那是人间无上的美味，远远超越一切豪奢的蛮腻。这时父亲便会讲述他年轻时代的生活片断，民国初年学国语，后来到欧洲留学的一些逗笑的趣事。也会讲教学经验中的一些故事。比如刚从欧洲回国到东南大学任教的第一年，他几乎担任系中所有的课程，编所有的讲义。因为当时缺乏师资，更缺乏教科书。而那一年恰好遇到一批出色的学生，每人每次交来的练习必是一整本。一年下来他便病倒了。但他把这些事当做愉快的回忆讲起来。他也会为我们讲到老家祖辈的事迹。可是我们家族的历史只能追溯到曾祖父。曾祖父白手起家，刻苦守信。少年时贩糖和盐在竹园、开远之间，走一日山路，中午只有一包冷饭充饥，靠一枚咸鸭蛋佐味。据说咸鸭蛋也尽量节省。有一次，差不多空了的残壳被风吹走，跑了一大段山坡追回来。

偶然，星期天上午，有兴致时，他会为我们讲一段《左传》或《战国策》，或者一节代数几何。学校里的作文发下来，他总带着很大的兴味去看，并说出他的意见。他爱文字的精确。他赞成白话文，但是反对用口语写科学论文。在几何求证里，他认为"如果……则……"优于"要是……那么……"。因为"如果……则……"代表严格的思维方式，不得和"要是下雨，那么我就不去了"的句式相混淆。

显然，这样一种性格宜于做科学研究和教学。他也的确视数学研究为他的本位工作。他以为科学工作获得的真理是客观的，真假差误可以核对，可以用实验证明。行政工作，任劳任怨，而褒贬没有定论。牵涉到政治问题更是利害混入是非，权谋高于原则。在任云大校长的初期，他每周仍兼数小时课。这几小时的数学课，在他是乐趣。但是后来事务太繁，终于放弃。60岁以后，半身不遂，他"重理旧业"，回到数学研究并指导研究生，大概有"终得返故园"的喜悦。那时他写论文用左手，当然写得非常之慢，但他无怨言，自嘲地说："这病不痛而苦。"工作之余常说："不知老之已至。"

# 二

在他的平实诚笃中，有深厚执著的爱：一是对科学真理；一是对祖国与乡土。

在我懂事之后，看到他两次面临重大的抉择，两次都是要他在个人科学工作与为祖国乡土服务之间作选择。每一次，经过反复考虑后，都是后者占了上风。一种来自传统的道德感督促他，在集体潜意识底层使他不宁。"为桑梓服务"在他几乎是一种不可抗拒的声音。但是后来的发展却证明这献身的选择带来重重不幸。

1936年，他在清华大学算学系做教授兼系主任。云南大学闹风潮，省主席龙云打电报给他，请他主持云大。那时云南是一个边远难及的省份，去昆明得办护照，绕道香港、越南，然后经滇越铁路到达。在那里办大学，别的不说，单延聘教授一端便十分困难。但是云南是他的故乡，他觉得对那个地方、那地方的青年有一种责任，所以终于决定"为桑梓服务"回去了。他回去的途中，便发生"七七"事变。在抗战期间，负责大学行政很不易。经费拮据是一方面，政治纠纷是又一方面。他这样的科学人才，要应付各式各样的问题，用"鞠躬尽瘁"来描写，并不夸张的。为了教育事业，他献出生命力最充沛的12年。而在抗战胜利后，民主运动最激烈的时刻，他坚决果敢地保护了学生和进步教授。但是后来人论及他的生平，大都只说他是数学家。这一段艰苦非常的事业极少记述。不仅如此，到了"文革"期间，他受审查，不断写交代，也都因为有这一段经历。

50年代，他滞留欧洲，患半身不遂。后渐好转，可以行动，可以用左手执笔写字。因为暂时不能归国，决定回到数学研究。但是做了12年大学校长之后，"重理旧业"并不容易。何况抱病！但他的平实诚笃里蕴藏有卓越的毅力，他的研究出了成果，用左手慢慢一个字、一个字写出来的文章，连续在法国科学杂志中发表，并且完成了一本书编入法国数学丛书。这时国内号召知识分子回国服务，使他又一次面临个人科学工作与为祖国服务的选择。那时我在欧洲学习，侍奉在侧，看到他犹豫彷徨的痛苦。我那时年轻，当然是主张他回去的。我以为他这样的科学家一定会受到重视，而以他的爱国热忱和质朴的性格，也一定不会受政治的迫害。回去后，国家的新局面使他振奋，他一心想在晚年透过数学工作作出贡献，指导研究生之外，自己发表不少数学文章，但不及 10 年便发生"文化大革命",科研的成就转为罪状:"反动学术权威"。大学校长任内的工作也成为交代不完的旧账。终于经不起肉体上以及精神上的种种磨折,于 1969 年 2 月 3 日逝世。1978 年中国科学院落实知识分子政策,父亲被列入第一批平反昭雪的名单,1979 年灵灰放入北京八宝山革命公墓。

我于 1979 年回去,看到父亲用左手所写的交代文字。我在巴黎时看他每日每晚用这种压入纸面的沉重然而不稳的笔画写数学论文,再见这字体,自然亲切熟悉,然而写的是早请示晚汇报的记录,我顿时觉眼泪的辛辣,心的绞痛。

三

1893 年,他生在云南省弥勒县息宰村。村子甚小,当时大概不到 50 户人家。虽坐落在盆地的平原(坝子)上,但距县城有两天的路,距滇越铁路的开远车站也有一天山路,实在可说是偏远闭塞的。

坝子气候炎热,以产甘蔗著称,也多玉米,稻田反较少。甘蔗、玉米都是高型作物,从高处远望,给人以庄稼丰盛的感觉。父亲常说:稻田像水彩画,甘蔗田、玉米田像油画,我们的家乡是一幅油画。

直到十二三岁他就在这村子的私塾里念子曰诗云。像他这样笃实的人很可能被旧式教育的思想所框限,然而并没有。那子曰诗云为他建立了做人的基本间架,但并没有在他作为科学家、爱国主义者的道路上竖起什么障碍。

15 岁,他到昆明,考入英法文专修科,开始接触到西方文化。辛亥革命成功,他 18 岁,属于被建设国家的狂热鼓荡的一代。次年像其他各省一样,云南省也选拔留学生到欧美留学。他考取赴比利时学矿,目的当然在学成后回到矿产丰富的云南兴建实业。但是到比国的第二年欧战便爆发。他经荷兰、英国到巴黎,矿业学校因总动员关闭,巴黎大学仍上课,他转学数学。他讲起这一段往事,常说他学数学是相当偶然的。

他留学法国 8 年,1921 年东返。在这 8 年中除了专业学习之外,当然无形中受到西方文化的熏陶。欧洲的科学在此时沿着 19 世纪的成就突飞猛进。法国大数学家普旺卡烈(Poinlaré)方逝世(1912 年)。巴斯德逝世(1895 年)不到 20 年,其声望与精神仍发生巨大的影响。居里夫妇发现镭而获诺贝尔奖。在这些科学成就的后面有一种深厚的人文主义为背景。这人文主义也许是父亲深受熏陶而不自意识的,但是从他给我们所讲的一些故事中流露出来。

他常要讲起巴斯德。下面的故事我从小听过许多次,要了解他,我必须把这些故事重述在这里。

18 世纪法国南部蚕业很繁荣,可是 1859 年发生一次大蚕瘟,甚至蔓延到南欧各国以及近东,蚕业濒于绝境。化学家杜马是巴斯德的业师,推荐巴斯德研究此问题。巴斯德果然找出蚕瘟的细菌,并找到消灭瘟菌的办法。法国蚕业得以迅速恢复。

约在同一时期,法国酿酒商也提出他们的问题来。传统酿酒的方法是不可靠的,往往有大量果汁莫名其妙地不发酵,造成巨大损失。经巴斯德研究,发现了酵母菌的作用,并且掌握了发酵现象的规律,法国造酒业也因此得到飞跃的发展。

1870 年普法战争,法皇拿破仑第三被俘,法国惨败。普鲁士索战债五十万万法郎。据估计在这一笔债务的重担下,法国将长期挣扎不起来。不料由于法国蚕丝业、造酒业的兴旺,这巨额竟在一年中全数付清。当然巴斯德的重要发现远不限于解决养蚕、酿酒的问题,也不是五十万万法郎所能估计得了的。人类与疾病的斗争,由于细菌的发现,进入了全新的阶段。

巴斯德晚年,1884 年到丹麦哥本哈根演讲,普鲁士王威廉第二尚是 25 岁的王子,也在前排贵宾之列。演讲后,主席为巴斯德介绍在座贵宾时,到了威廉第二,故意回避过去,因为他知道巴斯德是极爱国的。普法战后,两国仇恨很深,介绍了,双方都会感到窘促。但是这时威廉第二自动走上前去说:"我要向一个为人类创造幸福的人致敬。"巴斯德所做的,不止偿还五十万万法郎战债,而且争回国家的骄傲。

而巴斯德的父亲所期望于儿子的是当一名中学老师。他曾是拿破仑军队的低级军官,解散后,在法国东部菇老山阿尔波亚小城里做制革匠。他对儿子说:"啊,要是你能在阿尔波亚当上中学教师,我就是世上最幸福的人了!"他是一个很好学的人。1876 年《关于啤酒的研究》的扉页上,巴斯德写着:"纪念我的父亲"。又附加这样的话:"随着年龄的增长,我更懂得你朋友般的慈爱和优越的理性。我过去研究的成果都来自你的榜样和你的忠告。为了珍惜这虔诚的记忆,把这一著述献给你。"

关于巴斯德他还讲过许多动人的故事,我不能在这里多记。总之,在乡村私塾里吸收的传统精神和在西方接受的启蒙思想、人文主义都融为他人格中活泼有生命的成分。他讲巴斯德的故事,阿基米得、伽利略、牛顿、爱因斯坦的故事,一如他讲《左传》、《战国策》,给我们幼小的心惊讶和启发,似乎在未来生命的海洋上看到有隐约的航线。

父亲有沉厚执著的爱,对科学真理,对祖国乡土。他没有宗教信仰,但他不硬性阻止母亲念佛，供一座白瓷观音。关于信仰，巴斯德曾说："我们内部有两个人，一个是理性的。他要清除一切成见旧说，通过观察、实验和严格推理来了解自然。一个是情感的。他为亲人的死亡而哭泣，他无法证明他能够或者不能够和逝者再见。然而他相信而且期盼。目前人类的知识尚太粗浅，理性和感情是截然不同的领域，两者相牵涉是不幸的。"

我以为父亲也如此。理性的信念和感情的热爱是并存的，两者并无冲突，他也不勉强把两者凑合为一个统一的思想体系。但是实际生活中，他都被迫选择其一。而结果是两边都受到损失。晚年，他被扣上"反动学术权威"的帽子，谦逊勤恳从事的科学工作被否定，对祖国与乡土的近于本能的热爱也遭践踏，生命的根柢被翻掘出来受斫伐，心身性命的活源被堵死。那时他已年过70，半身不遂，又患糖尿症和其他老人病症，仍被拉去开斗争会，母亲提了尿壶扶他同去，夜里还要勉力写交代，无怪他活不过"文革"。"文化大革命"使中国回到伽利略的世纪去。

他属于近代中国启蒙的第一代科学家，在"五四""科学与民主"的口号下从事科学的，那时他们没有大声疾呼"科学如何如何"，他们默默耕耘，实实在在为中国科学奠下基石。1921年他从法国东返，南京东南大学创办数学系，他被聘为数学系教授和系主任。1926年清华改办大学，又被聘为算学系教授兼系主任。他们是拓荒者。他讲起全国第一次数学名词审查会是很有趣的。时间大概是1923年。要讨论的是一些"函数""积分"等最基本的译名。有陈建功、姜立夫等先生在杭州西湖上雇了一条船泛舟讨论。以上的细节我的记忆可能有误，但我要说的是：他们那一代的中国数学工作者，就是一只西湖的小游艇可以载得起的。

我没有学数学，走了文艺哲学的道路。但我能感觉到父亲的数学是美的。他常说"优美的推导"，"洗练的数学语言"。而且也是善的。我记得他在学生的练习簿上写的优等评语是"善"。

我想起近代著名法国美术史家弗尔（E. Faure）讲到他的父亲时说的话："是他在不自意识中教给我：在最深刻的政治与哲学的革命中，我们的道德力总是不变的，它永远是它自己，变的只是托词和目标。"我以为，在父亲那里，潜在着这样的道德力，但是我不愿称为"道德力"。它决非教条。它是尚未形成体系的信念，是一种存在的新鲜跳动的液体状态，生命的活水。他曾讲到范仲淹《严先生祠堂记》结尾的歌："云山苍苍，江水泱泱，先生之风，山高水长。"他说："风"字原作"德"，一字之易，旨趣效果大为不同。"德"字含义太落实，"风"字的意味广阔悠远。"德"字局限于善，只评及德行；

"风"则把善与真与美都纳入其中了，范畴尚未分化，一个字把全篇描述点化为一幅气韵生动的画像，而人物的画像复扩展而融入山水天地之间。我以为父亲的道德力是这样一种浑噩的、基本的、来自历史长流的、难于命名的风。在那里，理性与信仰的冲突，传统与革命的对立，中西文化的矛盾，玄学与反玄学的论战，借用维特根斯坦的话说，都是"语言的纠纷"。生命的真实在这一切之上，或者之下，平实而诚笃，刚健而从容，谦逊而磅礴地进行。

1991 年 8 月于巴黎

## 【注　释】

① 本文选自《熊秉明文集》第四卷《诗与诗论》，文汇出版社 1999 年版。

熊庆来（1893—1969），字迪之，云南弥勒人，是世界知名数学家和教育家，我国现代数学的奠基人之一，他的身上集中了传统知识分子的美德和现代科学家"优越的理性"品质。数学大师陈省身说："立德立言立功，迪之师兼而有之：荟萃中西文化的精华，作后来者的模范。"这是对熊庆来最精到的评价。他是中国现代数学的前驱，以"熊氏无穷极"享誉国际数学界；他创办了东南大学（今南京大学）、西北大学和清华大学的数学系，担任云南大学校长 12 年，呕心沥血，鞠躬尽瘁，培育了包括华罗庚、陈省身、严济慈、钱三强、杨乐、张广厚等在内的大批杰出科学家，为中国现代科学的发展作出了卓越贡献。他性格中正平和，待人诚恳温厚，行事严谨笃实，不事张扬，坚实而富有成效地进行科学研究、人才培养和国家建设。

## 【分　析】

这是一篇不动声色而大气淋漓的回忆文章。文章写了熊庆来平实、诚笃的性格和对科学真理、对祖国与乡土深厚执著的爱；同时表达了儿子对父亲的深情挚爱。文字中有一种灵动的生命。《忆父亲》就是这样的杰作。云南以熊庆来为骄傲，认识和理解熊庆来，这是最好的文章。

熊庆来科学和教育成就、人品风范的后面有着深厚的人文主义背景。熊秉明指出熊庆来留学法国的 8 年正是欧洲科学突飞猛进的时候，大师辈出，历史性的科学成就风起云涌，而其背后的文化支撑就是人文精神。熊庆来深受其熏陶，人文主义也成为他的精神结构中的重要组成部分，成为他的价值取向。人文主义的核心是对人及其权利的尊重、对真理和理性的追求。熊庆来认真、严谨、坚韧地从事科学和教育工作，温厚、谦逊、平易地待人，实际上就体现了对生命、自由、平等、追求幸福和真理等人文主义核心价值的认同和践行。对现代大学精神和科学精神的捍卫和弘扬，使熊庆来成为与蔡元培、梅贻琦、张伯苓、竺可桢等一道为中国现代高等教育奠定基础、确立传统的杰出教育家。

熊庆来体现了中华民族自强不息和厚德载物的民族精神，是云南人的卓越代表。他出生于云南弥勒，在昆明接受中学教育，云南的山水养育了他。他也对云南充满深厚执著的爱。他的性格是云南人的典型性格：实在、厚道、坚韧。20世纪30年代，他毅然放弃清华大学优越的教职，出任正处于艰难中的云南大学校长，是为了服务桑梓，报效家乡。在云大校长任上，他克服抗战时期的重重困难，凭借自己良好的学术声望和卓越的教育思想，含辛茹苦，惨淡经营，延聘师资、增加设备、加强学术研究，使云南大学迅速崛起为西南学术重镇，成为国内著名学府，为家乡教育、科学、文化和经济社会发展作出了历史性贡献。他把生命中最充沛的12年献给了故乡。而这12年成了云大历史上的黄金时代，并因此而融入了塑造现代中国大学精神和大学传统的历史性进程。

**【思考与练习】**

1. 熊庆来先生的精神和美德在今天有何现实意义？
2. 本文在语言表达上有何特色？

# 馈　赠

舒　婷

　　舒婷（1952—　　　），原名龚佩瑜，出生于福建厦门石码镇，朦胧诗派的代表作家之一，与北岛、顾城齐名。著有诗集《双桅船》、《会唱歌的鸢尾花》、《始祖鸟》，散文集《心烟》、《秋天的情绪》、《硬骨凌霄》、《露珠里的"诗想"》、《舒婷文集》（3卷）等。舒婷长于自我情感律动的内省，在把捉复杂细致的情感体验方面特别表现出女性独有的敏感。多数诗的手法采用隐喻、局部或整体象征，很少以直抒告白的方式，营造的意象具有丰富性和多义性，情感表达尤为细腻、曲折有致。

我的梦想是池塘的梦想
生存不仅映照天空
让周围的垂柳和紫云英
把我汲取干净吧
缘着树根我走向叶脉
凋谢于我并非伤悲
我表达了自己
我获得了生命

我的快乐是阳光的快乐
短暂，却留下不朽的创作
在孩子双眸里
燃起金色的小火
在种子胚芽中
唱着翠绿的歌
我简单而又丰富
所以我深刻

我的悲哀是候鸟的悲哀
只有春天理解这份热爱
忍受一切艰难失败
永远飞向温暖、光明的未来
啊，流血的翅膀
写一行饱满的诗
深入所有心灵
进入所有年代

我的全部感情
都是土地的馈赠

## 【分　析】

这首诗描述的是诗人自我的审美情感和审美理想，它似乎非常含蓄，而含蓄之中又强烈地抒发着诗人自身的抱负和志向。

在诗中，诗人的情感无疑是丰富而深沉的。诗歌通过"梦想"、"快乐"与"悲哀"三种情感意象的营造，表现了诗人对美的独特体验，而这些美在诗人看来都是土地的馈赠，土地于此成为美的给予者。

"我的梦想是池塘的梦想"，而"池塘"的梦想荡漾着感情的涟漪，使想象饱含水分，浸透了心灵的汁液。池塘以它的存在不仅映照着天空，还以感情的汁液哺育了"垂柳和紫云英"，并流经树根和叶脉获得和表达了生命。在此，美是一种活生生的心灵的体验。

"阳光的快乐"燃烧着理想的火焰，阳光单纯、朴素，却普照万物，洋溢着生机。光明的理想使"我简单而又丰富"。它能以"金色的"火照亮生命的行程，点燃爱的火把，点燃光明的火把，它能以"翠绿的歌"唱出生命之理、人生之歌，因为美不仅在心灵，而且也在理想。

"候鸟的悲哀"述说着追求者的苦痛与徘徊。不"忍受一切艰难失败"就不会达到"温暖、光明的未来"。要"深入所有心灵"，要"进入所有年代"，就得不断振起"流血的翅膀"，飞向"春天"。于此，美需要艰辛的探索。

"池塘"、"阳光"和"候鸟"是诗人情感的三个变奏，它们奏响了一个奉献与追求的艺术主题，其中饱含着诗人的渴望、激情和沉思。于此，《馈赠》是艺术家深沉的自我反思，也是诗人对美的求索之歌。

**【思考与练习】**

1. 本诗表现了诗人怎样的内心情感和审美理想?
2. 试析本诗中"馈赠"的深刻意蕴。
3. 本诗在语言运用和意象营造上有何特点?

**【辑　评】**

### 郑观年等《中国当代文学教程》

　　舒婷的诗歌表现出一种把握时代脉搏,审视历史的雄阔气质,有着富有个性的自由意识和自由心态。通过内心折光来表现生活,寻觅意象的新鲜和联想的壮阔,呈现出典雅端丽、柔婉绰约的风姿。

# 中国人，你为什么不生气

龙应台

龙应台（1952—　　），作家，社会批评家，思想家。祖籍湖南衡山，生于台湾高雄。1974 年毕业于台湾成功大学外文系，后赴美深造，攻读英美文学。1982 年获堪萨斯州立大学英文系博士学位。曾任教于纽约市立大学及梅西大学外文系、并任台湾中央大学外文系副教授、台北市文化局长等。现任香港大学传媒及新闻研究中心客座教授。著有《野火集》等多种作品。

在昨晚的电视新闻中，有人微笑着说："你把检验不合格的厂商都揭露了，叫这些生意人怎么吃饭？"

我觉得恶心、觉得愤怒。但我生气的对象倒不是这位人士，而是台湾 1 800 万懦弱自私的中国人。

我所不能了解的是：中国人，你为什么不生气？

包德甫的《苦海余生》英文原本中有一段他在台湾的经验：他看见一辆车子把小孩撞伤了，一脸的血。过路的人很多，却没有一个人停下来帮助受伤的小孩，或谴责肇事的人。我在美国读到这一段，曾经很肯定地跟朋友说：不可能！中国人以人情味自许，这种情况简直不可能！

回来一年了，我睁大眼睛，发觉包德甫所描述的不只可能，根本就是每天发生、随地可见的生活常态。在台湾，最容易生存的不是蟑螂，而是"坏人"，因为中国人怕事、自私，只要不杀到他床上去，他宁可闭着眼假寐。

我看见摊贩占据着你家的骑楼，在那儿烧火洗锅，使走廊垢上一层厚厚的油污，腐臭的菜叶塞在墙角。半夜里，吃客喝酒猜拳作乐，吵得鸡犬不宁。

你为什么不生气？你为什么不跟他说"滚蛋"！

哎呀！不敢呀！这些摊贩都是流氓，会动刀子的。

那么为什么不找警察呢？

警察跟摊贩相熟，报了也没有用；到时候若曝了光，那才真惹祸上门了。

所以呢？

所以忍呀！反正中国人讲忍耐！你耸耸肩、摇摇头！

在一个法治上轨道的国家里，人是有权利生气的。受折磨的你首先应该双手叉腰，很愤怒地对摊贩说："请你滚蛋"！他们不走，就请警察来。若发觉警察与小贩有勾结——那更严重。这一团怒火应该往上烧，烧到警察肃清纪律为止，烧到摊贩离开你家为止。可是你什么都不做；畏缩地把门窗关上，耸耸肩、摇摇头！

我看见成百的人到淡水河畔去欣赏落日、去钓鱼。我也看见淡水河畔的住家整笼整笼地把恶臭的垃圾往河里倒；厕所的排泄管直接通到河底。河水一涨，污秽气直逼到呼吸里来。

爱河的人，你又为什么不生气？

你为什么没有勇气对那个丢汽水瓶的少年郎大声说："你敢丢，我就把你也丢进去！"你静静坐在那儿钓鱼（那已经布满癌细胞的鱼），想着今晚的鱼汤，假装没看见那个几百年都化解不了的汽水瓶。你为什么不丢掉鱼竿，站起来，告诉他你很生气？

我看见计程车穿来插去，最后停在右转线上，却没有右转的意思。一整列想右转的车子就停滞下来，造成大阻塞。你坐在方向盘前，叹口气，觉得无奈。

你为什么不生气？

哦！跟计程车可理论不得！报上说，司机都带着扁钻的。

问题不在于他带不带扁钻。问题在于你们这20个受他阻碍的人没有种推开车门，很果断地让他知道你们不齿他的行为，你们很愤怒！

经过郊区，我闻到刺鼻的化学气燃烧的味道。走近海滩，看见工厂的废料大股大股地流进海里，把海水染成一种奇异的颜色。湾里的小商人焚烧电缆，使湾里生出许多缺少脑子的婴儿。我们的下一代——眼睛明亮、嗓音稚嫩、脸颊透红的下一代，将在化学废料中学游泳，他们的血管里将流着我们连名字都说不出来的毒素——

你又为什么不生气呢？难道一定要等到你自己的手臂也温柔地捧着一个无脑婴儿，你再无言地对天哭泣？

西方人来台湾观光，他们的旅行社频频叮咛：绝对不能吃摊子上的东西，最好也少上餐厅；饮料最好喝瓶装的，但台湾本地出产的也别喝，他们的饮料不保险……

这是美丽宝岛的名誉，但是名誉还真是其次。最重要的是我们自己的健康、我们下一代的健康。100位交大学生食物中毒——这真的只是一场笑话吗？中国人的命这么不值钱吗？好不容易总算有几个人生起气来，组织了一个消费者团体。现在却又有"占着茅坑不拉屎"的卫生署、为不知道什么人做说客的立法委员要扼杀这个还没做几桩事的组织。

你怎么能够不生气呢？你怎么还有良心躲在角落里做"沉默的大多数"？你以为你是好人，但是就因为你不生气、你忍耐、你退让，所以摊贩把你的家搞得像个破落大杂院，所以台北的交通一团乌烟瘴气，所以淡水河是条烂肠子；就是因为你不讲话、不骂人、不表示意见，所以你疼爱的娃娃每天吃着、喝着、呼吸着化学毒气，你还在梦想他大学毕业的那一天！你忘了，几年前在南部有许多孕妇，怀胎九月中，她们也闭着眼梦想孩子长大的那一天，却没想到吃了滴滴纯净的沙拉油，孩子生下来是瞎的、黑的！

不要以为你是大学教授，所以作研究比较重要；不要以为你是杀猪的，所以没有人会听你的话；也不要以为你是个学生，不够资格管社会的事。你今天不生气，不站出来说话，明天你——还有我、还有你我的下一代，就要成为沉默的牺牲者、受害人！如果你有种、有良心，你现在就去告诉你的公平立法委员、告诉卫生署、告诉环保局：你受够了，你很生气！

你一定要很大声地说。

1984 年 11 月

**【分　析】**

《中国人，你为什么不生气》一文正面指责的是国人懦弱怕事、姑息邪恶以致坏人肆无忌惮、为所欲为，实质上作者所要肯定的是社会中人的因素，一个由具备健康人生价值观的人所组成的社会是不会出现病态的。文中列举了种种不文明、不道德的社会现象，发出了一连串的质问：中国人，你为什么不生气？丰富的事实、澎湃的激情、咄咄逼人的道德勇气、论辩式的说理，表现出作者强烈的社会责任感。值得注意的是，作者并不是像教堂的牧师一样，高高地站在布道台上，虽然慷慨激昂却又空洞乏味地训斥读者；相反，她像一位善解人意的心理医生，循循善诱地挖掘出在这么多"不生气"的背后，还有那么多苟且偷安的病态心理，理解却不认同，同情却不原谅，从而使话题不断深入，也从字里行间渗透出"哀其不幸，怒其不争"的意味。

**【思考练习】**

1. 结合当下的社会现象，思考本文的价值和意义。

2. 你如何保持信心和勇气，直面现实中的难点和问题？

3. 生活中你有没有遇到过应当生气而终未生气的事情？为何会如此？

## 【辑　评】

    龙应台杂文的魅力在于剖析问题的独特视角……传统的思维定式往往使我们对隐含事物本质的现象视而不见，使我们常常误以为我们头顶上的天空就是宇宙的正上方。龙应台却摆脱了这种思维定式，没有被文明社会的表面所迷惑。看到虫茧，她知道这里能飞出美丽的蝴蝶；她从地底下往上看世界，她找到了豪华大厦下的阴沟，并用她犀利的笔将阴沟挖得更大，好让人看得一清二楚。

# 尚义街六号

于　坚

　　于坚（1954—　　　），当代著名诗人，生于昆明。云南大学银杏文学社创办者之一。20岁开始写诗，25岁发表作品。以世俗化、平民化的风格为自己的追求，其诗平易却蕴意深远。著有诗集《诗六十首》、《对一只乌鸦的命名》、《于坚的诗》，文集《棕皮手记》等十余种。

尚义街六号①
法国式的黄房子
老吴的裤子晾在二楼
喊一声胯下就钻出戴眼镜的脑袋
隔壁的大厕所
天天清早排着长队
我们往往在黄昏光临
打开烟盒打开嘴巴
打开灯
墙上钉着于坚的画
许多人不以为然
他们只认识凡·高
老卡的衬衣揉成一团抹布
我们用它拭手上的果汁
他在翻一本黄书
后来他恋爱了
常常双双来临
在这里吵架，在这里调情
有一天他们宣告分手
朋友们一阵轻松很高兴

次日他又送来结婚的请柬
大家也衣冠楚楚前去赴宴
桌上总是摊开朱小羊的手稿
那些字乱七八糟
这个杂种警察一样盯牢我们
面对那双红丝丝的眼睛
我们只好说得朦胧
像一首时髦的诗
李勃的拖鞋压着费嘉的皮鞋
他已经成名了有一本蓝皮会员证
他常常躺在上边
告诉我们应当怎样穿鞋子
怎样小便怎样洗短裤
怎样炒白菜怎样睡觉等等
八二年他从北京回来
外衣比过去深沉
他讲文坛内幕
口气像作协主席
茶水是老吴的电表是老吴的
地板是老吴的邻居是老吴的
媳妇是老吴的胃舒平是老吴的
口痰烟头空气朋友是老吴的
老吴的笔躲在抽桌里
很少露面
没有妓女的城市
童男子们老练地谈着女人
偶尔有裙子们进来
大家就扣好纽扣
那年纪我们都渴望钻进一条裙子
又不肯弯下腰去
于坚还没有成名
每回都被教训
在一张旧报纸上

他写下许多意味深长的笔名
有一人大家都很怕他
他在某某处工作
"他来是有用心的,
我们什么也不要讲!"
有些日子天气不好
生活中经常倒霉
我们就攻击费嘉的近作
称朱小羊为大师
后来这只手摸摸钱包
支支吾吾闪烁其词
八张嘴马上笑嘻嘻地站起
那是智慧的年代
许多谈话如果录音
可以出一本名著
那是热闹的年代
许多脸都在这里出现
今天你去城里问问
他们都大名鼎鼎
外面下着小雨
我们来到街上
空荡荡的大厕所
他第一回独自使用
一些人结婚了
一些人成名了
一些人要到西部
老吴也要去西部
大家骂他硬充汉子
心中惶惶不安
吴文光你走了
今晚我去哪里混饭
恩恩怨怨吵吵嚷嚷
大家终于走散

剩下一片空地板
像一张空唱片再也不响
在别的地方
我们常常提到尚义街六号
说是很多年后的一天
孩子们要来参观

## 【注　释】

① 尚义街东起白塔路，西至宝尚桥，全长 799 米。尚义街西段于清代形成，以崇尚礼义而得名。现以尚义街花市成为昆明一景。

## 【分　析】

于坚笔下的文字与诗意的崇高无关，与生活暧昧。于坚眼中的世界是凡人的世界，充斥着日常生活的经验和场景。平民化的感受，口语化的语言让于坚成为一个不一般的诗人。到处是意味深长的诗意与城市里的世俗场景自然的结合。

晾晒的裤子胯下钻出一个脑袋，看似戏谑的调侃将视线从二楼转到了隔壁。关于厕所的体验是每天清晨排队的记忆。清晨与黄昏，于坚与梵高，消解了崇高与平凡的对立！生活中，画家亦是凡人！未来，谁都可以成为梵高！穿衬衣的老卡有个关于恋爱的和婚姻的故事。不动声色的描绘戏剧性的感情波动，却充满着生活的气息！这就是口语化诗歌语言的魅力所在。

字与鞋同诗与作家挂上了钩，作家的生活其实一样的平凡。生活中的事物一样的有他们自己的归属，尚义街六号的很多东西都归老吴所有。尚义街的生活同他处的生活一样，被臆想的不仅有女人还有"某某人"。最后，尚义街六号里的房客们各有各的去处。不过，今天的记忆将成为明天的传奇，平凡就这样创造出了神话。

## 【思考与练习】

1. 《尚义街六号》包括了多个生活场景，试探讨该作是如何在平民化视角体现诗意的。

2. 试用昆明方言朗诵《尚义街六号》，讨论诗歌与语言的关系。

3. 《尚义街六号》已经成为了许多人心中的诗歌圣地，在你的心里，八十年代的诗歌还有哪些圣地值得追寻？

## 丛小桦《在昆明和于坚去看尚义街六号》

我们来到尚义街
看到的门牌已经重新编号
新六号由东向西拐过了街角
老六号变成了一个收费厕所
如今城市的排泄器官无孔不入
强行插入一个诞生智慧的缝隙
却从不被认为是什么暴力

## 黄端文《寻找尚义街六号》

关于《尚义街六号》，已经被世人公认的是，这首完成在上个世纪 80 年代中期的诗作，非常难得地在朦胧诗大行其道的时候，用生活化的口头语言，将当时极具典型性的青年的生活细节放到了诗歌当中，表达了那个时代普遍的中国式的"苦闷青春"。此诗先是发表在民间刊物《他们》上，后来在 1986 年的《诗刊》11 期头条发表后引起了不小的轰动，今天已经被列为现代汉语诗歌写作的经典之一。

# 暗恋桃花源①

赖声川

赖声川，（1954—    ），出生于美国华盛顿，美国加州大学伯克利分校戏剧博士，现任台北艺术大学教授、美国斯坦福大学客座教授及驻校艺术家、"表演工作坊"艺术总监。29岁开始剧场创作，编导《如梦之梦》等27部舞台剧，《暗恋桃花源》等2部电影，电视影集300集，导演作品22部。赖声川先后开创台湾舞台剧市场、剧场影音市场、即兴时事电视市场，被誉为"亚洲剧场导演之翘楚"。

## 第五幕1

〔灯光亮起。音乐〕

护士：你醒了？怎么又在听这首歌呀？我跟你讲过多少遍，不要再听这首歌，每次听了心情就不好。关掉好了。（关音乐）

江滨柳：这好听啊。

护士：这有什么好听？我听了这么多遍还不知道它唱什么。你看你，每一次听完这首歌就这样。

江滨柳：没有办法啊。

护士：你不能老想那件事啊！你算算看，从你登报到今天，都已经（数数）五天了！你还在等她，我看不必了耶。云小姐第一天没有来，我就知道铁定她是不会来了！（端石头布景，老陶躲开）再说，云小姐还在不在世界上都不晓得，你干吗这样子嘛！对不起了，我不是那个意思。我是说，云小姐如果真的来的话，事情可能会更麻烦。因为你可能会更难过。那还不如像现在这样子啊，安安静静地过日子，多好！

〔江太太和春花上。两人一起往石头上放东西〕

老陶：来吧。

江太太：我今天去医院交钱，小姐又跟我说什么，都下班了，明天再来交吧。我每天都在医院里交来交去，交来交去。（老陶来回走）

老陶：这个地方真好！（怕越界。江滨柳下床，上轮椅）

江太太：你要下来你就说嘛！

江滨柳：你先回去吧。

老陶：芳草鲜美……

江太太：我回去干什么呢？（推轮椅，撞到春花坐的岩石布景，江滨柳跳下来）

春花：干什么呀？

江滨柳：（对江太太）干什么你？

老陶：落英缤纷！嗳！

江滨柳：嗳！

春花：干吗叹气呢？这儿不是很好吗？

老陶：这儿虽然好，可是我心里面仍然有许多跨越不过的障碍。

护士：从哪里开始啊？

导演：从关录音机开始。

春花：怎么了，来这里这么久，没看见你高兴过啊。

护士：每次听完这首歌都这样。

江滨柳：没有办法啊。

老陶：我想家。

护士：你不能老想这件事呀。

春花：来这里这么久了，回去干吗呢？

护士：你算算看，从你登报到今天，都已经……

老陶：多久了？

护士：五天了！

春花：好久了！

护士：你还在等她，我看不必了耶！

老陶：我怕她在等我。我想看她愿不愿意跟我一块儿来。

春花：她不一定想来呀。

护士：自从云小姐第一天没有来，我就知道铁定她是不会来了。

老陶：不，她会来。

春花：她可能把你给忘了。

护士：再说，云小姐还在不在世界上都不晓得，你干吗这样子？

老陶：你怎么可以这样说话呢？

春花、护士：对不起，我不是那个意思。

〔袁老板上〕

袁老板：哪个意思啊？

老陶：大哥！

袁老板：你们在聊些什么呀？

春花：我在跟他说，他的那个既然已经把他给那个了的话，那么整件事也就那个什么了。他也不会那个什么了。

袁老板：噢，不要回去。你回去只会干扰他们的生活。

护士：我是说云小姐如果真的来的话，事情可能会更麻烦。

老陶：这话怎么说？

护士：因为你可能会更难过。

老陶：不会。

袁老板：（推老陶过界）你说到哪里去了？

护士：那还不如像现在这样子，安安静静地过日子，多好！

〔江太太上〕

江太太：我今天去医院交钱，小姐又跟我说什么，都下班了，明天再来交吧。我每天都在医院里交来交去，交来交去。

老陶：我回去看一下就好了。

袁老板：你回去想得到什么呢？（江滨柳想抓住轮椅，但没抓到）我看你……你……你……你抓不到了。

江太太：（和护士去帮他）你要下来你就说嘛！

老陶：我还能说什么好呢？

袁老板：没有事最好不要回去。

江滨柳：（轮椅上）这儿没你的事儿了，你回去吧！

江太太：我回去看一看就死心了。

江滨柳：这儿没你事儿，你先回去了。

袁老板：不要回去，回去只会惹事。

江太太：我留下来陪陪你嘛！

江滨柳：（对袁老板）你快回去吧！

袁老板：（对江滨柳）我不许你回去。

江滨柳：你快点回去吧！

袁老板：我警告你不要回去。

江滨柳：我命令你快点回去！

袁老板：打死我我也不会走。

江滨柳：你混账啊，你们都给我走啊你们！

袁老板：我看他妈的谁敢动！

〔导演上，副导演上。女人上，朝众人撒花。〕

导演：停——

袁老板：不要再停了！（痛苦）

导演：袁老板！

袁老板：我不叫袁老板！

导演：大导演！你到底还有几场戏要排？

袁老板：我现在是这样的，他要从桃花源回到武陵家里，我就剩这么一场戏了。

老陶：对。

导演：就一场戏。我们让，你们先排。

护士等：为什么是我们让啊？

〔导演下。众人迅速布景。灯光暗下。〕


## 【注 释】

①《暗恋桃花源》讲述了这样一个故事：空旷的一座剧场里，一个剧团在排练《暗恋》一个关于一位台北老人回忆 1948 年在上海的一段凄美爱情的舞台剧——抗战胜利以后，江滨柳在上海与云之凡结识，度过了一段美好的时光。但这对情侣因内战而失散。江滨柳到了台湾，十年后结了婚。日子也过得平安，但几十年来心中一直无法忘怀年轻时那段最美丽的日子。直到两岸交流开放，江滨柳托友人到大陆打听云之凡的下落，才发现云之凡也离开大陆来到了台湾，他却一直不知道。年老的江滨柳病重住院，最后在报纸上刊登了一张寻人启事，寻找云之凡，寻找他早已失去的梦想……

当戏正拍得起劲时，另外一个剧团来到剧场，打断了《暗恋》的演出。他们说场地是他们定来排一个古装闹剧《桃花源》的。这个戏非常大胆地改编了陶渊明的经典文学作品：无能渔夫老陶的老婆春花和房东袁老板两情相悦。老陶一气之下驾船往上游去，不小心碰到了那"芳草鲜美，落英缤纷"的美丽绝境"桃花源"。此地的老百姓是在古代避乱才住进去的，对历史一无所知。在这仙境中，老陶惊讶地遇见一对长得和春花、袁老板一模一样的夫妻。他起先痛苦极了，后来慢慢学会了如何跟他们相处，过着快乐的日子。可是他仍然思念着老家的春花，最后他决定回去，想带着他老婆一起去那遥远、美丽的地方……

两个剧团在一个舞台上相撞，一片混乱，又找不到管理员，只有你抢我夺，一下是

《暗恋》演出，一下是《桃花源》演出。而渐渐的，所有冲突与矛盾开始相融合，两个戏同时左右演出……

在这一切之中，一位不知从哪里来的神秘女子游荡在剧场中，她到处寻找一位或许存在，或许不存在的男子——刘子骥。

## 【分　析】

《暗恋桃花源》是赖声川的代表作之一，是一部从剧情到结构都颇为独到的现代戏剧作品。它将两个看似命运关联却又在某些十字路口意外纠结的故事娓娓道来，大量充满结构概念与现代幽默感的段落并没有影响本剧的基调，在让观众会心一笑的同时也通过对比效果缓缓流泻出仿佛不经意的哀痛。《暗恋桃花源》在戏剧情节的结构编排方面进行了大胆突破，将戏中戏与复合主题、双线索相结合，独特的演进方式形成不同线索间的强烈对比，引发观众对剧中所表现的生活的深入思考。三线并进、内外共举的处理方式，可以说是对戏剧本身的一次探索。

## 【思考与练习】

1. 剧中的神秘女子始终寻找的男子刘子骥是一个象征符号，他象征了什么？
2. 简述作品的叙事方法。

# 许三观卖血记（节选）[①]

余　华

　　余华（1960—　　　），浙江海盐人，生于浙江杭州，后随父母迁居浙江海盐。当代著名小说家，"先锋派"的代表作家。中学毕业后，曾当过5年牙医，后弃医从文。曾在北京鲁迅文学院与北师大中文系合办的研究生班就读。1984年开始发表小说，早期作品有很强的实验性，以冷酷的笔调描写死亡、暴力、血腥与苦难，揭示人性中怪异、阴暗以及丑陋的一面，以思考人性异化的面相。90年代后的写作出现比较大的变化，死亡与苦难虽然还是描写主题，但在冷静、平实与朴素的叙述后面，有幽默与温情，有对普通民众的生存状况更为深刻的思考。主要作品有中短篇小说《十八岁出门远行》、《世事如烟》、《鲜血梅花》、《河边的错误》、《现实一种》、《在劫难逃》、《古典爱情》，长篇小说《活着》、《在细雨中呼喊》、《许三观卖血记》、《兄弟》等。

# 第二十八章

　　许三观让二乐躺在家里的床上，让三乐守在二乐的身旁，然后他背上一个蓝底白花的包裹，胸前的口袋里放着两元三角钱，出门去了轮船码头。

　　他要去的地方是上海，路上要经过林浦、北荡、西塘、百里、通元、松林、大桥、安昌门、靖安、黄店、虎头桥、三环洞、七里堡、黄湾、柳村、长宁、新镇。其中林浦、百里、松林、黄店、七里堡、长宁是县城，他要在这六个地方上岸卖血，他要一路卖着血去上海。

　　这一天中午的时候，许三观来到了林浦，他沿着那条穿过城镇的小河走过去，他看到林浦的房屋从河两岸伸出来，一直伸到河水里。这时的许三观解开棉袄的纽扣，让冬天温暖的阳光照在胸前，于是他被岁月晒黑的胸口，又被寒风吹得通红。他看到一处石阶以后，就走了下去，在河水边坐下，河的两边泊满了船只，只有他坐着的石阶这里没有停泊。不久前林浦也下了一场大雪，许三观看到身旁的石缝里镶着没有融化的积雪，在阳光里闪闪发亮。从河边的窗户看进去，他看到林浦的居民都在吃着午饭，蒸腾的热气使窗户上的玻璃白茫茫的一片。

他从包裹里拿出了一只碗，将河面上的水刮到一旁，舀起一碗下面的河水，他看到林浦的河水在碗里有些发绿，他喝了一口，冰冷刺骨的河水进入胃里时，使他浑身哆嗦。他用手抹了抹嘴巴后，仰起脖子一口将碗里的水全部喝了下去，然后他双手抱住自己猛烈地抖动了几下。过了一会儿，觉得胃里的温暖慢慢地回来了，他再舀起一碗河水，再次一口喝了下去，接着他再次抱住自己抖动起来。

坐在河边窗前吃着热气腾腾午饭的林浦居民，注意到了许三观，他们打开窗户，把身体探出来，看着这个年近五十的男人，一个人坐在石阶最下面的那一层上，一碗一碗地喝着冬天寒冷的河水，然后一次一次地在那里哆嗦，他们就说：

"你是谁？你是从哪里来的？没见过像你这么口渴的人，你为什么要喝河里的冷水，现在是冬天，你会把自己的身体喝坏的。你上来吧，到我们家里来喝，我们有烧开的热水，我们还有茶叶，我们给你沏上一壶茶水……"

许三观抬起头对他们笑道：

"不麻烦你们了，你们都是好心人，我不麻烦你们，我要喝的水太多，我就喝这河里的水……"

他们说："我们家里有的是水，不怕你喝，你要是喝一壶不够，我们就让你喝两壶、三壶……"

许三观拿着碗站了起来，他看到近旁的几户人家都在窗口邀请他，就对他们说：

"我就不喝你们的茶水了，你们给我一点盐，我已经喝了四碗水了，这水太冷，我有点喝不下去了，你们给我一点盐，我吃了盐就会又想喝水了。"

他们听了这话觉得很奇怪，他们问：

"你为什么要吃盐？你要是喝不下去了，你就不会口渴。"

许三观说："我没有口渴，我喝水不是口渴……"

他们中间一些人笑了起来，有人说：

"你不口渴，为什么还要喝这么多的水？你喝的还是河里的冷水，你喝这么多河水，到了晚上会肚子疼……"

许三观站在那里，抬着头对他们说：

"你们都是好心人，我就告诉你们，我喝水是为了卖血……"

"卖血?"他们说,"卖血为什么要喝水?"

"多喝水,身上的血就会多起来,身上的血多了,就可以卖掉它两碗。"

许三观说着举起手里的碗拍了拍,然后他笑了起来,脸上的皱纹堆到了一起。他们又问:

"你为什么要卖血?"

许三观回答:"一乐病了,病得很重,是肝炎,已经送到上海的大医院去了……"

有人打断他:"一乐是谁?"

"我儿子。"许三观说,"他病得很重,只有上海的大医院能治。家里没有钱,我就出来卖血。我一路卖过去,卖到上海时,一乐治病的钱就会有了。"

许三观说到这里,流出了眼泪,他流着眼泪对他们微笑,他们听了这话都怔住了,看着许三观不再说话。许三观向他们伸出了手,对他们说:

"你们都是好心人,你们能不能给我一点盐?"

他们都点起了头,过了一会儿,有几个人给他送来了盐,都是用纸包着的,还有人给他送来了三壶热茶。许三观看着盐和热茶,对他们说:

"这么多盐,我吃不了,其实有了茶水,没有盐我也能喝下去。"

他们说:"盐吃不了你就带上,你下次卖血时还用得上。茶水你现在就喝了,你趁热喝下去。"

许三观对他们点点头,把盐放到口袋里,坐回到刚才的石阶上,他这次舀了半碗河水,接着拿起一只茶壶,把里面的热茶水倒在碗里,倒满就一口喝了下去,他抹了抹嘴巴说:

"这茶水真是香。"

许三观接下去又喝了三碗,他们说:

"你真能喝啊。"

许三观不好意思地笑了笑,他站起来说:

"其实我是逼着自己喝下去的。"

然后他看看放在石阶上的三只茶壶,对他们说:

"我要走了,可是我不知道这三只茶壶是谁家的,我不知道应该还给谁?"

他们说:"你就走吧,茶壶我们自己会拿的。"

许三观点点头,他向两边房屋窗口的人,还有站在石阶上的人鞠了躬,他说:

"你们对我这么好,我也没什么能报答你们的,我只有给你们鞠躬了。"

然后,许三观来到了林浦的医院,医院的供血室是在门诊部走廊的尽头,一个和李血头差不多年纪的男人坐在一张桌子旁，他的一条胳膊放在桌子上，眼睛看着对面没有门的厕所。许三观看到他穿着的白大褂和李血头的一样脏，许三观就对他说：

"我知道你是这里的血头，你白大褂的胸前和袖管上黑乎乎的，你胸前黑是因为你经常靠在桌子上，袖管黑是你的两条胳膊经常放在桌子上，你和我们那里的李血头一样，我还知道你白大褂的屁股上也是黑乎乎的，你的屁股天天坐在凳子上……"

许三观在林浦的医院卖了血，又在林浦的饭店里吃了一盘炒猪肝，喝了二两黄酒。接下去他走在了林浦的街道上，冬天的寒风吹在他脸上，又灌到了脖子里，他开始知道寒冷了，他觉得棉袄里的身体一下子变冷了，他知道这是卖了血的缘故，他把身上的热气卖掉了。他感到风正从胸口滑下去，一直到腹部，使他肚子里一阵阵抽搐。他就捏紧了胸口的衣领，两只手都捏在那里，那样子就像是拉着自己在往前走。

阳光照耀着林浦的街道，许三观身体哆嗦着走在阳光里。他走过了一条街道，来到了另一条街道上，他看到有几个年轻人靠在一堵洒满阳光的墙壁上，眯着眼睛站在那里晒太阳，他们的手都插在袖管里，他们声音响亮地说着，喊着，笑着。许三观在他们面前站了一会儿，就走到了他们中间，也靠在墙上；阳光照着他，也使他眯起了眼睛。他看到他们都扭过头来看他，他就对他们说：

"这里暖和，这里的风小多了。"

他们点了点头，他们看到许三观缩成一团的靠在墙上，两只手还紧紧抓住衣领，他们互相之间轻声说：

"看到他的手了吗？把自己的衣领抓得这么紧，像是有人要用绳子勒死他，他拼命抓住绳子似的，是不是？"

许三观听到了他们的话，就笑着对他们说：

"我是怕冷风从这里进去。"

许三观说着腾出一只手指了指自己的衣领，继续说：

"这里就像是你们家的窗户，你们家的窗户到了冬天都关上了吧，冬天要是开着窗户，在家里的人会冻坏的。"

他们听了这话哈哈笑起来，笑过之后他们说：

"没见过像你这么怕冷的人，我们都听到你的牙齿在嘴巴里打架了，你还穿着这么厚的棉袄，你看看我们，我们谁都没穿棉袄，我们的衣领都敞开着……"

许三观说："我刚才也敞开着衣领，我刚才还坐在河边喝了八碗河里的冷水……"

他们说："你是不是发烧了？"

许三观说："我没有发烧。"

他们说："你没有发烧？那你为什么说胡话？"

许三观说："我没有说胡话。"

他们说："你肯定发烧了，你是不是觉得很冷？"

许三观点点头说："是的。"

"那你就是发烧了。"他们说，"人发烧了就会觉得冷，你摸摸自己的额头，你的额头肯定很烫。"

许三观看着他们笑，他说："我没有发烧，我就是觉得冷，我觉得冷是因为我卖……"

他们打断他的话："觉得冷就是发烧，你摸摸额头。"

许三观还是看着他们笑，没有伸手去摸额头，他们催他：

"你快摸一下额头，摸一下你就知道了。摸一下额头又不费什么力气，你为什么不把手抬起来？"

许三观抬起手来，去摸自己的额头，他们看着他，问他：

"是不是很烫？"

许三观摇摇头："我不知道，我摸不出来，我的额头和我的手一样冷。"

"我来摸一摸。"

有一个人说着走过来，把手放在了许三观的额头上，他对他们说：

"他的额头是很冷。"

另一个人说："你的手刚从袖管里拿出来，你的手热乎乎的，你用你自己的额头去试试。"

那个人就把自己的额头贴到许三观的额头上，贴了一会儿后，他转过身来摸着自己的额头，对他们说：

"是不是我发烧了？我比他烫多了。"

接着那个人对他们说："你们来试试。"

他们就一个一个走过来，一个挨着一个贴了贴许三观的额头，最后他们同意许三观的话，他们对他说：

"你说得对，你没有发烧，是我们发烧了。"

他们围着他哈哈大笑起来，他们笑了一阵后，有一个人吹起了口哨，另外几个人也吹起了口哨，他们吹着口哨走开去了，许三观看着他们走去，直到他们走远了，看不见了，他们的口哨也听不到了。许三观这时候一个人笑了起来，他在墙根的一块石头上坐下来，他的周围都是阳光，他觉得自己身体比刚才暖和一些了，而抓住衣领的两只手已经冻麻了，他就把手放下来，插到了袖管里。

许三观从林浦坐船到了北荡，又从北荡到了西塘，然后他来到了百里。许三观这时离家已经有三天了，三天前他在林浦卖了血，现在他又要去百里的医院卖血了。在百里，他走在河边的街道上，他看到百里没有融化的积雪在街道两旁和泥浆一样肮脏了，百里的寒风吹在他的脸上，使他觉得自己的脸被吹得又干又硬，像是挂在屋檐下的鱼干。他棉袄的口袋里插着一只喝水的碗，手里拿着一包盐，他吃着盐往前走，嘴里吃咸了，就下到河边的石阶上，舀两碗冰冷的河水喝下去，然后回到街道上，继续吃着盐走去。

这一天下午，许三观在百里的医院卖了血以后，刚刚走到街上，还没有走到医院对面那家饭店，还没有吃下去一盘炒猪肝，喝下去二两黄酒，他就走不动了。他双手抱住自己，在街道中间抖成一团，他的两条腿就像是狂风中的枯枝一样，剧烈地抖着，然后枯枝折断似的，他的两条腿一弯，他的身体倒在了地上。

在街上的人不知道他患了什么病，他们问他，他的嘴巴哆嗦着说不清楚，他们就说把他往医院里送，他们说：好在医院就在对面，走几步路就到了。有人把他背到了肩上，要到医院去，这时候他口齿清楚了，他连着说：

"不、不、不，不去……"

他们说："你病了，你病得很重，我们这辈子都没见过像你这么乱抖的人，我们要把你送到医院去……"

他还是说："不、不、不……"

他们就问他："你告诉我们，你患了什么病？你是急性的病？还是慢性的？要是急性的病，我们一定要把你送到医院去……"

他们看到他的嘴巴胡乱地动了起来，他说了些什么，他们谁也听不懂，他们问他们：

"他在说些什么？"

他们回答："不知道他在说些什么，别管他说什么了，快把他往医院里送吧。"

这时候他又把话说清楚了，他说：

"我没病。"

他们都听到了这三个字，他们说：

"他说他没有病，没有病怎么还这样乱抖？"

他说："我冷。"

这一次他们也听清楚了，他们说：

"他说他冷，他是不是有冷热病？要是冷热病，送医院也没有用，就把他送到旅馆去，听他的口音是外地人……"

许三观听说他们要把他送到旅馆，他就不再说什么了，让他们把他背到了最近的一家旅馆。他们把他放在了一张床上，那间房里有四张床位，他们就把四条棉被全盖在他的身上。

许三观躺在四条棉被下面，仍然哆嗦不止，躺了一会，他们问：

"身体暖和过来了吧？"

许三观摇了摇头，他上面盖了四条棉被，他们觉得他的头像是隔得很远似的，他们看到他摇头，就说：

"你盖了四条被子还冷，就肯定是冷热病了，这种病一发作，别说是四条被子，就是十条都没用，这不是外面冷了，是你身体里面在冷，这时候你要是吃点东西，就会觉得暖和一些。"

他们说完这话，看到许三观身上的被子一动一动的，过了一会，许三观的一只手从被子里伸了出来，手上捏着一张一角钱的钞票，许三观对他们说：

"我想吃面条。"

他们就去给他买了一碗面条回来，又帮着他把面条吃了下去。许三观吃了一碗面条，觉得身上有些暖和了，再过了一会儿，他说话也有了力气。许三观就说他用不着四条被子了，他说：

"求你们拿掉两条，我被压得喘不过气来了。"

这天晚上，许三观和一个年过六十的男人住在一起，那人来的时候天已经黑了，他穿着破烂的棉袄，黝黑的脸上有几道被冬天的寒风吹裂的口子，怀里抱着两头猪崽子走进来，许三观看着他把两头小猪放到床上，小猪吱吱地叫，声音听上去又尖又细，小猪的脚被绳子绑着，身体就在床上抖动，他对它们说：

"睡了，睡了，睡觉了。"

说着他把被子盖在了两头小猪的身上。自己在床的另一头钻到了被窝里。他躺下后看到许三观正看着自己，就对许三观说：

"现在半夜里太冷，会把小猪冻坏的，它们就和我睡一个被窝。"

看到许三观点了点头，他嘿嘿地笑了。他告诉许三观，他家在北荡的乡下，他有两个女儿，三个儿子，两个女儿都嫁了男人，三个儿子还没有娶女人，他还有两个孙子。他到百里来，是来把这两头小猪卖掉，他说：

"百里的价格好，能多卖钱。"

最后他说："我今年六十四岁了。"

"看不出来。"许三观说，"六十四岁了，身体还这么硬朗。"

听了这话，他又是嘿嘿笑了一会儿，他说：

"我眼睛很好，耳朵也听得清楚，身体没有毛病，就是力气比年轻时少了一些，我天天下到田里干活，我干的活和我三个儿子一样多，就是力气不如他们，累了腰会疼……"

他看到许三观盖了两条被子，就对许三观说：

"你是不是病了？你盖了两条被子，我看到你还在哆嗦……"

许三观说："我没病，我就是觉得冷。"

他说："那张床上还有一条被子，要不要我替你盖上？"

许三观摇摇头："不要了，我现在好多了，我下午刚卖了血的时候，我才真是冷，现在好多了。"

"你卖血了？"他说，"我以前也卖过血，我家老三，就是我的小儿子，十岁的时候动手术，动手术时要给他输血，我就把自己的血卖给了医院，医院又把我的血给了我家老三。卖了血以后就是觉得力气少了很多……"

许三观点点头，他说：

"卖一次、两次的，也就是觉得力气少了一些，要是连着卖血，身上的热气也会跟着少起来，人就觉得冷……"

许三观说着把手从被窝里伸出去，向他伸出三根指头说：

"我三个月卖了三次，每次都卖掉两碗，用他们医院里的话说是四百毫升，我就把身上的力气卖光了，只剩下热气了，前天我在林浦卖了两碗，今天我又卖了两碗，就把剩下的热气也卖掉了……"

许三观说到这里，停了下来，呼呼地喘起了气，来自北荡乡下的那个老头对他说：

"你这么连着去卖血，会不会把命卖掉了？"

许三观说："隔上几天，我到了松林还要去卖血。"

那个老头说："你先是把力气卖掉，又把热气也卖掉，剩下的只有命了，你要是再卖血，你就是卖命了。"

"就是把命卖掉了，我也要去卖血。"

许三观对那个老头说："我儿子得了肝炎，在上海的医院里，我得赶紧把钱筹够了送去，我要是歇上几个月再卖血，我儿子就没钱治病了……"

许三观说到这里休息了一会儿，然后又说：

"我快活到五十岁了，做人是什么滋味，我也全知道了，我就是死了也可以说是赚了。我儿子才只有二十一岁，他还没有好好做人呢，他连个女人都没有娶，他还没有做过人，他要是死了，那就太吃亏了……"

那个老头听了许三观这番话，连连点头，他说：

"你说得也对，到了我们这把年纪，做人已经做全了……"

这时候那两头小猪吱吱地叫上了，那个老头对许三观说：

"我的脚刚才碰着它们了……"

他看到许三观还在被窝里哆嗦，就说：

"我看你的样子是城里人。你们城里人都爱干净，我们乡下人就没有那么讲究，我是说……"

他停顿了一下后继续说："我是说，如果你不嫌弃，我就把这两头小猪放到你被窝里来，给你暖暖被窝。"

许三观点点头说："我怎么会嫌弃呢？你心肠真是好，你就放一头小猪过来，一头就够了。"

老头就起身抱过去了一头小猪，放在许三观的脚旁。那头小猪已经睡着了，一点声音都没有，许三观把自己冰冷的脚往小猪身上放了放，刚放上去，那头小猪就吱吱的乱叫起来，在许三观的被窝里抖成一团，老头听到了，有些过意不去，他问：

"你这样能睡好吗？"

许三观说："我的脚太冷了，都把它冻醒了。"

老头说："怎么说猪也是畜生，不是人，要是人就好了。"

许三观说："我觉得被窝里有热气了，被窝里暖和多了。"

四天以后，许三观来到了松林，这时候的许三观面黄肌瘦，四肢无力，头晕脑涨，眼睛发昏，耳朵里始终有着嗡嗡的声响，身上的骨头又酸又疼，两条腿迈出去时似乎是在飘动。

松林医院的血头看到站在面前的许三观，没等他把话说完，就挥挥手要他出去，这个血头说：

"你撒泡尿照照自己，你脸上黄得都发灰了，你说话时都要喘气，你还要来卖血，我说你赶紧去输血吧。"

许三观就来到医院外面，他在一个没有风、阳光充足的角落里坐了有两个小时，让阳光在他脸上，在他身上照耀着。当他觉得自己的脸被阳光晒烫了，他起身又来到了医院的供血室，刚才的血头看到他进来，没有把他认出来，对他说：

"你瘦得皮包骨头，刮大风时你要是走在街上，被风吹倒的，可是你脸色不错，黑红黑红的，你想卖多少血？"

许三观说："两碗。"

许三观拿出插在口袋里的碗给那个血头看，血头说：

"这两碗放足了能有一斤米饭，能放多少血我就不知道了。"

许三观说："四百毫升。"

血头说："你走到走廊那一头去，到注射室去，让注射室的护士给你抽血……"

一个戴着口罩的护士，在许三观的胳膊上抽出了四百毫升的血以后，看到许三观摇晃着站起来，他刚刚站直了就倒在了地上。护士惊叫了一阵以后，他们把他送到了急诊室，急诊室的医生让他们把他放在床上，医生先是摸摸许三观的额头，又捏住许三观手腕上的脉搏，再翻开许三观的眼皮看了看，最后医生给许三观量血压了，医生看到许三观的血压只有六十和四十，就说：

"给他输血。"

于是许三观刚刚卖掉的四百毫升血，又回到了他的血管里。他们又给他输了三百毫升别人的血以后，他的血压才回升到了一百和六十。

许三观醒来后，发现自己躺在医院里，他吓了一跳，下了床就要往医院外跑，他们拦住他，对他说虽然血压正常了，可他还要在医院里观察一天，因为医生还没有查出来他的病因。许三观对他们说：

"我没有病，我就是卖血卖多了。"

他告诉医生，一个星期前他在林浦卖了血，四天前又在百里卖了血。医生听得目瞪口呆，把他看了一会儿后，嘴里说了一句成语：

"亡命之徒。"

许三观说："我不是亡命之徒，我是为了儿子……"

医生挥挥手说："你出院吧。"

松林的医院收了许三观七百毫升血的钱，再加上急诊室的费用，许三观两次卖血挣来的钱，一次就付了出去。许三观就去找到说他是亡命之徒的那个医生，对他说：

"我卖给你们四百毫升血，你们又卖给我七百毫升血，我自己的血收回来，我也就算了，别人那三百毫升的血我不要，我还给你们，你们收回去。"

医生说："你在说什么？"

许三观说："我要你们收回去三百毫升的血……"

医生说："你有病……"

许三观说："我没有病，我就是卖血卖多了觉得冷，现在你们卖给了我七百毫升，差不多有四碗血，我现在一点都不觉得冷了，我倒是觉得热，热得难受，我要还给你们三百毫升血……"

医生指指自己的脑袋说："我是说你有神经病。"

许三观说："我没有神经病，我只是要你们把不是我的血收回去……"

许三观看到有人围了上来，就对他们说：

"买卖要讲个公道；我把血卖给他们，他们知道，他们把血卖给我，我一点都不知道……"

那个医生说："我们是救你命，你都休克了，要是等着让你知道，你就没命了。"

许三观听了这话，点了点头说：

"我知道你们是为了救我；我现在也不是要把七百毫升的血都还给你们，我只要你们把别人的三百毫升血收回去，我许三观都快五十岁了，这辈子没拿过别人的东西……"

许三观说到这里，发现那个医生已经走了，他看到旁边的人听了他的话都哈哈笑，许三观知道他们都是在笑话他，他就不说话了，他在那里站了一会儿，然后他转身走出了松林的医院。

那时候已是傍晚，许三观在松林的街上走了很长时间，一直走到河边，栏杆挡住了他的去路后，他才站住脚。他看到河水被晚霞映得通红，有一行拖船长长地驶了过来、柴油机突突地响着，从他眼前驶了过去，拖船掀起的浪花一层一层地冲向了河岸，在石头砌出来的河岸上响亮地拍打过去。

他这么站了一会，觉得寒冷起来了，就蹲下去靠着一棵树坐了下来。坐了一会儿，他从胸口把所有的钱都拿出来，他数了数，只有三十六元四角钱，他卖了三次血，到头来只有一次的钱，然后他将钱叠好了，放回到胸前的口袋里。这时他觉得委屈了，泪水就流出了眼眶，寒风吹过来，把他的眼泪吹落在地，所以当他伸手去擦眼睛时，没有擦到泪水。他坐了一会儿以后，站起来继续往前走。他想到去上海还有很多路，还要经过大桥，安昌门，黄店，虎头桥，三环洞，七里堡，黄湾，柳村，长宁和新镇。

在以后的旅程里，许三观没有去坐客轮，他计算了一下，从松林到上海还要花掉三元六角的船钱，他两次的血白卖了，所以他不能再乱花钱了，他就搭上了一条装满蚕茧的水泥船，摇船的是兄弟两人，一个叫来喜，另一个叫来顺。

许三观是站在河边的石阶上看到他们的，当时来喜拿着竹篙站在船头，来顺在船尾摇着橹，许三观在岸上向他们招手，问他们去什么地方，他们说去七里堡，七里堡有一家丝厂，他们要把蚕茧卖到那里去。

许三观就对他们说："你们和我同路，我要去上海，你们能不能把我捎到七里堡……"

许三观说到这里时，他们的船已经摇过去了，于是许三观在岸上一边追着一边说：

"你们的船再加一个人不会觉得沉的，我上了船能替你们摇橹，三个人换着摇橹，总比两个人换着轻松，我上了船还会交给你们伙食的钱，我和你们一起吃饭，三个人吃饭比两个人吃省钱，也就是多吃两碗米饭，菜还是两个人吃的菜……"

摇船的兄弟两人觉得许三观说得有道理，就将船靠到了岸上，让他上了船。

许三观不会摇橹，他接过来顺手中的橹，才摇了几下，就将橹掉进了河里，在船头的来喜急忙用竹篙将船撑住，来顺扑在船尾，等橹漂过来，伸手抓住它，把橹拿上来以后，来顺指着许三观就骂：

"你说你会摇橹，你他妈的一摇就把橹摇到河里去了，你刚才还说会什么？你说你会这个，又会那个，我们才让你上了船，你刚才说你会摇橹，还会什么来着？"

许三观说："我还说和你们一起吃饭，我说三个人吃比两个人省钱……"

"他妈的。"来顺骂了一声，他说，"吃饭你倒真会吃。"

在船头的来喜哈哈地笑起来，他对许三观说：

"你就替我们做饭吧。"

许三观就来到船头，船头有一个砖砌的小炉灶上面放着一只锅，旁边是一捆木柴，许三观就在船头做起了饭。

到了晚上，他们的船靠到岸边，揭开船头一个铁盖，来顺和来喜从盖口钻进了船舱，兄弟两人抱着被子躺了下来，他们躺了一会，看到许三观还在外面，就对他说：

"你快下来睡觉。"

许三观看看下面的船舱，比一张床还小，就说：

"我不挤你们了，我就在外面睡。"

来喜说："眼下是冬天，你在外面睡会冻死的。"

来顺说："你冻死了，我们也倒楣。"

"你下来吧。"来喜又说,"都在一条船上了,就要有福同享。"

许三观觉得外面确实是冷,想到自己到了黄店还要卖血,不能冻病了,他就钻进了船舱,在他们两人中间躺了下来,来喜将被子的一个角拉过去给他,来顺也将被子往他那里扯了扯,许三观就盖着他们两个人的被子,睡在了船舱里。许三观对他们说:

"你们兄弟两人,来喜说出来的话,每一句都比来顺的好听。"

兄弟俩听了许三观的话,都嘿嘿笑了几声,然后两个人的鼾声同时响了起来。许三观被他们挤在中间,他们两个人的肩膀都压着他的肩膀,过了一会儿他们的腿也架到了他的腿上,再过一会儿他们的胳膊放到他胸口上。许三观就这样躺着,被两个人压着,他听到河水在船外流动。声音极其清晰,连水珠溅起的声音都能听到,许三观觉得自己就像是睡在河水中间。河水在他的耳旁刷刷地流过去,使他很长时间睡不着,于是他就去想一乐,一乐在上海的医院里不知道怎么样了?他还去想了许玉兰,想了躺在家里的二乐,和守护着二乐的三乐。

许三观在窄小的船舱里睡了几个晚上,就觉得浑身的骨头又酸又疼,白天他就坐在船头,捶着自己的腰,捏着自己的肩膀,还把两条胳膊甩来甩去的,来喜看到他的样子,就对他说:

"船舱里地方小,你晚上睡不好。"

来顺说:"他老了,他身上的骨头都硬了"。

许三观觉得自己是老了,不能和年轻的时候比了,他说:

"来顺说得对,不是船舱地方小,是我老了,我年轻的时候,别说是船舱了,墙缝里我都能睡。"

他们的船一路下去,经过了大桥,经过了安昌门,经过了靖安,下一站就是黄店了。这几天阳光一直照耀着他们,冬天的积雪在两岸的农田里,在两岸农舍的屋顶上时隐时现,农田显得很清闲,很少看到有人在农田里劳作,倒是河边的道路上走着不少人,他们都挑着担子或者挎着篮子,大声说着话走去。

几天下来,许三观和来喜兄弟相处得十分融洽,来喜兄弟告诉许三观,他们运送这一船蚕茧,也就是十来天工夫,能赚六元钱,兄弟俩每人有三元。许三观就对他们说:

"还不如卖血,卖一次血能挣三十五元……"

他说:"这身上的血就是井里的水,不会有用完的时候……"

许三观把当初阿方和根龙对他说的话,全说给他们听了,来喜兄弟听完了他的话,问他:

"卖了血以后，身体会不会败掉？"

"不会。"许三观说，"就是两条腿有点发软，就像是刚从女人身上下来似的。"

来喜兄弟嘿嘿地笑，看到他们笑，许三观说：

"你们明白了吧。"

来喜摇摇头，来顺说：

"我们都还没上过女人身体，我们就不知道下来是怎么回事。"

许三观听说他们还没有上过女人身体，也嘿嘿地笑了，笑了一会儿，他说：

"你们卖一次血就知道了。"

来顺对来喜说："我们去卖一次血吧，把钱挣了，还知道从女人身上下来是怎么回事，这一举两得的好事为什么不做？"

他们到了黄店，来喜兄弟把船绑在岸边的木桩上，就跟着许三观上医院去卖血了。走在路上，许三观告诉他们：

"人的血有四种，第一种是 O，第二种是 AB，第三种是 A，第四种是 B……"

来喜问他："这几个字怎么写？"

许三观说："这都是外国字，我不会写，我只会写第一种 O，就是画一个圆圈，我的血就是一个圆圈。"

许三观带着来喜兄弟走在黄店的街上，他们先去找到医院，然后来到河边的石阶上，许三观拿出插在口袋里的碗，把碗给了来喜，对他说：

"卖血以前要多喝水，水喝多了身上的血就淡了，血淡了，你们想想，血是不是就多了？"

来喜点着头接过许三观手里的碗，问许三观：

"要喝多少？"

许三观说："八碗。"

"八碗？"来喜吓了一跳，他说，"八碗喝下去，还不把肚子撑破了。"

许三观说："我都能喝八碗，我都快五十了，你们两个人的年龄加起来还不到我的年龄，你们还喝不了八碗？"

来顺对来喜说："他都能喝八碗，我们还不喝他个九碗十碗的？"

"不行，"许三观说，"最多只能喝八碗，再一多，你们的尿肚子就会破掉，就会和阿方一样……"

他们问："阿方是谁？"

许三观说："你们不认识，你们快喝吧，每人喝一碗，轮流着喝……"

来喜蹲下去舀了一碗河水上来，他刚喝下去一口，就用手捂着胸口叫了起来：

"太冷了，冷得我肚子里都在打抖了。"

来顺说："冬天里的河水肯定很冷，把碗给我，我先喝。"

来顺也是喝了一口后叫了起来：

"不行，不行，太冷了，冷得我受不了。"

许三观这才想起来，还没有给他们吃盐，他从口袋里掏出了盐，递给他们：

"你们先吃盐，先把嘴吃咸了，嘴里一咸，就什么水都能喝了。"

来喜兄弟接过去盐吃了起来，吃了一会儿，来喜说他能喝水了，就舀起一碗河水，他咕咚咕咚连喝了三口，接着冷得在那里哆嗦了，他说：

"嘴里一咸是能多喝水。"

他接着又喝了几口，将碗里的水喝干净后，把碗交给了来顺，自己抱着肩膀坐在一旁打抖。来顺一下子喝了四口，张着嘴叫唤了一阵子冷什么的，才把碗里剩下的水喝了下去。许三观拿过他手里的碗，对他们说：

"还是我先喝吧，你们看着点，看我是怎么喝的。"

来喜兄弟坐在石阶上，看着许三观先把盐倒在手掌上，然后手掌往张开的嘴里一拍，把盐全拍进了嘴里，他的嘴巴一动一动的，嘴里吃咸了，他就舀起一碗水，一口喝了下去，紧接着又舀起一碗水，也是一口喝干净。他连喝了两碗河水以后，放下碗，又把盐倒在手掌上，然后拍进嘴里。就这样，许三观吃一次盐，喝两碗水，中间都没有哆嗦一下，也不去抹掉挂在嘴边的水珠。当他将第八碗水喝下去后，他才伸手去抹了抹嘴，然后双手抱住自己的肩膀，身体猛烈地抖了几下，接着他连着打了几个嗝，打完嗝，他又连着打了三个喷嚏，打完喷嚏，他转过身来对来喜兄弟说：

"我喝足了，你们喝。"

来喜兄弟都只喝了五碗水，他们说：

"不能喝了，再喝肚子里就要结冰了。"

许三观心想一口吃不成个大胖子，他们第一次就能喝下去五碗冰冷的河水已经不错了，他就站起来，带着他们去医院。到了医院，来喜和来顺先是验血，他们兄弟俩也是 O 型血，和许三观一样，这使许三观很高兴，他说：

"我们三个人都是圆圈血。"

在黄店的医院卖了血以后，许三观把他们带到了一家在河边的饭店，许三观在靠窗的座位坐下，来喜兄弟坐在他的两边，许三观对他们说：

"别的时候可以省钱，这时候就不能省钱了，你们刚刚卖了血，两条腿是不是发软了？"

许三观看到他们在点头："从女人身上下来时就是这样，两条腿软了，这时候要吃一盘炒猪肝，喝二两黄酒，猪肝是补血，黄酒是活血……"

许三观说话时身体有些哆嗦，来顺对他说：

"你在哆嗦，你从女人身上下来时除了腿软，是不是还要哆嗦？"

许三观嘿嘿笑了几下，他看着来喜说：

"来顺说得也有道理，我哆嗦是连着卖血……"

许三观说着将两个食指叠到一起，做出一个十字，继续说：

"十天来我卖血卖了四次，就像一天里从女人身上下来四次，这时候就不只是腿软了，这时候人会觉得一阵阵发冷……"

许三观看到饭店的伙计正在走过来，就压低声音说：

"你们都把手放到桌子上面来，不要放在桌子下面，像是从来没有进过饭店似的，要装出经常进饭店喝酒的样子，都把头抬起来，胸膛也挺起来，要做出一副神气活现的样子，点菜时手还要敲着桌子，声音要响亮，这样他们就不敢欺负我们，菜的分量就不会少，酒里面也不会掺水，伙计来了，你们就学着我说话。"

伙计来到他们面前，向他们要什么，许三观这时候不哆嗦了，他两只手的手指敲着桌子说：

"一盘炒猪肝，二两黄酒……"

说到这里他的右手拿起来摇了两下，说：

"黄酒给我温一温。"

伙计说一声知道了，又去问来顺要什么，来顺用拳头敲着桌子，把桌子敲得都摇晃起来，来顺响亮地说：

"一盘炒猪肝，二两黄酒……"

下面该说什么，来顺一下子想不起来了，他去看许三观，许三观扭过头去，看着来喜，这时伙计去问来喜了，来喜倒是用手指在敲着桌子，可是他回答时的声音和来顺一样响亮：

"一盘炒猪肝，二两黄酒……"

下面是什么话，他也忘了，伙计就问他们：

"黄酒要不要温一温？"

来喜兄弟都去看许三观，许三观就再次把右手举起来摇了摇，他神气十足地替这兄弟俩回答：

"当然。"

伙计走开后，许三观低声对他们说：

"我没让你们喊叫，我只是要你们声音响亮一些，你们喊什么？这又不是吵架。来顺，你以后要用手指敲桌子，你用拳头敲，桌子都快被你敲坏了。还有，最后那句话千万不能忘，黄酒一定要温一温，说了这句话，别人一听就知道你们是经常进出饭店的，这句话是最重要的。"

他们吃了炒猪肝，喝了黄酒以后，回到了船上，来喜解开缆绳，又用竹篙将船撑离河岸，来顺在船尾摇着橹，将船摇到河的中间，来顺说了声：

"我们要去虎头桥了。"

然后他身体前仰后合地摇起了橹，橹桨发出吱哩吱哩的声响，劈进河水里，又从河水里跃起。许三观坐在船头，坐在来喜的屁股后面，看着来喜手里横着竹篙站着，船来到桥下时，来喜用竹篙撑住桥墩，让船在桥洞里顺利地通过。

这时候已经是下午了，阳光照在身上不再发烫，他们的船摇离黄店时，开始刮风了，风将岸边的芦苇吹得哗啦哗啦响。许三观坐在船头，觉得身上一阵阵地发冷，他双手裹住棉袄，在船头缩成一团。摇橹的来顺就对他说：

"你下到船舱里去吧，你在上面也帮不了我们，你还不如下到船舱里去睡觉。"

来喜也说："你下去吧。"

许三观看到来顺在船尾呼哧呼哧地摇着橹，还不时伸手擦一下脸上的汗水，那样子十分起劲，许三观就对他说：

"你卖了两碗血，力气还这么多，一点都看不出你卖过血了。"

来顺说："刚开始有些腿软，现在我腿一点都不软了，你问问来喜，他腿软不软？"

"早软过啦。"来喜说。

来顺就对来喜说："到了七里堡，我还要去卖掉它两碗血，你卖不卖？"

来喜说："卖，有三十五元钱呢。"

许三观对他们说："你们到底是年轻，我不行了，我老了，我坐在这里浑身发冷，我要下到船舱里去了。"

许三观说着揭开船头的舱盖，钻进了船舱，盖上被子躺在了那里，没有多久，他就睡着了。等他一觉醒来时，天已经黑了，船停靠在了岸边。他从船舱里出来，看到来喜兄弟站在一棵树旁，通过月光，他看到他们两个人正嗨唷嗨唷唷地叫唤着；他们将一根手臂那么粗的树枝从树上折断下来，折断后他们觉得树枝过长，就把它踩到脚下，再折断它一半，然后拿起粗的那一截，走到船边，来喜将树枝插在地上，握住了，来顺搬来了一块大石头，举起来打下去，打了有五下，将树枝打进了地里，只露出手掌那么长的一截，来喜从船上拉过去缆绳，绑在了树枝上。

他们看到许三观已经站在了船头，就对他说：

"你睡醒了。"

许三观举目四望，四周一片黑暗，只有远处有一些零星的灯火，他问他们：

"这是什么地方？"

来喜说："不知道是什么地方，还没到虎头桥。"

他们在船头生火做饭，做完饭，他们就借着月光，在冬天的寒风里将热气腾腾的饭吃了下去。许三观吃完饭，觉得身上热起来了，他说：

"我现在暖和了，我的手也热了。"

他们三个人躺到了船舱里，许三观还是睡在中间，盖着他们两个人的被子，他们的身体紧贴着他的身体，三个人挤在一起，来喜兄弟很高兴，白天卖血让他们挣了三十五元钱，他们突然觉得挣钱其实很容易，他们告诉许三观，他们以后不摇船了，以后把田地里的活干完后，不再去摇船挣钱了，摇船太苦太累，要挣钱他们就去卖血。来喜说：

"这卖血真是一件好事，挣了钱不说，还能吃上一盘炒猪肝，喝上黄酒，平日里可不敢上饭店去吃这么好吃的炒猪肝。到了七里堡，我们再去卖血。"

"不能卖了，到了七里堡不能再卖了。"许三观摆摆手。

他说："我年轻的时候也这样想，我觉得这身上的血就是一棵摇钱树，没钱了，缺钱了，摇一摇，钱就来了。其实不是这样，当初带着我去卖血的有两个人，一个叫阿方，一个叫根龙，如今阿方身体败掉了，根龙卖血卖死了。你们往后不要常去卖血，卖一次要歇上三个月，除非急着要用钱，才能多卖几次，连着去卖血，身体就会败掉。你们要记住我的话，我是过来人……"

许三观两只手伸开去拍拍他们两个人，继续说：

"我这次出来，在林浦卖了一次；隔了三天，我到百里又去卖了一次；隔了四天，我在松林再去卖血时，我就晕倒了，医生说我是休克了，就是我什么都不知道了，医生给我输了七百毫升的血，再加上抢救我的钱，我两次的血都白卖了，到头来我是买血了。在松林，我差一点死掉……"

许三观说到这里叹了一口气，他说：

"我连着卖血是没有办法，我儿子在上海的医院里，病得很重，我要筹足了钱给他送去，要是没钱，医生就会不给我儿子打针吃药。我这么连着卖血，身上的血是越来越淡，不像你们，你们现在身上的血，一碗就能顶我两碗的用途，本来我还想在七里堡，在长宁再卖它两次血，现在我不敢卖了，我要是再卖血，我的命真会卖掉了……

"我卖血挣了有七十元了，七十元给我儿子治病肯定不够，我只有到上海再想别的办法，可是在上海人生地不熟的……"

这时来喜说："你说我们身上的血比你的浓？我们的血一碗能顶你两碗？我们三个人都是圆圈血，到了七里堡，你就买我们的血，我们卖给你一碗，你不就能卖给医院两碗了吗？"

许三观心想他说得很对，就是……他说：

"我怎么能收你们的血。"

来喜说："我们的血不卖给你，也要卖给别人……"

来顺接过去说："卖给别人，还不如卖给你，怎么说我们也是朋友了。"

许三观说："你们还要摇船，你们要给自己留着点力气。"

来顺说："我卖了血以后，力气一点都没少。"

"这样吧，"来喜说，"我们少卖掉一些力气，我们每人卖给你一碗血。你买了我们两碗血，到了长宁你就能卖出去四碗了。"

听了来喜的话，许三观笑了起来，他说：

"最多只能一次卖两碗。"

然后他说："为了我儿子，我就买你们一碗血吧，两碗血我也买不起。我买了你们一碗血，到了长宁我就能卖出去两碗，这样我也挣了一碗血的钱。"

许三观话音未落，他们两个鼾声就响了起来，他们的腿又架到了他的身上，他们使他腰酸背疼，使他被压着喘气都费劲，可是他觉得非常暖和，两个年轻人身上热气腾腾，他就这么躺着，风在船舱外呼啸着，将船头的尘土从盖口吹落进来，散在他的脸上和身上。他的目光从盖口望出去，看到天空里有几颗很淡的星星，他看不到月亮，但是他看到了月光，月光使天空显得十分寒冷，他那么看了一会儿，闭上了眼睛，他听到河水敲打着船舷，就像是在敲打着他的耳朵。过了一会，他也睡着了。

五天以后，他们到了七里堡，七里堡的丝厂不在城里，是在离城三里路的地方，所以他们先去了七里堡的医院。来到了医院门口，来喜兄弟就要进去，许三观说：

"我们先不进去，我们知道医院在这里了，我们先去河边……"

他对来喜说:"来喜,你还没有喝水呢。"

来喜说:"我不能喝水,我把血卖给你,我就不能喝水。"

许三观伸手拍了一下自己的脑袋,他说:

"看到医院,我就想到要喝水,我都没去想你这次是卖给我……"

许三观说到这里停住了,他对来喜说:

"你还是去喝几碗水吧,俗话说亲兄弟明算账,我不能占你的便宜。"

来顺说:"这怎么叫占便宜?"

来喜说:"我不能喝水,换成你,你也不会喝水。"

许三观心想也是,要是换成他,他确实也不会去喝水,他对来喜说:

"我说不过你,我就依你了。"

他们三个人来到医院的供血室,七里堡医院的血头听他们说完话,伸出手指着来喜说:

"你把血卖给我……"

他再去指许三观,"我再把你的血卖给他?"

看到许三观他们都在点头,他嘿嘿笑了,他指着自己的椅子说:

"我在这把椅子上坐了十三年了,到我这里来卖血的人有成千上万,可是卖血和买血的一起来,我还是第一次遇上……"

来喜说:"说不定你今年要走运了,这样难得的事让你遇上了。"

"是啊,"许三观接着说,"这种事别的医院也没有过,我和来喜不是一个地方的人,我们碰巧遇上了,碰巧他要卖血,我要买血,这么碰巧的事又让你碰巧遇上了,你今年肯定要走运了……"

七里堡的血头听了他们的话,不由点了点头,他说:

"这事确实很难遇上,我遇上了说不定还真是要走运了……"

接着他又摇了摇头:"不过也难说,说不定今年是灾年了,他们都说遇上怪事就是灾年要来了。你们听说过没有?青蛙排着队从大街上走过去,下雨时掉下来虫子,这有母鸡报晓什么的,这些事里面只要遇上一件,这一年肯定是灾年了……"

许三观和来喜兄弟与七里堡的血头说了有一个多小时,那个血头才让来喜去卖血,又让许三观去买了来喜的血。然后,他们三个人从医院里出来,许三观对来喜说:

"来喜,我们陪你去饭店吃一盘炒猪肝,喝二两黄酒。"

来喜摇摇头说:"不去了,才卖了一碗血,舍不得吃炒猪肝,也舍不得喝黄酒。"

许三观说："来喜，这钱不能省，你卖掉的是血，不是汗珠子，要是汗珠子，喝两碗水下去就补回来了，这血一定要靠炒猪肝才能补回来，你要去吃，听我的话，我是过来人……"

来喜说："没事的，不就是从女人身上下来吗？要是每次从女人身上下来都要去吃炒猪肝，谁吃得起？"

许三观连连摇头："这卖血和从女人身上下来还是不一样……"

来顺说："一样。"

许三观对来顺说："你知道什么？"

来顺说："这话是你说的。"

许三观说："是我说的，我是瞎说……"

来喜说："我现在身体好着呢，就是腿有点软，像是走了很多路，歇一会儿，腿就不软了。"

许三观说："听我的话，你要吃炒猪肝……"

他们说着话，来到了停在河边的船旁，来顺先跳上船，来喜解开了绑在木桩上的缆绳后也跳了上去，来喜站在船头对许三观说：

"我们要把这一船蚕茧送到丝厂去，我们不能再送你了，我们家在通元乡下的八队，你以后要是有事到通元，别忘了来我们家做客，我们算是朋友了。"

许三观站在岸上，看着他们两兄弟将船撑了出去，他对来顺说：

"来顺，你要照顾好来喜，你别看他一点事都没有，其实他身体里虚着呢，你别让他太累，你就自己累一点吧，你别让他摇船，你要是摇不动了，你就把船靠到岸边歇一会儿，别让来喜和你换手……"

来顺说："知道啦。"

他们已经将船撑到了河的中间，许三观又对来喜说：

"来喜，你要是不肯吃炒猪肝，你就要好好睡上一觉，俗话说吃不饱饭睡觉来补，睡觉也能补身体……"

来喜兄弟摇着船离去了，很远了他们还在向许三观招手，许三观也向他们招手，直到看不见他们了，他才转过身来，沿着石阶走上去，走到了街上。

这天下午，许三观也离开了七里堡，他坐船去了长宁，在长宁他卖了四百毫升的血以后，他不再坐船了，长宁到上海有汽车，虽然汽车比轮船贵了很多钱，他还是上了汽车，他想快些见到一乐，还有许玉兰，他数着手指算了算，许玉兰送一乐去上海已经有十五天了，不知道一乐的病是不是好多了。他坐上了汽车，汽车一启动，他心里就咚咚地乱跳起来。

许三观早晨离开长宁，到了下午，他来到了上海，他找到给一乐治病的医院时，天快黑了，他来到一乐住的病房，看到里面有六张病床，其中五张床上都有人躺着，只有一张床空着，许三观就问他们：

"许一乐住在哪里？"

他们指着空着的床说："就在这里。"

许三观当时脑袋里就嗡嗡乱叫起来，他马上想到根龙，根龙死的那天早晨，他跑到医院去，根龙的床空了，他们说根龙死了。许三观心想一乐是不是也已经死了，这么一想，他站在那里就哇哇地哭了起来，他的哭声就像喊叫那样响亮，他的两只手轮流着去抹眼泪，把眼泪往两边甩去，都甩到了别人的病床上。这时候他听到后面有人喊他：

"许三观，许三观你总算来啦……"

听到这个声音，他马上不哭了，他转过身去，看到了许玉兰，许玉兰正扶着一乐走进来。许三观看到他们后，就破涕为笑了，他说：

"一乐没有死掉，我以为一乐死掉了。"

许玉兰说："你胡说什么，一乐好多了。"

一乐看上去确实好多了，他都能下地走路了，一乐躺到床上后，对许三观笑了笑，叫了一声：

"爹。"

许三观伸手去摸了摸一乐的肩膀，对一乐说：

"一乐，你好多了，你的脸色也不发灰了，你说话声音也响了，你看上去有精神了，你的肩膀还是这么瘦。一乐，我刚才进来看到你的床空了，我就以为你死了……"

说着许三观的眼泪又流了下来，许玉兰推推他：

"许三观，你怎么又哭了？"

许三观擦了擦眼泪对她说：

"我刚才哭是以为一乐死了，现在哭是看到一乐还活着……"

# 第二十九章

这一天，许三观走在街上，他头发白了，牙齿掉了七颗，不过他眼睛很好，眼睛看东西还像过去一样清楚，耳朵也很好，耳朵可以听得很远。

这时的许三观已是年过六十了，他的两个儿子一乐和二乐，在八年前和六年前已经抽调回城，一乐在食品公司工作，二乐在米店旁边的一家百货店里当售货员。一乐、二乐、三乐都在几年前娶妻生子，然后搬到别处去居住了。到了星期六，三个儿子才携妻带子回到原先的家中。

现在的许三观不用再负担三个儿子的生活，他和许玉兰挣的钱就他们两个人花，他们不再有缺钱的时候，他们身上的衣服也没有了补丁，他们的生活就像许三观现在的身体，许三观逢人就说：

"我身体很好。"

所以，这一天许三观走在街上时，脸上挂满了笑容，笑容使他脸上的皱纹像河水一样波动起来，阳光照在他脸上，把皱纹里面都照亮了。他就这么独自笑着走出了家门，走过许玉兰早晨炸油条的小吃店；走过了二乐工作的百货店；走过了电影院，就是从前的戏院；走过了城里的小学；走过了医院；走过了五星桥；走过了钟表店；走过了肉店；走过了天宁寺；走过了一家新开张的服装店；走过了两辆停在一起的卡车；然后，他走过了胜利饭店。

许三观走过胜利饭店时，闻到了里面炒猪肝的气息，从饭店厨房敞开的窗户里飘出来，和油烟一起来到，这时许三观已经走过去了，炒猪肝的气息拉住了他的脚，他站在那里，张开鼻孔吸着，他的嘴巴也和鼻孔一起张开来。

于是，许三观就很想吃一盘炒猪肝，很想喝二两黄酒，这样的想法越来越强烈，他就很想去卖一次血了。他想起了过去的日子，与阿方和根龙坐在靠窗的桌前，与来喜和来顺坐在黄店的饭店，手指敲着桌子，声音响亮，一盘炒猪肝，二两黄酒，黄酒要温一温……许三观在胜利饭店门口站了差不多有五分钟，然后他决定去医院卖血了，他就转身再回走去。他已经有十一年没有卖血了，今天他只要去卖血，今天是为他自己卖血，为自己卖血他还是第一次，他在心里想：以前吃炒猪肝喝黄酒是因为卖了血，今天反过来了，今天是为吃炒猪肝喝黄酒才去卖血。他这么想着走过了两辆停在一起的卡车；走过了那家新开张的服装店；走过了天宁寺；走过了肉店；走过了钟表店；走过了五星桥，来到了医院。

坐在供血室桌子后面的已经不是李血头，而是一个看上去还不满三十的年轻人。年轻的血头看到头发花白、四颗门牙掉了三颗的许三观走进来，又听到他说自己是来卖血时，就伸手指着许三观：

"你来卖血？你这么老了还要卖血？谁会要你的血？"

许三观说："我年纪是大了，我身体很好，你别看我头发白了，牙齿掉了，我眼睛一点都不花，你额头上有一颗小痣，我都看得见，我耳朵也一点不聋，我坐在家里，街上的人说话声音再小我也听得到……"

年轻的血头说："你的眼睛，你的耳朵，你的什么都和我没关系，你把身

· 209 ·

体转过去，你给我出去。"

许三观说："从前的李血头可是从来都不像你这么说话……"

年轻的血头说："我不姓李，我姓沈，我沈血头从来就是这样说话。"

许三观说："李血头在的时候，我可是常到这里来卖血……"

年轻的血头说："现在李血头死了。"

许三观说："我知道他死了，三年前死的，我站在天宁寺门口，看着火化场的拉尸车把他拉走的……"

年轻的血头说："你快走吧，我不会让你卖血的，你都老成这样了，你身上死血比活血多，没人会要你的血，只有油漆匠会要你的血……"

年轻的血头说到这里嘿嘿笑了起来，他指着许三观说：

"你知道吗？为什么只有油漆匠会要你的血？家具做好了，上油漆之前要刷一道猪血……"

说着年轻的血头哈哈大笑起来，他接着说：

"明白吗？你的血只配往家具上刷，所以你出了医院往西走，不用走太远，就是在五星桥下面，有一个姓王的油漆匠，很有名的，你把血去卖给他吧，他会要你的血。"

许三观听了这些话，摇了摇头，对他说：

"你说这样难听的话，我听了也就算了，要是让我三个儿子听到了，他们会打烂你的嘴。"

许三观说完这话，就转身走了。他走出了医院，走到了街上，那时候正是中午，街上全是下班回家的人，一群一群的年轻人飞快地骑着自行车，在街上冲过去，一队背着书包的小学生沿着人行道往前走去。许三观也走在人行道上，他心里充满了委屈，刚才年轻血头的话刺伤了他，他想着年轻血头的话，他老了，他身上的死血比活血多，他的血没人要了，只有油漆匠会要。他想着四十年来，今天是第一次，他的血第一次卖不出去了。四十年来，每次家里遇上灾祸时，他都是靠卖血度过去的，以后他的血没人要了，家里再有灾祸怎么办？

许三观开始哭了，他敞开胸口的衣服走过去，让风呼呼地吹在他的脸上，吹在他的胸口；让混浊的眼泪涌出眼眶，沿着两侧的脸颊刷刷地流，流到了脖子里，流到了胸口上，他抬起手去擦了擦，眼泪又流到了他的手上，在他的手掌上流，也在他的手背上流。他的脚在往前走，他的眼泪在往下流。他的头抬着，他的胸也挺着，他的腿迈出去时坚强有力，他的胳膊甩动时也是毫不迟疑，可是他脸上充满了悲伤。他的泪水在他脸上纵横交错地流，就像雨水打在窗玻璃上，就像裂缝爬上快要破碎的碗，就像蓬勃生长出去的树枝，就像渠水流进了田地，就像街道布满了城镇，泪水在他脸上织成了一张网。

他无声地哭着向前走，走过城里的小学，走过了电影院，走过了百货店，走过了许玉兰炸油条的小吃店，他都走到家门口了，可是他走过去了。他向前走，走过一条街，走过了另一条街，他走到了胜利饭店。他还是向前走，走过了服装店，走过了天宁寺，走过了肉店，走过了钟表店，走过了五星桥，他走到了医院门口，他仍然向前走，走过了小学，走过了电影院……他在城里的街道上走了一圈，又走了一圈，街上的人都站住了脚，看着他无声地哭着走过去，认识他的人就对他喊：

"许三观，许三观，许三观，许三观，许三观……你为什么哭？你为什么不说话？你为什么不理睬我们？你为什么走个不停？你怎么会这样……"

有人去对一乐说："许一乐，你快上街去看看，你爹在大街上哭着走着……"

有人去对二乐说："许二乐，有个老头在街上哭，很多人都围着看，你快去看看，那个老头是不是你爹……"

有人去对三乐说："许三乐，你爹在街上哭，哭得那个伤心，像是家里死了人……"

有人去对许玉兰说："许玉兰，你在干什么？你还在做饭？你别做饭了，你快上街去，你男人许三观在街上哭，我们叫他，他不看我们，我们问他，他不理我们，我们不知道出了什么事，你快上街去看看……"

一乐，二乐，三乐来到了街上，他们在五星桥上拦住了许三观，他们说：

"爹，你哭什么？是谁欺负了你？你告诉我们……"

许三观身体靠在栏杆上，对三个儿子呜咽着说：

"我老了，我的血没人要了，只有油漆匠会要……"

儿子说："爹，你在说些什么？"

这时许玉兰来了，许玉兰走上去，拉住许三观两只袖管，问他：

"许三观，你这是怎么了，你出门时还好端端的，怎么就哭成个泪人了？"

许三观看到许玉兰来了，就抬起手去擦眼泪，他擦着眼泪对许玉兰说：

"许玉兰，我老了，我以后不能再卖血了，我的血没人要了，以后家里遇上灾祸怎么办……"

许玉兰说："许三观，我们现在不用卖血了，现在家里不缺钱，以后家里也不会缺钱的，你卖什么血？你今天为什么要去卖血？"

许三观说："我想吃一盘炒猪肝，我想喝二两黄酒，我想卖了血以后就去吃炒猪肝，就去喝黄酒……"

一乐说："爹，你别在这里哭了，你想吃炒猪肝，你想喝黄酒，我给你钱，你就是别在这里哭了，你在这里哭，别人还以为我们欺负你了……"

二乐说："爹，你闹了半天，就是为了吃什么炒猪肝，你把我们的脸都丢尽了……"

三乐说："爹，你别哭啦，你要哭，就到家里去哭，你别在这里丢人现眼……"

许玉兰听到三个儿子这么说话，指着他们大骂起来：

"你们三个人啊，你们的良心被狗叼走啦，你们竟然这样说你们的爹，你们爹全是为了你们，一次一次去卖血，卖血挣来的钱全是用在你身上，你们是他用血喂大的。想当初，自然灾害的那一年，家里只能喝玉米粥，喝得你们三个人脸上没有肉了，你们爹就去卖了血，让你们去吃了面条，你们现在都忘干净了。还有二乐在乡下插队那阵子，为了讨好二乐的队长，你们爹卖了两次血，请二乐的队长吃，给二乐的队长送礼，二乐你今天也全忘了。一乐，你今天这样说你爹，你让我伤心，你爹对你是最好的，说起来他还不是你的亲爹，可他对你是最好的，你当初到上海去治病，家里没有钱，你爹就一个地方一个地方去卖血，卖一次血要歇三个月，你爹为了救你命，自己的命都不要了，隔三五天就去卖一次，在松林差一点把自己卖死了，一乐你也忘了这事。你们三个儿子啊，你们的良心被狗叼走啦……"

许玉兰声泪俱下，说到这里她拉住许三观的手说：

"许三观，我们走，我们去吃炒猪肝，去喝黄酒，我们现在有的是钱……"

许玉兰把口袋里所有的钱都摸出来，给许三观看：

"你看看，这两张是五元的，还有两元的，一元的，这个口袋里还有钱，你想吃什么，我就给你要什么。"

许三观说："我只想吃炒猪肝，喝黄酒。"

许玉兰拉着许三观来到了胜利饭店，坐下后，许玉兰给许三观要了一盘炒猪肝和二两黄酒，要完后，她问许三观：

"你还想吃什么？你说，你想吃什么你就说。"

许三观说："我不想吃别的，我只想吃炒猪肝，喝黄酒。"

许玉兰就又给他要了一盘炒猪肝，要了二两黄酒，要完后许玉兰拿起菜单给许三观看，对他说：

"这里有很多菜，都很好吃，你想吃什么？你说。"

许三观还是说："我还是想吃炒猪肝，还是想喝黄酒。"

许玉兰就给他要了第三盘炒猪肝，黄酒这次要了一瓶。三盘炒猪肝全上来后，许玉兰又问许三观还想吃什么菜？这次许三观摇头了，他说：

"我够了，再多我就吃不完了。"

许三观面前的桌子上放着三盘炒猪肝，一瓶黄酒，还有两个二两的黄酒，他开始笑了，他吃着炒猪肝，喝着黄酒，他对许玉兰说：

"我这辈子就是今天吃得最好。"

许三观笑着吃着，又想起医院里那个年轻的血头说的话来了，他就把那些话对许玉兰说了，许玉兰听后骂了起来：

"他的血才是猪血，他的血连油漆匠都不会要，他的血只有阴沟、只有下水道才会要。他算什么东西？我认识他，就是那个沈傻子的儿子，他爹是个傻子，连一元钱和五元钱都分不清楚，他妈我也认识，他妈是个破鞋，都不知道他是谁的野种。他的年纪比三乐都小，他还敢这么说你，我们生三乐的时候，这世上还没他呢，他现在倒是神气了……"

许三观对许玉兰说："这就叫屌毛出得比眉毛晚，长得倒比眉毛长。"

## 【注　释】

① 《许三观卖血记》初刊于《收获》1995 年第 6 期，次年出版单行本，这里节选的是小说的最后两章。

## 【分　析】

这部小说是余华 20 世纪 90 年代创作风格与创作观念转变的代表作品。小说讲述了一个普通的丝厂送茧工许三观在几十年的生命历程中，每当遇到困难时便以卖血来渡过人生的难关，以富于温情的笔调揭示了生命苦难的本质，以及人在面对苦难时强烈的求生欲望，揭示了中国底层平民的坚韧、乐观、温情与善良。

本文所选的是小说的最后两章。第一部分写许三观的儿子一乐（并非许三观亲生，是妻子许玉兰与何小勇的私生子）得了肝炎，送到上海急救，许三观到处借钱而不得，为救一乐，只好在去上海的路上连续五次卖血筹钱，因此差点送了性命，但最终一乐和自己都活了下来。这部分的情节具有巨大的张力，充满了紧张感，在如此频繁"卖血"中可以感受到许三观震撼人心的生命力量、善良人性与悲悯情怀。第二部分写许三观退休之后的一天，回忆过去自己四十年来卖血的经历，非常想再去卖一次血。以前卖血都是为了别人，这次想为自己。但他的血却卖不出去了，他悲伤得泪流满面，感受了前所未有的绝望：一是自己的生命没有了价值；二是对未来的恐惧（以后家里遇到灾祸怎么办？）。在这里，作者展示了底层平民对家庭的责任感、牺牲精神与生存的韧性，以及直面苦难与拯救苦难的勇气。

小说结构单纯，在重复中富于音乐的节奏感。叙事笔调冷静、节制。对话在小说中被置于重要位置，故事情节的推动、人物矛盾冲突的展示甚至对历史的叙述，都在人物的对话中实现。语言朴素、简洁，带有含而不露的幽默，平易却富于表现力。

## 【思考与练习】

1. 细读小说文本，分析许三观形象的精神内涵。
2. 本文的对话有何特色？对小说情节的发展起到什么作用？
3. 请谈谈你对这篇小说主题蕴涵的认识。
4. 结合作品分析小说语言特色。

## 【辑 评】

### 法国《目光》杂志 1998 年 2 月

在这里，我们读到了独一无二的，不可缺少的和卓越的想象力。

### 法国《两个世界》杂志 1998 年 5 月

余华以极大的温情描绘了磨难中的人生，以激烈的形式表达了人在面对厄运时求生的欲望。

### 法国《新共和报》1997 年 12 月 11 日

作者以其卓越博大的胸怀，以其简洁人道的笔触，讲述了这个生动感人的故事。

### 比利时《展望报》1997 年 12 月 10 日

余华是唯一能够以他特殊时代的冷静笔法，来表达极度生存状态下的人道主义。

比利时《南方挑战》杂志 1998 年 5 月

这是一个寓言，是以地区性个人经验反映人类普遍生存意义的寓言。

## 【链　接】

### 余华《许三观卖血记·中文版自序》

这本书其实是一首很长的民歌，它的节奏是回忆的速度，旋律温和地跳跃着，休止符被韵脚隐藏了起来。

### 余华《黄昏里的男孩·自序》

写作使我拥有两个人生，现实的和虚构的，它们的关系就像健康和疾病，当一个强大起来时，另一个必然会衰落下去。于是，当我现实的人生越来越贫乏时，我虚构的人生已经异常丰富了。

# 拓展阅读部分

## 《山海经》二则

《山海经》

  《山海经》是一部富于神话传说的地理书，旧说为夏禹时作，大约出于周秦间人的记载。全书 18 篇，分《山经》和《海经》两部分。其中《山经》5 篇，《海经》13 篇（含《海外经》4 篇、《海内经》4 篇、《大荒经》4 篇，又《海内经》1 篇）。此书原始神话、原始宗教的材料尤多，许多散亡的中国古代传说，赖此书得以保存其大概。它在神话学、宗教学、历史学、地理学上具有重要的研究价值。此书由晋代郭璞作注，清代有毕沅《山海经新校正》、郝懿行《山海经笺疏》等。

### 夸父逐日[①]

  夸父与日逐走，入日。渴，欲得饮，饮于河、渭，河、渭不足，北饮大泽[②]。未至，道渴而死。弃其杖。化为邓林[③]。

### 精卫填海[④]

  又北二百里，曰发鸠之山[⑤]，其上多柘木。有鸟焉，其状如乌，文首、白喙、赤足，名曰精卫，其鸣自詨[⑥]。是炎帝之少女，名曰女娃。女娃游于东海，溺而不返，故为精卫，常衔西山之木石，以堙于东海。漳水出焉，东流注于河。

【注　释】
  ① 选自《山海经·海外北经》。夸父：人名。
  ② 大泽：大湖。传说纵横有千里，在雁门山北。

③ 邓林：地名。在大别山附近。据毕沅考证，"邓"、"桃"古音相近，"邓林"即"桃林"。

④ 选自《山海经·北山经》。精卫：鸟名，又称誓鸟、志鸟、冤禽，俗称帝女雀。

⑤ 发鸠：山名。旧说在山西省长子县西。

⑥ 詨（xiào）：呼唤，大叫。

## 【分　析】

《夸父逐日》对主人公的行为进行了颇具诗意的描绘，这既是对其顽强意志的肯定，也是对人之探索自然永恒性的赞颂。

同《夸父逐日》的强劲气势相比，《精卫填海》显得细致而单纯。一个溺海而死的少女，灵魂变成小鸟衔木不绝，与浩瀚的大海形成强烈对比，尽管较量的双方是渺小的个人与广大的自然，但却呼喊出"人定胜天"的先声。

## 【思考与练习】

1. 怎样理解《夸父逐日》的文化意蕴？
2. 《精卫填海》呈现出人类怎样的意志力？

## 【辑　评】

### 袁行霈主编《中国文学史》

夸父为何要与日逐走，已不得而知了，但他那强烈的自信心，那奋力拼搏的勇气，以及他那溶入太阳光芒之中的高大形象，构成了一幅气势磅礴的画面，反映了古代先民壮丽的理想。而他渴死道中的结局，又为整个故事涂上了一层浓厚的悲剧色彩。

女娃被东海淹死，化而为鸟，坚持以弱小的生命、菲薄的力量，向浩瀚的大海复仇，这是何等的悲壮！正是这种明知徒劳仍要抗争的精神，支持初民走过那险恶而艰难的年代。夸父和女娃的神话，讴歌了人类顽强的生命力。

## 【链　接】

### 茅盾《中国神话研究 ABC》

清代修《四库全书》，方始正式将《山海经》放在子部小说家类了。这一段《山海经》的故事，就代表了汉至清的许多学者对于旧籍中的神话材料的看法。他们把《山海经》看作实用的地理书，固然不对，他们把《山海经》视为小说，也不算对。他们不知道这特种的东西所谓"神话"者，原来是初民的知识的积累，其中有初民的宇宙观，宗教思想，道德标准，民族历史最初期的传说，并对于自然界的认识等等。

## 章培恒、骆玉明《中国文学史》

从严格意义上说，神话并不直接等同于"文学"。神话是原始人类的综合的意识形态，是他们对世界的认识和解释，是他们的百科全书式的知识体系，又是他们的愿望的表达。在现代人看来十分荒诞的描述中，包含着初民心目中的世界起源、宇宙模式、万物关系、民族历史、宗教观念乃至各类日常生活知识。

## 杨义《〈山海经〉的神话思维》

这就是《山海经》的永恒魅力：它以零碎片断的形态保存自己的原始性，又以宏大的方位结构思考着山川湖海间初民的同类与异类，猜想着天体的生成和人间的历史，描绘着战斗与英雄，给千百年间虚构叙事以别具一格的灵感触媒。它是野性思维的大观，野就野在它所展示的世界及其哲理，所展示的情感、智慧和意志，都带有浓郁的野人本色。要了解中国初民心灵，要了解中国小说遥远的神话源头，是不妨原原本本地、不掺杂后出文献的作料地读一读这部古奥艰涩、却趣味无穷的奇书。

# 短歌行①

曹　操

　　曹操（155—220），字孟德，东汉沛国谯（今安徽亳州）人。三国时期杰出的政治家、军事家和文学家。二十岁举孝廉，开始走上仕途，位至大将军、丞相，封魏王。曹丕称帝，追尊为武帝。其诗今存二十余首，大都是用乐府旧辞来表现新意，反映动乱的社会现实，抒发自己的政治抱负和理想。诗风雄浑沉郁，苍凉悲壮。有《曹操集》。

　　对酒当歌，人生几何②？譬如朝露，去日苦多。慨当以慷③，忧思难忘。何以解忧？惟有杜康④。青青子衿，悠悠我心⑤。但为君故⑥，沉吟至今。呦呦鹿鸣，食野之苹。我有嘉宾，鼓瑟吹笙⑦。明明如月，何时可掇⑧。忧从中来，不可断绝。越陌度阡⑨，枉用相存⑩。契阔谈䜩⑪，心念旧恩。月明星稀，乌鹊南飞。绕树三匝⑫，何枝可依？山不厌高，水不厌深⑬。周公吐哺⑭，天下归心。

## 【注　释】

　　①《短歌行》属乐府古辞《相和歌·平调曲》，为酒宴上的歌词。

　　②几何：多少。

　　③慨当以慷：是"慷慨"的间隔用法。

　　④杜康：相传中国古代最早酿酒的人，这里指酒。

　　⑤青青两句：用《诗经·郑风·子衿》成句，原诗是表达对情人的思念，诗人在此借以表示对贤才的渴慕。衿（jīn），衣领。青衿是周代学子的服装。

　　⑥但：只。君：指思慕的贤才。故：缘故。

　　⑦呦（yōu）呦四句：用《诗经·小雅·鹿鸣》成句，表达礼遇贤才的心情。呦呦，鹿叫唤的声音。苹，艾蒿。瑟、笙，都是乐器。

　　⑧掇，同"辍"，停止。

　　⑨越陌度阡：指客人远道而来。陌、阡是田间小路。东西为陌，南北为阡。

　　⑩枉用相存：屈驾你来探望。枉，枉驾，屈驾。存，问候。

⑪ 契阔：契，投合；阔，疏远。这里指久别重逢。

⑫ 匝（zā）：周遍，环绕一圈。

⑬ 山不两句：《管子·形势解》："海不辞水，故能成其大；山不辞土石，故能成其高；明主不厌人，故能成其众。"比喻招纳贤才，多多益善。厌，满足。"水不厌深"，一作"海不厌深"。

⑭ 周公两句：周公是周文王之子，武王之弟，成王之叔，《韩诗外传》载：周公言："吾于天下亦不轻矣！然一沐三握发，一饭三吐哺，犹恐失天下之士。"哺，咀嚼着的食物。这句是用周公的典故，表示要虚心对待贤者。

## 【分　析】

本诗是曹操的代表作品之一，抒写了诗人感叹时光易逝、功业未就、壮志难酬的痛苦和忧愁，表达了诗人求贤若渴的愿望和建功立业的坚定信念。

全诗共八章，四句一换韵，由"人生几何"发唱，以"天下归心"收尾，跌宕起伏，开合有致。开头两章表达了诗人因人生短促、时光易逝而产生的哀叹和忧虑。虽有人生苦短的感伤，但情绪却并不消沉。诗人感叹的是时光有限而功业未成，而在忧思之中又激荡着昂扬奋发的进取精神。接下来四章反复抒写其求贤若渴的心情。既有对贤才的思慕，又有对贤才的热忱；既有求贤不得的忧虑，又有求贤既得的欣慰。最后两章从贤才择主和明主求贤的角度，分别表现贤才弃暗投明的明智之举与诗人宽广的胸襟和宏伟的抱负。

## 【思考与练习】

1. 这首诗是怎样曲折而又充分地表达了诗人复杂的思想感情？

2. 本诗在艺术上有哪些特色？请加以分析。

## 【辑　评】

### 林庚《唐诗综论·谈诗稿》

曹操这一首《短歌行》是建安时代杰出的名作，它代表着人生的两面，一方面是人生的忧患，一方面是人生的欢乐。而所谓两面也就是人生的全面。

这首诗从"对酒当歌，人生几何"到"但为君故，沉吟至今"，充分表现着《楚辞》里的哀怨。一方面是人生的无常，一方面是永恒的渴望。而"呦呦鹿鸣"以下四句却是尽情的欢乐。你不晓得何以由哀怨这一端忽然会走到欢乐那一端去，转得天衣无缝，仿佛本来就该是这么一回事似的。这才是真正的人生的感受。这一段如是，下一段也如是。"明明如月，何时可掇。忧从中来，不可断绝。越陌度阡，枉用相存。契阔谈宴，心念旧恩。月明星稀，乌鹊南飞。绕树三匝，何枝可依？"缠绵的情调，把你又带回更深的哀怨中去。但"山不厌高，海不厌深"，终于走入"周公吐哺，天下归心"的结论。

## 吴琪《六朝选诗定论》

曹操诗《短歌行》看似散乱不经心，但却贯穿着"怜才"的核心，恰如"形散神聚"，其实这正是曹诗一派天然的集中体现。

## 张玉谷《古诗赏析》

《短歌行》此叹流光易逝，欲得贤才以早建王业之时。前四一截，以酒发端，就流光易逝，引动早当建功，为通章虚冒。"慨当"十二句，则思得贤才于士类之中也。却以慷慨幽思，解忧惟酒，凭空喝入。然后"青青"四句，点清士类有贤，心欲得而沉吟不置，缴醒慷慨幽思。"呦呦"四句，则透后言诚得贤才辅治，定当如《鹿鸣》之燕乐嘉宾，方为满愿。缴醒解忧惟酒，为一截。"明明"十二句，则思得贤才于故旧之中也。却借月不可掇，先作一比，拖出忧难断绝，隐逗欲得之诚。然后"越陌"四句，点清故旧有贤，虽过存而每嗟契阔，缴醒忧难断绝。"月明"四句，则从对面即乌鹊无栖，比出贤才昧时远引，不知依我之深为可惜。以"月明星稀"领起，则又借以缴醒月不可掇也，为一截。后四，方以兼容并蓄，引周公事，醒出得贤建业本心。

## 【链　接】

### 南朝梁·刘勰《文心雕龙·时序》

观其时文，雅好慷慨，良由世积乱离，风衰俗怨，并志深而笔长，故梗概而多气也。

### 南朝梁·钟嵘《诗品》

曹公古直，甚有悲凉之句。

# 《坛经》选读

《坛经》

《坛经》，又名《六祖大师法宝坛经》、《六祖坛经》等，中国佛教禅宗最重要的典籍之一。主要内容为禅宗六祖慧能（638—713）于韶州大梵寺坛上所说之法，由门人法海集记而成。后人尊其为"经"，是中国佛教著作中唯一称"经"者。该书阐述了慧能"识心见性"、"无念为宗，无相为体，无住为本"等禅学思想，后来又成为南宗传法的根据，影响极大。现存《坛经》版本众多，最具代表性的有法海本、惠昕本、契嵩本、宗宝本四种。本文节选自法海本。

慧能①慈父，本贯范阳②，左降迁流岭南③，作新州百姓④。惠能幼小，父又早亡。老母孤遗⑤，移来南海⑥，艰辛贫乏，于市卖柴。忽有一客买柴，遂领慧能至于官店。客将柴去，慧能得钱，却向门前，忽见一客读《金刚经》⑦，慧能一闻，心明便悟⑧。乃问客曰："从何处来，持此经典？"客答曰："我于蕲州黄梅县东冯墓山礼拜五祖弘忍和尚⑨，见今在彼门人有千余众。我于彼听见大师劝道俗，但持《金刚经》一卷，即得见性⑩，直了成佛。"慧能闻说，宿业有缘⑪，便即辞亲，往黄梅冯墓山礼拜五祖弘忍和尚。

弘忍和尚问慧能曰："汝何方人？来此山礼拜吾，汝今向吾边复求何物？"惠能答曰："弟子是岭南人，新州百姓，今故远来礼拜和尚，不求余物，唯求作佛⑫。"大师遂责慧能曰："汝是岭南人，又是獦獠⑬，若堪作佛！"慧能答曰："人即有南北，佛性即无南北⑭；獦獠身与和尚不同，佛性有何差别！"大师欲更共语，见左右在傍边，大师更不言。遂发遣慧能令随众作务⑮。时有一行者⑯，遂遣慧能于碓房，踏碓八个余月。

五祖忽于一日唤门人尽来。门人集讫，五祖曰："吾向汝说，世人生死事大，汝等门人，终日供养，只求福田⑰，不求出离生死苦海⑱。汝等自性迷⑲，福门何可求？汝等总且归房自看，有智慧者自取本性般若之智⑳，各作一偈呈吾㉑。吾看汝偈，若悟大意者，付汝衣法㉒，禀为六代。火急作！"

门人得处分<sup>㉓</sup>，却来各至自房，递相谓言<sup>㉔</sup>："我等不须澄心用意作偈<sup>㉕</sup>，将呈和尚。神秀上座是教授师<sup>㉖</sup>，秀上座得法后自可依止<sup>㉗</sup>，偈不用作。"诸人息心，尽不敢呈偈。

时大师堂前有三间房廊，于此廊下供养，欲画楞伽变相<sup>㉘</sup>，并画五祖大师传授衣法，流行后代为记。画人卢珍看壁了，明日下手。

上座神秀思惟，诸人不呈心偈，缘我为教授师。我若不呈心偈，五祖如何得见我心中见解深浅。我将心偈上五祖呈意，求法即善<sup>㉙</sup>，觅祖不善<sup>㉚</sup>，却同凡心夺其圣位。若不呈心偈，终不得法。良久思维，甚难甚难！夜至三更，不令人见，遂向南廊下中间壁上，题作呈心偈，欲求于法。若五祖见偈，言此偈语，若访觅我，我见和尚，即云是秀作。五祖见偈，若言不堪，自是我迷<sup>㉛</sup>，宿业障重，不合得法。圣意难测<sup>㉜</sup>，我心自息。秀上座三更于南廊下中间壁上，秉烛题作偈，人尽不知。偈曰：

"身是菩提树<sup>㉝</sup>，心如明镜台，时时勤拂拭，莫使有尘埃。"

神秀上座题此偈毕，归房卧，并无人见。

五祖平旦，遂唤卢供奉来南廊下<sup>㉞</sup>，画楞伽变相。五祖忽见此偈，请记<sup>㉟</sup>。乃谓供奉曰："弘忍与供奉钱三十千，深劳远来，不画变相也。《金刚经》云：凡所有相<sup>㊱</sup>，皆是虚妄。不如留此偈，令迷人诵。依此修行，不堕三恶道<sup>㊲</sup>；依法修行人，有大利益。"

大师遂唤门人尽来，焚香偈前，令众人见，皆生敬心。"汝等尽诵此偈者，方得见性；依此修行，即不堕落。"门人尽诵，皆生敬心，唤言善哉！

五祖遂唤秀上座于堂内，问："是汝作偈否？若是汝作，应得我法。"秀上座言："罪过！实是秀作。不敢求祖，愿和尚慈悲<sup>㊳</sup>，看弟子有小智慧，识大意否？"五祖曰："汝作此偈，见即未到，只到门前，尚未得入！凡夫依此偈修行，即不堕落；作此见解，若觅无上菩提<sup>㊴</sup>，即未可得。须入得门，见自本性。汝且去，一两日来思惟，更作一偈来呈吾，若入得门，见自本性，当付汝衣法。"秀上座去数日，作不得。

有一童，于碓房边过，唱诵此偈，慧能一闻，知未见性，即识大意。能问童子："适来诵者，是何言偈？"童子答能曰："尔不知大师言，生死事大，欲传于法，令门人等各作一偈来呈看，悟大意，即付衣法，禀为六代祖。有一上座，名神秀，忽于南廊下书无相偈一首，五祖令诸门人尽诵。悟此偈者，即见自性；依此修行，即得出离。"惠能答曰："我在此踏碓八个余月，未至堂前，望上人引慧能至南廊下<sup>㊵</sup>，见此偈礼拜，亦愿诵取，结来生缘<sup>㊶</sup>，愿生佛地。"童子引能至南廊下，能即礼拜此偈，为不识字，请一人读，慧能闻已，即识大意。慧能亦作一偈，又请得一解书人，于西间壁上题著，呈自本心⑫。不识本心，学法无益；识心见性，即悟大意。慧能偈曰：

"菩提本无树，明镜亦非台，佛性常清静，何处有尘埃！"

又偈曰：

"心是菩提树，身为明镜台，明镜本清静，何处惹尘埃！"⑬

院内徒众，见能作此偈，尽怪。慧能却入碓房。

五祖忽见慧能偈，即善知识大意⑭。恐众人知，五祖乃谓众人曰："此亦未得了！"

五祖夜至三更，唤慧能堂内，说《金刚经》。惠能一闻，言下便悟。其夜受法，人尽不知，便传顿法及衣⑮："汝为六代祖！衣将为信禀，代代相传；法以心传心，当令自悟。"

五祖言："慧能！自古传法，气如悬丝⑯！若住此间，有人害汝，汝即须速去！"能得衣法，三更发去。五祖自送能于九江驿，登时便别。五祖处分："汝去，努力将法向南，三年勿弘此法。难去⑰，在后弘化⑱，善诱迷人⑲，若得心开，汝悟无别。"辞违已了，便发向南。

## 【注 释】

① 慧能：又作惠能。中国禅宗第六祖，号六祖大师、大鉴禅师。祖籍范阳（今属河北），俗姓卢，生于南海新州（今属广东）。年二十四至蕲州，从五祖弘忍受衣法。南归隐于四会、怀集之间。仪凤元年（公元 676 年）至南海，遇印宗法师于法性寺，遂依之出家，受具足戒。翌年，移住于韶阳曹溪宝林寺，弘扬"直指人心，见性成佛"之顿悟法门，与神秀于北方所倡之渐悟法门相对，史称"南顿北渐，南能北秀"。

② 本贯：本来的籍贯。范阳：县名，唐武德七年（公元 624 年）改涿县置，治所在今河北涿州。

③ 左降：古代官吏降职、贬官称为"左降"或"左迁"。岭南：地名，因在五岭之南，故名岭南，大致相当于今广东一带。

④ 新州：地名，今广东西南部的新兴县一带。

⑤ 孤遗：幼小丧父，为父所遗留下来的孤子称孤遗。

⑥ 南海：地名，今广东佛山一带。

⑦《金刚经》：佛教经典，全称《能断金刚般若波罗蜜多经》，又称《金刚般若波罗蜜经》。最早由后秦鸠摩罗什于弘始四年（公元 402 年）译出，以后又有多种译本。此经主旨以空慧为体，说一切法无我之理，且篇幅适中，故历来弘传甚盛，对禅宗有重大影响。

⑧ 悟，即觉悟。在佛教中，"悟"与"迷"对称，意为由迷梦而觉醒，悟得佛法真理。佛教徒修行的目的就是"悟"。

⑨ 蕲州黄梅县：故治在今湖北省黄梅县西北。弘忍（601—674）：俗姓周，湖北黄梅人，七岁时，从禅宗四祖道信（580—651）出家，尽得道信禅法。永徽三年（公元651年）道信付法传衣。同年九月道信圆寂，弘忍继承法席，后世称之为禅宗第五祖。

⑩ 见性：彻见自心之佛性。

⑪ 宿业：佛教术语，指过去世所造之善恶因，又称宿作业。

⑫ 作佛：指成就佛道或成佛。

⑬ 獦獠（géliáo）：隋唐时对以行猎为生的南方少数民族的蔑称，亦泛指南方人。

⑭ 佛性：佛教术语，亦作"如来性"、"觉性"等，指佛陀之本性，或指成佛的可能性、因性、种子等。

⑮ 作务：做事，参加劳作。

⑯ 行者：有多种含义，可泛指修行佛法的人，也可指未剃度而在丛林内服诸劳役的带发修行者，还可指行脚参禅或乞食的僧人。这里应为第二种含义。

⑰ 福田：佛教术语，人行善修慧如农夫种田，能得福慧之报，故名福田。

⑱ 出离：超出脱离。佛教中指超脱生死轮回之苦而成就佛道。苦海：佛教术语，众生在六道生死轮回中备受种种痛苦，好像沉溺于无边无际的大海之中，故名苦海。

⑲ 自性：佛教术语，指一切事物不变的性质、本质。在《坛经》中，"自性"指的是人所固有的本自具足的成佛的可能性。

⑳ 本性般若（bōrě）：本来具有的般若智慧。本性，即本来具有之性。般若，即智慧，指明见一切事物及道理的高深智慧。

㉑ 偈：亦作"颂"，一种略似于诗的有韵文辞。修佛者常以之阐述对教义的理解。

㉒ 衣法：衣指出家人的袈裟，法指正见佛法。佛教有"内传法，外传衣"之说。内传法以印证宗门的佛心宗旨，外传衣以表示师承的信实无虚。

㉓ 处分：吩咐，嘱咐。

㉔ 递相：互相。

㉕ 澄心：清心，排除杂念。

㉖ 神秀（约606—706）：禅宗北宗创始人，俗姓李，汴州尉氏（今属河南）人。唐武德八年（公元625年）出家。50岁时，至蕲州双峰山东山寺（在湖北黄梅县东北）谒禅宗五祖弘忍求法，弘忍深为器重。弘忍死后，他在江陵当阳山（今湖北当阳县东南）玉泉寺，大开禅法，四海僧俗闻风而至，声誉甚极一时。上座：寺院中的僧职名称。唐以前，上座是全寺之长；唐以后，上座位在住持之下。教授师：寺院中负责教授弟子的"规范师"之一种，专门给受具足戒的僧人教授有关行、住、坐、卧等方面的行为仪则。

㉗ 依止：依赖、追随。

㉘ 楞伽：即《楞伽经》，全称《楞伽阿跋多罗宝经》，或称《入楞伽经》，为印度佛教法相唯识系与如来藏系的重要经典。变相：将佛教故事，以绘画、浮雕、雕塑等方式予以造型表现。

㉙ 求法：求得佛道、佛法。

㉚ 觅祖：这里指谋求禅宗六祖之位。

㉛ 迷："悟"之对称，不能如实把握事物之真实性，而执著于错误的事理，称为迷。

㉜ 圣意：这里指弘忍的心意。

㉝ 菩提树：原名毕钵罗树，相传释迦牟尼在此树下成道，故又名菩提树。

㉞ 供奉：唐代有一技之长的官员的官名。

㉟ 请记：疑为"读讫"之误。

㊱ 相：佛教术语，即形相或状态之意。

㊲ 三恶道：佛教把众生因造恶业而转生的去处称为"恶道"。"恶道"有三：地狱道、饿鬼道、畜生道，即"三恶道"。

㊳ 慈悲：佛教术语，愿给一切众生安乐叫做慈；愿拔一切众生痛苦叫做悲。

㊴ 无上菩提："菩提"，即觉悟。无上菩提，即对佛法正道的彻底觉悟。

㊵ 上人：上德之人，本是佛教中对智德兼备而可为众僧及众人师者之高僧的尊称，后也作对普通出家人的敬称。

㊶ 来生缘：这里指来生和佛结缘。

㊷ 本心：即本性，自己本来之真如心性。

㊸ 法海本外，其他诸本所载皆只有一偈，其偈云："菩提本无树，明镜亦非台，本来无一物，何处惹尘埃。"

㊹ 善知识：佛教术语，指正直而有德行，能教导佛法正道之人。又作知识、善友、亲友、胜友、善亲友。

㊺ 顿法：即顿悟之法，不历阶梯渐次，直指本源，顿时立悟的教法。

㊻ 气如悬丝：亦作"命如悬丝"，比喻时时刻刻都有生命危险。

㊼ 难去：灾难过去之后。

㊽ 弘化：弘扬佛法，教化正道。

㊾ 迷人：不明事理之人。

## 【分　析】

本文较完整地记述了禅宗六祖慧能从求法到得法的经历。其中，慧能与弘忍关于"佛性"的对答，慧能所作两偈与神秀偈的对比，都已成为禅宗史上的传世佳话。

文章记述虽然简略，但却蕴藏深远的义理。一方面，南宗禅倡言"即心是佛"、"见性成佛"，"不立文字"，以"自性顿悟"为"心要"的思想倾向，在此得以初步体现；另一方面，南宗与北宗的"顿"、"渐"之争也已露端倪。

文章不仅在思想内涵上值得探究，表达方式上也颇有特色。其叙事曲折有致，详略得当，善于通过对话和心理描写刻画人物，是一篇具有相当的文学价值的传记小品。

【思考与练习】

1. 结合课文，阅读相关的佛教研究资料，把握慧能禅学思想的基本要点及其对中国文化的重大影响。

2. 结合课文中的有关内容，比较慧能与神秀在性格上的不同。

## 【辑　评】

### 宋·契嵩《六祖大师法宝坛经赞》

《坛经》者，至人之所以宣其心也。何心耶？佛所传之妙心也。大哉心乎？资始变化而清净常若。凡然，圣然，幽然，显然，无所处而不自得之。

### 元·德异《六祖大师法宝坛经序》

夫《坛经》者，言简义丰，理明事备，具足诸佛无量法门。一一法门，具足无量妙义；一一妙义，发挥诸佛无量妙理。

### 方立天《中国佛教哲学要义》

《坛经》全书的内容是阐述心性论，着重宣扬性净自悟的思想。它针对外在于个体之外的成佛轨迹，把佛转换为个体自身的本性显现；又针对以义理思辨淹没了感性体悟的传说，以自悟体证取而代之；还针对佛教繁杂的修持仪式，提倡简易的顿悟法门。中唐以来，"凡言禅皆本曹溪"。"曹溪"即指慧能。……慧能《坛经》在中国佛教史和禅宗史上的意义，是无论怎样估计也不会过高的。

## 【链　接】

### 唐·宋之问《自衡阳至韶州谒能禅师》

谪居窜炎壑，孤帆淼不系。
别家万里余，流目三春际。
猿啼山馆晓，虹饮江皋霁。
湘岸竹泉幽，衡峰石囷闭。

岭嶂穷攀越，风涛极沿济。

吾师在韶阳，欣此得躬诣。

洗虑宾空寂，焚香结精誓。

愿以有漏躯，聿熏无生慧。

物用益冲旷，心源日闲细。

伊我获此途，游道回晚计。

宗师信舍法，摈落文史艺。

坐禅罗浮中，寻异穷海裔。

何辞御魑魅，自可乘炎疠。

回首望旧乡，云林浩亏蔽。

不作离别苦，归期多年岁。

## 王振复《法海本〈坛经〉的美学意义》

禅门思考问题，自始于佛学、哲学而非伦理学与美学。但这不等于说法海本《坛经》没有一定的蕴涵于佛学与哲学的伦理学与美学因素。倘从伦理学角度诠释慧能的禅学，则所谓"清净"，类似于儒家孟子的"善端"之论；倘从美学角度来看慧能的禅学，则所谓"佛性"，便似儒家之完美的人性，或者是虽经污染又重新得以回归的完美人性。

## 王树人《回归原创之思——"象思维"视野下的中国智慧》

理性的逻辑的概念思维，包括作为工具理性的数理逻辑思维，在把事物作为对象研究的推进中，是今日现代化世界得以实现的主要思维方式。但由于片面地夸大这种思维方式的作用，以至出现理性至上和科技万能，却是一种异化。正是这种异化，使人们忘记了对于人类更为根本的象思维，即在思维发展史上使概念思维得以创生的思维方式。不仅如此，同时也使人在无限对象化的外向思维中，忘记了人自身。面对人类思维的这种异化，重温禅宗"识心见性"的体验和感悟，从中接受启示，是大有裨益的。

# 燕 歌 行①

高 適

　　高適（702？—765），字达夫，渤海蓨县（今河北景县）人。高適为盛唐时期著名的边塞诗人，与岑参并称"高岑"。官至散骑常侍，封渤海县侯，世称"高常侍"。

> 　　开元二十六年，客有从御史大夫张公出塞而还者②，作《燕歌行》以示适，感征戍之事，因而和焉。

　　　　汉家烟尘在东北，汉将辞家破残贼③。
　　　　男儿本自重横行，天子非常赐颜色④。
　　　　摐金伐鼓下榆关，旌旆逶迤碣石间⑤。
　　　　校尉羽书飞瀚海，单于猎火照狼山⑥。
　　　　山川萧条极边土，胡骑凭陵杂风雨⑦。
　　　　战士军前半死生，美人帐下犹歌舞⑧！
　　　　大漠穷秋塞草腓，孤城落日斗兵稀⑨。
　　　　身当恩遇恒轻敌，力尽关山未解围⑩。
　　　　铁衣远戍辛勤久，玉箸应啼别离后⑪。
　　　　少妇城南欲断肠，征人蓟北空回首⑫。
　　　　边庭飘飖那可度，绝域苍茫更何有⑬！
　　　　杀气三时作阵云，寒声一夜传刁斗⑭。
　　　　相看白刃血纷纷，死节从来岂顾勋⑮？
　　　　君不见沙场征战苦，至今犹忆李将军⑯！

**【注 释】**

　　① 燕歌行：乐府旧题。属《相和歌辞·平调曲》，歌辞多咏东北边地征戍之事。
　　② 张公：指幽州节度使张守珪，曾拜辅国大将军、右羽林大将军，兼御史大夫。一般

以为本诗所讽刺的是开元二十六年（公元738年）张守珪部将赵堪等矫命，逼平卢军使击契丹余部，先胜后败，守珪隐败状而妄奏功。

③ 汉家、汉将：唐人诗中经常借汉指唐。烟尘：代指战争。开元十八年（公元730年）以后的数年里，唐与东北方的契丹、奚的战争连年不绝，所以说"烟尘在东北"。

④ 本自：本来就是。重：看重，崇尚。横行：任意驰走，无所阻挡。非常：特别，格外。赐颜色：即赏识。

⑤ 枞（chuāng）：撞击。金：指钲、铃一类铜制打击乐器。伐：敲击。下：出。榆关：山海关。旌旆（jīngpèi）：泛指各种旗帜。逶迤（wēiyí）：曲折连绵的样子。碣石：山名，在今河北昌黎西北。

⑥ 校尉：地位次于将军的武官。羽书：紧急军用文书。瀚海：大沙漠。单于：匈奴首领称号。猎火：打猎时点燃的火光。古代游牧民族出征前，常举行大规模狩猎，作为军事演习。狼山：又称狼居胥山，这里指交战之地。

⑦ "山川"句：意谓山河荒凉的景象一直延伸到边疆尽头。胡骑（jì）：敌人的马队。凭陵：侵犯。杂风雨：喻敌骑进攻如狂风挟雨而至。

⑧ "战士"两句：意谓战士们在阵前殊死奋战，伤亡惨重，将帅们却在营帐里欣赏着美人的歌舞，纵情享乐。

⑨ 大漠：指边塞荒凉地区。穷秋：深秋。腓（féi）：指枯萎。一作"衰"。斗兵稀：指唐军因伤亡惨重而兵员稀少。

⑩ 身当：身受。恩遇：皇帝的恩宠厚遇。恒：常。轻敌：指蔑视敌人。力尽关山：指战士们在战场上用尽了力量。关山，边境险要的地方，这里指上文提及的"孤城"。未解围：未能解除敌人对孤城的包围。

⑪ 铁衣：即铠甲，这里借指出征的战士。玉箸（zhù）：白色的筷子。喻思妇的眼泪。

⑫ 少妇：泛指出征战士的妻室。城南：长安城南。长安宫殿区在城北，民居在城南。这里泛指平民的住处。蓟北：蓟州以北，泛指北部边塞地区。

⑬ 边庭：边境。飘飖：动荡不安。那可度：难以度日。那，即"哪"。绝域：极遥远、荒凉的边地。苍茫：迷茫无际的样子。

⑭ 杀气：指凶险气氛。三时：指早、中、晚，即整天。一说指春、夏、秋三季。阵云：战云。"寒声"句：意谓夜晚军营戒备森严，寒风中不时传来刁斗声。刁斗：古代军中白天用来煮饭，晚上击以巡更的铜器。

⑮ 死节：指为国捐躯。勋：指个人功名。

⑯ 李将军：指汉朝名将李广，他能捍御强敌，爱抚士卒，匈奴称他为"飞将军"。

【分　析】

诗歌描写了战士慷慨赴敌，转战边城的情景，歌颂了他们为国立功的英雄业绩，揭露了苦乐悬殊的现实，对军中将帅恃宠邀功，不恤战士和腐败无能的行径作了抨击，内容高度集中和概括。

显而易见，此诗的主旨并不在于单纯揭示当时的民族矛盾，也不在于仅仅抒写征人思妇相思之情，而是重在揭露在帝王的宠重之下，边将贪功邀赏、骄傲轻敌、荒淫失职而造成战争的旷日持久乃至巨大败绩给广大征人带来的极大牺牲和痛苦，表达了诗人对广大士兵的同情，对不恤士卒的边将的讽刺和否定。

　　全诗语言整饬，善用对比，思绪起伏转折，笔底波澜翻卷，诗的音韵、节奏随情感的变化而变化，雄健激昂的基调之中，显露出悲壮、苍凉的不同色调，表现出雄浑豪迈的艺术风格。

**【思考与练习】**

　　1. 本诗中作者对出征战士寄寓了何种感情？具体表现在哪些方面？

　　2. 这首诗用了大量的对偶句式，其中部分诗句上下两句意义构成鲜明的对比，说说这样写有何艺术效果？

**【辑　评】**

### 唐·殷璠《河岳英灵集》

　　其诗多胸臆语，兼有气骨。

### 宋·严羽《沧浪诗话》

　　高岑之诗悲壮，读之使人感慨。

### 明·胡应麟《诗薮》

　　高岑悲壮为宗，王孟闲淡自得。

### 明·邢昉《唐风定》

　　金戈铁马之声，有玉磬鸣球之节，非一意抒写以为悲壮也。

### 清·鲍桂星《唐诗品》

　　常侍朔气纵横，壮心落落，抱瑜握瑾，浮学间巷之间，殆使徒也。故其为诗，直举胸臆，模画景象，气骨琅然。而词锋华润，感赏之情，殆出常表。

### 高步瀛《唐宋诗举要》引吴汝纶评语

全篇"战士军前半死生，美人帐下犹歌舞"二句最为沈至。

## 【链　接】

### 魏·曹丕《燕歌行》

秋风萧瑟天气凉，草木摇落露为霜，群燕辞归雁南翔。
念君客游思断肠，慊慊思归恋故乡，君何淹留寄他方？
贱妾茕茕守空房，忧来思君不敢忘，不觉泪下沾衣裳。
援琴鸣弦发清商，短歌微吟不能长，明月皎皎照我床。
星汉西流夜未央。牵牛织女遥相望，尔独何辜限河梁？

### 唐·岑参《走马川行奉送封大夫出师西征》

君不见走马川，雪海边，平沙莽莽黄入天。
轮台九月风夜吼，一川碎石大如斗，随风满地石乱走。
匈奴草黄马正肥，金山西见烟尘飞，汉家大将西出师。
将军金甲夜不脱，半夜军行戈相拨，风头如刀面如割。
马毛带雪汗气蒸，五花连钱旋作冰，幕中草檄砚水凝。
虏骑闻之应胆慑，料知短兵不能接，车师西门伫献捷。

# 李 娃 传

白行简

白行简（776—826），字知退，华州下邽（今陕西渭南北）人，白居易之弟。唐宪宗元和二年（公元807年）进士。曾任秘书省校书郎、剑南东川节度使掌书记、左拾遗、主客郎中等官职。善诗能文，特别擅长写传奇，代表作《李娃传》。

汧国夫人李娃①，长安之倡女②也。节行瑰奇③，有足称者。故监察御史④白行简为传述。

天宝中⑤，有常州刺史荥阳公者⑥，略其名氏，不书，时望甚崇⑦，家徒甚殷。知命之年⑧，有一子，始弱冠矣⑨，隽朗有词藻⑩，迥然不群，深为时辈推伏⑪。其父爱而器之，曰："此吾家千里驹也。"应乡赋秀才举⑫，将行，乃盛其服玩车马之饰⑬，计其京师薪储之费。谓之曰："吾观尔之才，当一战而霸⑭。今备二载之用，且丰尔之给⑮，将为其志也。"生亦自负视上第如指掌⑯。自毗陵发⑰，月余抵长安，居于布政里⑱。

尝游东市还⑲，自平康东门入⑳，将访友于西南。至鸣珂曲㉑，见一宅，门庭不甚广，而室宇严邃㉒，阖一扉。有娃方凭一双鬟青衣立㉓，妖姿要妙㉔，绝代未有。生忽见之，不觉停骖久之，徘徊不能去。乃诈坠鞭于地，候其从者，敕取之㉕，累眄于娃㉖，娃回眸凝睇，情甚相慕，竟不敢措辞而去㉗。

生自尔意若有失，乃密征其友游长安之熟者，以讯之。友曰："此狭邪女李氏宅也㉘。"曰："娃可求乎？"对曰："李氏颇赡㉙，前与通之者，多贵戚豪族，所得甚广，非累百万，不能动其志也。"生曰："苟患其不谐，虽百万，何惜？"

他日，乃洁其衣服，盛宾从，而往扣其门，俄有侍儿启扃。生曰："此谁之第耶？"侍儿不答，驰走大呼曰："前时遗策郎也。"娃大悦曰："尔姑止之，吾当整妆易服而出。"生闻之私喜。乃引至萧墙间，见一姥垂白上偻㉚，即娃母也。生跪拜前致词曰："闻兹地有隙院㉛，愿税以居㉜，信乎？"姥曰："惧其浅陋湫隘㉝，不足以辱长者所处，安敢言直耶？"延生于迟宾之馆㉞，馆宇甚丽。与生偶坐，因曰："某有女娇小，技艺薄劣，欣见宾客，愿将见之。"乃命娃出，明眸皓腕，举步艳冶㉟。生遽惊起，莫敢仰视。与之拜毕，叙寒燠㊱，触类妍媚㊲，目所未睹。复坐，烹茶斟酒，器用甚洁。

久之，日暮，鼓声四动。姥访其居远近㊳。生绐之曰㊴："在延平门外数里。"冀其远而见留也。姥曰："鼓已发矣，当速归，无犯禁㊵。"生曰："幸接欢笑，不知日之云夕。道里辽阔，城内又无亲戚，将若之何？"娃曰："不见责僻陋㊶，方将居之，宿何害焉。"生数目姥，姥曰："唯唯。"生乃召其家僮，持双缣㊷，请以备一宵之馔。娃笑而止之曰："宾主之仪，且不然也。今夕之费，愿以贫窭之家㊸，随其粗粝以进之㊹。其余以俟他辰。"固辞，终不许。俄徙坐西堂，帷幕帘榻，焕然夺目；妆奁衾枕㊺，亦皆侈丽。乃张烛进馔，品味甚盛。彻馔，姥起。生娃谈话方切，诙谐调笑，无所不至。生曰："前偶过卿门，遇卿适在屏间。厥后心常勤念，虽寝与食，未尝或舍㊻。"娃答曰："我心亦如之。"生曰："今之来，非直求居而已，愿偿平生之志。但未知命也若何？"言未终，姥至，询其故，具以告。姥笑曰："男女之际，大欲存焉。情苟相得，虽父母之命，不能制也。女子固陋，曷足以荐君子之枕席㊼！"生遂下阶，拜而谢之曰："愿以己为厮养㊽。"姥遂目之为郎，饮酣而散。

及旦，尽徙其囊橐㊾，因家于李之第㊿。自是生屏迹戢身㉑，不复与亲知相闻。日会倡优侪类，狎戏游宴。囊中尽空，乃鬻骏乘，及其家童。岁余，资财仆马荡然。迩来姥意渐怠，娃情弥笃。

他日，娃谓生曰："与郎相知一年，尚无孕嗣。常闻竹林神者，报应如响㉒，将致荐酹求之㉓，可乎？"生不知其计，大喜。乃质衣于肆㉔，以备牢醴㉕，与娃同谒祠宇而祷祝焉，信宿而返㉖。路出宣阳里㉗，策驴而后，至里北门，娃谓生曰："此东转小曲中，某之姨宅也，将憩而觐之，可乎？"生如其言，前行不逾百步，果见一车门。窥其际，甚弘敞。其青衣自车后止之曰："至矣。"生下，适有一人出访曰："谁？"曰："李娃也。"乃入告。俄有一妪至，年可四十余，与生相迎曰："吾甥来否？"娃下车，妪迎访之曰："何久疏绝㉘？"相视而笑。娃引生拜之，既见，遂偕入西戟门偏院㉙。中有山亭，竹树葱蒨，池榭幽绝。生谓娃曰："此姨之私第耶？"笑而不答，以他语对。俄献茶果，甚珍奇。食顷，有一人控大宛㊿，汗流驰至曰："姥遇暴疾颇甚，殆不识人，宜速归。"娃谓姨曰："方寸乱矣㉑，某骑而前去，当令返乘，便与郎偕来。"生拟随之。其姨与侍儿偶语，以手挥之，令生止于户外，曰："姥且殁矣，当与某议丧事，以济其急，奈何遽相随而去？"乃止，共计其凶仪斋祭之用[62]。日晚，乘不至。姨言曰："无复命何也？郎骤往觇之[63]，某当继至。"生遂往，至旧宅，门扃钥甚密[64]，以泥缄之[65]。生大骇，诘其邻人。邻人曰："李本税此而居，约已周矣[66]。第主自收，姥徙居而且再宿矣。"徵"徙何处？"曰："不详其所。"生将驰赴宣阳，以诘其姨，日已晚矣，计程不能达。乃弛其装服[67]，质馔而食，赁榻而寝。生恚怒方甚[68]，自昏达旦，目不交睫。质明，乃策蹇而去[69]。既至，连扣其扉，食顷无人应。生大呼数四，有宦者徐出。生遽访之："姨氏在乎？"曰："无之。"生曰："昨暮在此，何故匿之？"访其谁氏之第。曰："此崔尚书宅。昨者有一人税此院，云迟中表之远至者[70]，未暮去矣。"

生惶惑发狂，罔知所措，因返访布政旧邸。邸主哀而进膳。生怨懑，绝食三日，遘疾甚笃[71]，旬余愈甚。邸主惧其不起，徙之于凶肆之中[72]。绵缀移时[73]，合肆之人共伤叹而互饲之。后稍愈，杖而能起。由是凶肆日假之[74]，令执繐帷[75]，获其直以自给。累月，渐复壮，每听其哀歌，自叹不及逝者，辄呜咽流涕，不能自止。归则效之。生，聪敏者也，无何，曲尽其妙，虽长安无有伦比。

初，二肆之佣凶器者[76]，互争胜负。其东肆车舆皆奇丽[77]，殆不敌。唯哀挽劣焉[78]。其东肆长知生妙绝[79]，乃醵钱二万索顾焉[80]。其党耆旧[81]，共较其所能者，阴教生新声，而相赞和。累旬，人莫知之。其二肆长相谓曰："我欲各阅所佣之器于天门街[82]，以较优劣。不胜者罚直五万，以备酒馔之用，可乎？"二肆许诺，乃邀立符契[83]，署以保证，然后阅之。士女大和会，聚至数万。于是里胥告于贼曹[84]，贼曹闻于京尹[85]。四方之士，尽赴趋焉，巷无居人。自旦阅之，及亭午，历举辇舆威仪之具[86]，西肆皆不胜，师有惭色。乃置层榻于南隅[87]，有长髯者，拥铎而进[88]，翊卫数人[89]，于是奋髯扬眉，扼腕顿颡而登[90]，乃歌《白马》之词[91]。恃其夙胜[92]，顾眄左右，旁若无人。齐声赞扬之，自以为独步一时[93]，不可得而屈也。有顷，东肆长于北隅上设连榻[94]，有乌巾少年，左右五六人，秉翣而至[95]，即生也。整衣服，俯仰甚徐，申喉发调，容若不胜[96]。乃歌《薤露》之章[97]，举声清越，响振林木。曲度未终，闻者歔欷掩泣。西肆长为众所诮[98]，益惭耻。密置所输之直于前，乃潜遁焉。四座愕眙[99]，莫之测也。

先是，天子方下诏，俾外方之牧[100]，岁一至阙下，谓之"入计"。时也，适遇生之父在京师，与同列者易服章窃往观焉。有老竖[101]，即生乳母婿也[102]，见生之举措辞气，将认之而未敢，乃泫然流涕[103]。生父惊而诘之，因告曰："歌者之貌，酷似郎之亡子。"父曰："吾子以多财为盗所害，奚至是耶？"言讫，亦泣。及归，竖间驰往[104]，访于同党曰："向歌者谁，若斯之妙欤？"皆曰："某氏之子。"徵其名，且易之矣，竖凛然大惊[105]。徐往，迫而察之。生见竖色动，回翔将匿于众中[106]。竖遂持其袂曰："岂非某乎？"相持而泣，遂载以归。至其室，父责曰："志行若此，污辱吾门，何施面目[107]，复相见也？"乃徒行出，至曲江西杏园东[108]，去其衣服。以马鞭鞭之数百。生不胜其苦而毙。父弃之而去。

其师命相狎昵者[109]，阴随之，归告同党，共加伤叹。令二人赍苇席瘗焉。至则心下微温，举之良久，气稍通。因共荷而归，以苇筒灌勺饮，经宿乃活。月余，手足不能自举，其楚挞之处皆溃烂[110]，秽甚。同辈患之，一夕弃于道周[111]。行路咸伤之，往往投其余食，得以充肠。十旬，方杖策而起。被布裘，裘有百结，褴褛如悬鹑[112]。持一破瓯巡于闾里，以乞食为事。自秋徂冬，夜入于粪壤窟室，昼则周游廛肆[113]。

一旦大雪，生为冻馁所驱[114]。冒雪而出，乞食之声甚苦，闻见者莫不凄恻。时雪方甚，人家外户多不发。至安邑东门[115]，循里垣[116]，北转第七八，有一门独启左扉，即娃之第也。生不知之，遂连声疾呼："饥冻之甚。"音响凄切，所不忍听。娃自阁中闻之，谓侍儿曰："此必生也，我辨其音矣。"连步而出。见生枯瘠疥疠[117]，殆非人状。娃意感焉，乃谓曰："岂非某郎也？"生愤懑绝倒[118]，口不能言，颔颐而已[119]。娃前抱其颈，以绣襦拥而归于西厢。失声长恸曰："令子一朝及此，我之罪也！"绝而复苏。姥大骇奔至，曰："何也？"娃曰："某郎。"姥遽曰："当逐之，奈何令至此？"娃敛容却睇曰："不然，此良家子也，当昔驱高车，持金装，至某之室，不逾期而荡尽。且互设诡计，舍而逐之，殆非人行。令其失志，不得齿于人伦。父子之道，天性也。使其情绝，杀而弃之，又困踬若此[120]。天下之人，尽知为某也。生亲戚满朝，一旦当权者熟察其本末，祸将及矣。况欺天负人，鬼神不佑，无自贻其殃也。某为姥子，迨今有二十岁矣。计其赀，不啻直千金[121]。今姥年六十余，愿计二十年衣食之用以赎身，当与此子别卜所诣[122]。所诣非遥，晨昏得以温清[123]，某愿足矣。"姥度其志不可夺，因许之。给姥之余，有百金。北隅四五家税一隙院。乃与生沐浴，易其衣服，为汤粥，通其肠，次以酥乳润其脏。旬余，方荐水陆之馔[124]。头巾履袜，皆取珍异者衣之。未数月，肌肤稍腴[125]。卒岁，平愈如初。

异时，娃谓生曰："体已康矣，志已壮矣。渊思寂虑[126]，默想曩昔之艺业[127]，可温习乎？"生思之曰："十得二三耳。"娃命车出游，生骑而从。至旗亭南偏门鬻坟典之肆[128]，令生拣而市之，计费百金，尽载以归。因令生斥弃百虑以志学，俾夜作昼，孜孜矻矻[129]。娃常偶坐，宵分乃寐。伺其疲倦，即谕之缀诗赋⑬。二岁而业大就，海内文籍，莫不该览。生谓娃曰："可策名试艺矣。"娃曰："未也，且令精熟，以俟百战。"更一年，曰："可行矣。""是遂一上登甲科⑬，声振礼闱。虽前辈见其文，罔不敛衽敬羡，愿友之而不可得。娃曰："未也。今秀士苟获擢一科第⑬，则自谓可以取中朝之显职，擅天下之美名。子行秽迹鄙，不侔于他士。当砻淬利器⑬，以求再捷，方可以连衡多士⑬，争霸群英。"生由是益自勤苦，声价弥甚。其年遇大比，诏徵四方之隽。生应直言极谏策科⑬，名第一，授成都府参军⑬。三事以降，皆其友也。

将之官，娃谓生曰："今之复子本躯，某不相负也。愿以残年，归养小姥。君当结媛鼎族⑬，以奉蒸尝⑬。中外婚媾，无自黩也⑬。勉思自爱，某从此去矣。"生泣曰："子若弃我，当自刭以就死。"娃固辞不从，生勤请弥恳。娃曰："送子涉江，至于剑门⑭，当令我回。"生许诺。

月余，至剑门。未及发而除书至⑭，生父由常州诏入，拜成都尹，兼剑南采访使⑭。浃辰⑭，父到。生因投刺⑭，谒于邮亭。父不敢认，见其祖父官讳⑭，方大惊，命登阶，抚背恸哭移时。曰："吾与尔父子如初。"因诘其由，具陈其本末。大奇之，诘娃安在。曰："送某至此，当令复还。"父曰："不可。"翌日，命驾与生先之成都，留娃于剑门，筑别馆以处之。明日，命媒氏通二姓之好，备六礼以迎之⑭，遂如秦晋之偶。

娃既备礼，岁时伏腊⑭，妇道甚修，治家严整，极为亲所眷尚⑭。后数岁，生父母偕殁，持孝甚至。有灵芝产于倚庐⑮，一穗三秀⑮，本道上闻。又有白燕数十⑮，巢其屋甍。天子异之，宠锡加等⑮。终制，累迁清显之任。十年间，至数郡。娃封汧国夫人，有四子，皆为大官，其卑者犹为太原尹⑮。弟兄姻媾皆甲门⑮，内外隆盛，莫之与京⑮。

嗟乎，倡荡之姬，节行如是，虽古先烈女，不能逾也。焉得不为之叹息哉！

予伯祖尝牧晋州⑮，转户部⑮，为水陆运使，三任皆与生为代⑮，故谙详其事。贞元中⑯，予与陇西公佐⑯，话妇人操烈之品格，因遂述汧国之事。公佐拊掌竦听⑯，命予为传。乃握管濡翰⑯，疏而存之⑯。时乙亥岁秋八月⑯，太原白行简云。


【注 释】

①汧（qiān）国：指唐时的汧阳郡，在今陕西千阳县。唐制，文武一品官及国公之母与妻，封为国夫人。

②倡女：妓女。倡，同"娼"。

③ 节行瑰奇：操节行为非常卓越。

④ 监察御史：唐官名，负责纠察百官、巡按州县。

⑤ 天宝：唐玄宗李隆基的年号（742—756）。

⑥ 常州刺史荥（xíng）阳公：常州刺史是荥阳人，因为是望族，故称荥阳公。荥阳即今河南荥阳市。

⑦ 时望甚崇：当时的名望很高。

⑧ 知命之年：五十岁。

⑨ 弱冠：男子二十岁左右。

⑩ 隽（jùn）朗：英俊聪明。

⑪ 推伏：推崇佩服。

⑫ 乡赋秀才举：古代贡士称赋。乡赋即乡贡。唐代科举制度，每年由地方州县保举若干人至长安参加考试，这种保举称乡贡或乡赋。秀才为唐初考试科目中最高的一种，但在唐高宗时已废除秀才科。故文中"应乡赋秀才举"，其意即为由州县保举去应进士科的考试。

⑬ 盛：多，指丰厚地备办。

⑭ 霸：指一考就中，名列前茅。

⑮ 给：给养。

⑯ 指掌：喻轻而易举。

⑰ 毗（pí）陵：古郡名，郡治在丹徒（今江苏镇江市东丹徒镇）。隋大业及唐天宝、至德时，又曾改常州为毗陵郡。

⑱ 布政里：即布政坊。

⑲ 东市：唐时长安有东西二市，是商业区。

⑳ 平康：唐代长安坊名，为妓女聚居的地方。

㉑ 曲：小巷。

㉒ 严邃：严谨深幽的样子。

㉓ 青衣：婢女，古代贫贱人家女子多穿青衣，亦多被卖为婢女，故名。

㉔ 妖姿要妙：妖姿妩媚的姿态。要妙即美好的样子。

㉕ 敕：令。

㉖ 累眄：多次斜着眼看。

㉗ 不敢措辞：找不到恰当的言辞。

㉘ 狭邪女：指妓女。

㉙ 赡：富有。

㉚ 垂白上偻（lóu）：头发渐白，驼背。

㉛ 隙院：空屋子。

㉜ 税：租。

㉝ 湫（jiǎo）隘：低湿狭窄。

㉞ 迟（zhì）宾之馆：接待宾客的客厅。
㉟ 举步艳冶：走路的样子很妖冶。
㊱ 寒燠（yù）：问候冷暖，指应酬话。
㊲ 触类妍媚：一举一动都很讨人喜欢。
㊳ 访：询问。
㊴ 绐（dài）：欺骗。
㊵ 禁：指夜里不能出城的规定。
㊶ 见责：以……相责怪。
㊷ 缣：细绢，古代可当货币用。
㊸ 贫窭（jù）：贫贱。
㊹ 粗粝：粗糙的食物。
㊺ 妆奁：梳妆盒。
㊻ 舍：放下。
㊼ 荐君子之枕席：指侍寝。
㊽ 厮养：奴仆。
㊾ 囊橐（tuō）：口袋，这里指财产。
㊿ 家：居住。
(51) 屏迹戢（jì）身：不外出，隐居。
(52) 如响：如声音之有回声，比喻十分应验。
(53) 荐酹（lèi）：以酒食祭祀。
(54) 质衣：典押衣物。
(55) 牢醴：祭祀用牛、羊、猪三牲叫牢，祭祀用的甜酒叫醴。此指祭品。
(56) 信宿：连宿两夜。
(57) 宣阳里：唐长安城里名，位于平康里之南。
(58) 疏绝：没有往来。
(59) 戟门：唐制，三品以上官员得立戟于门。
(60) 大宛：指代良马，汉代时西域国大宛以产骏马著称。
(61) 方寸：指内心。
(62) 凶仪斋祭：丧礼叫凶仪，斋戒之后去祭祀叫斋祭。
(63) 觇（chān）：察看。
(64) 扃钥：门锁。
(65) 缄：封、闭。
(66) 约已周：租约已经满期。
(67) 弛：松缓，引申为脱下。
(68) 恚：恼恨。
(69) 蹇：跛脚。这里代指跛脚的毛驴。

⑦ 迟（zhì）中表：等候中表亲。

⑦ 甚笃：很重。

⑦ 凶肆：古代专门代人办理丧事的店铺。

⑦ 绵缀移时：病重垂危拖了很多时候。绵缀，同"绵惙"，病危。

⑦ 假之：利用他。

⑦ 繐帷：灵帐。

⑦ 佣凶器：经营丧事中的棺木和殡敛用的一切东西。

⑦ 车舆：车和轿子。

⑦ 哀挽：出丧时唱的挽歌。

⑦ 长：掌柜的。

⑧ 醵钱二万索顾：凑集二万钱要求雇佣他。顾，同"雇"。

⑧ 党耆旧：党指同伙，耆旧指老师傅。

⑧ 阅：陈列，展览。

⑧ 符契：合同。

⑧ 里胥告于贼曹：里胥即里正，贼曹是掌管治安的官吏。

⑧ 京尹：京都地区的行政长官。

⑧ 辇舆威仪：指丧车仪仗等。

⑧ 层榻：叠榻而成的高台。

⑧ 铎：唱挽歌时用的大铃。

⑧ 翊：辅助。

⑨ 顿颡（sǎng）：点点头，向台前观众招呼的一种表示。

⑨ 《白马》：指《白马歌》，古代祭奠时常用的歌曲名。

⑨ 夙胜：一向的擅长。

⑨ 独步：独一无二。

⑨ 连榻：并坐的狭长坐具。

⑨ 翣（shà）：羽毛制成的大扇。

⑨ 容若不胜：看上去像是不会唱歌的样子。不胜：不能胜任。

⑨ 《薤（xiè）露》：古代送葬歌曲名。

⑨ 诮：讥笑。

⑨ 愕眙（chì）：瞪眼直视，惊异不已的样子。

⑩ 外方之牧：指州牧，即刺史。

⑩ 老竖：老仆人。

⑩ 婿：丈夫。

⑩ 泫然：落泪的样子。

⑩ 间：趁空。

⑩ 凛然：吃惊的样子。

⑩ 回翔：躲闪的样子。

⑩ 施：安放。

⑩ 曲江：长安东南的曲江池，为风景区。

⑩ 狎昵：亲近。

⑩ 楚挞：鞭打。

⑪ 道周：路旁。

⑫ 悬鹑：鹌鹑尾巴秃，挂起来像破烂的衣服，这里代指破烂衣服。

⑬ 廛肆：市场。

⑭ 冻馁：寒冷和饥饿。

⑮ 安邑：长安里坊名。

⑯ 垣：矮墙。

⑰ 枯瘠疥疬：枯瘦而且生癞疮。

⑱ 绝倒：昏倒。

⑲ 颔颐：点头。

⑳ 困踬：穷困潦倒。

㉑ 不啻：不止。

㉒ 别卜所诣：另找住处。

㉓ 温凊（qìng）：问候。

㉔ 水陆之馔：山珍海味。

㉕ 腴：丰满。

㉖ 渊思寂虑：深思静想。

㉗ 艺业：指科举考试。

㉘ 坟典：三坟五典，传说中的古籍名，此代指书籍。

㉙ 孜孜矻（kū）矻：勤奋不懈的样子。

㉚ 缀诗赋：写诗作赋，唐代考进士的主要内容。

㉛ 甲科：指甲等，成绩最优秀。

㉜ 礼闱：礼部，主持科举考试。

㉝ 擢：考上。

㉞ 砻淬（lóngcuì）利器：比喻钻研学问。砻，磨砺。淬，淬火。

㉟ 连衡：战国时六国联合以对付秦国的方针。这里作联络、结交解。

㊱ 直言极谏策科：科举项目之一，是为选拔人才而特别开的科目。

㊲ 参军：府尹的佐使。

㊳ 结媛鼎族：和豪门贵族人家的美女缔结婚姻。

㊴ 蒸尝：主持对祖宗的祭祀。蒸：同烝。《诗经·小雅·天保》："禴祠烝尝，于公先王。"春祭曰祠，夏祭曰禴，秋祭曰尝，冬祭曰烝。按封建礼制，祭祀祖宗是家庭主妇的重要事务。

⑭ 中外婚媾，无自黩：和内亲外戚亲上加亲，不要糟蹋了自己。

⑭ 剑门：唐代县名，在今剑阁县。

⑭ 除书：授予新官职的文书。

⑭ 采访使：掌管监察州县官吏的官员。

⑭ 浃辰：十二天。辰：指地支子丑寅卯等十二辰，每辰为一日。浃辰：指从子至亥的十二天的日子。

⑭ 投刺：附上名片请见。刺：名片。

⑭ 官讳：官职和名字。讳，古代对君主或尊长者不能直接称名。

⑭ 六礼：指古代婚礼的六个程序。据《仪礼·士婚礼》载，为纳彩（送彩礼），问名（问女方的名字），纳吉（将通过占卜认为这门亲事是吉利的情况告诉女方，决定婚约），纳徵（送订婚的礼物币帛），请期（问结婚的日期），迎亲（举行结婚仪式，迎新娘过门）。

⑭ 伏腊：古时夏祭叫伏，冬祭叫腊。这里以伏腊指代一年四季的祭祀。

⑭ 眷尚：爱重。

⑮ 倚庐：古代守丧时住的草庐。

⑮ 一穗三秀：一根穗上开三朵花，此指灵芝一茎上有三个菌盖，比较罕见，古人认为是祥瑞之兆。

⑮ 白燕：古人认为白燕游翔是吉祥之兆。

⑮ 锡：赏赐。

⑮ 太原尹：太原府的府尹。

⑮ 甲门：高贵的门第。

⑮ 京：大。这里指比试高低。

⑮ 牧晋州：担任晋州的刺史。

⑮ 户部：尚书省的六部之一，负责全国土地、户籍、赋税和财政事务。

⑮ 为代：做接任官。

⑯ 贞元：唐德宗李适的年号（785—805）。

⑯ 公佐：指李公佐，著名的唐传奇作家。

⑯ 拊掌竦听：两手轻轻地击掌敬听。

⑯ 握管濡翰：管指毛笔，翰指笔尖，即拿起笔蘸上墨。

⑯ 疏：详细记述。

⑯ 乙亥：唐德宗贞元十一年（公元795年）。

【分 析】

这是一篇抒写爱情的文言小说杰作。在门第观念极为深重的唐代，作者竟然安排了士大夫与娼妓真心相爱并以娼妓为妻的情节，还给予他们圆满的收束。这就使得《李娃传》不仅具有鲜明的时代意义，而且还有了破除门第阶级观念的深刻立意。

在艺术上，首先是塑造了典型环境中的典型形象：李娃作为一个风尘女子，在荥阳生钱财花尽时，设计将其支开，然后偷偷迁居以绝之；但当她目睹荥阳生陷入极度悲惨的境地时，被妓女生涯所掩盖了的善良天性又立即显露出来，机智果断地对自己和荥阳生将来的生活作出安排。这一过程中，她的性格特征既有承接又有变化。其次是曲折的情节结构：它的故事情节比以往任何小说都要复杂，波澜曲折，充满戏剧性的变化，而结构非常完整、叙述十分清楚，很能够吸引人。一般而言，短篇小说的情节设计通常只安排一次高潮，然而《李娃传》中却安排了两次情节高潮（先让荥阳生因李娃失去爱情，之后失去亲情。再让荥阳生因李娃而先拾回爱情，再拾回亲情）。再次是出色的叙述技巧：不仅表现在着力于人物角色的刻画上，对于文中角色生活的具体场景，如东肆和西肆的描写，也很见笔力。

**【思考与练习】**

1. 结合作品，分析李娃复杂的性格特点。
2. 你怎么看待荥阳公子与李娃的爱情？

**【辑　评】**

## 袁行霈主编《中国文学史》

小说的精华在前半部，尤其表现在对李娃形象的塑造上。李娃年仅二十，是一个被人侮辱、身份低贱的妓女，一出场就以妖艳的姿色吸引了荥阳生，并大胆让荥阳生留宿，"诙谐调笑，无所不至"，表现得温柔多情。但她深知自己的地位与贵介公子的荥阳生是难以匹配的，所以当荥阳生在妓院荡尽钱财时，她又主动参与了鸨母骗逐荥阳生的行动，尽管她内心深处仍对荥阳生情意绵绵。此后，荥阳生流落街头、乞讨为生，李娃对这位已"枯瘠疥疠，殆非人状"的昔日情人不禁生出强烈的怜惜之情和愧悔之心，"前抱其颈"，"失声长恸"，并毅然与鸨母决绝，倾全力照顾、支持荥阳生，使他得以功成名遂。但直到此时，她也没对荥阳生抱不切实际的幻想，而是十分理智地提出分手，给对方以重新选择婚姻的充分自由。这种过人的清醒、明智、坚强和练达，构成李娃性格中最有特色的闪光点。

## 骆玉明《简明中国文学史》

唐传奇中关于男女之情的小说多写士子与妓女的关系，这一方面与唐代经济发达、士人常流连于青楼的社会特点有关，另一方面也是由于"正常"的婚姻关系大抵并非两情相悦而形成，所以文学中表现得较为自由的恋爱反多在婚姻以外。

## 【链　接】

## 鲁迅《中国小说史略》

小说亦如诗，至唐代而一变。虽尚不离于搜奇记逸，然叙述宛转，文辞华艳，与六朝之粗陈梗概者较，演进之迹甚明，而尤显者乃在是时则始有意为小说。

## 白行简《三梦记》（其一）

天后时，刘幽求为朝邑丞，尝奉使夜归。未及家十余里，适有佛寺，路出其侧，闻寺中歌笑欢洽。寺垣短缺，尽得睹其中。刘俯身窥之，见十数人儿女杂坐，罗列盘馔，环绕之而共食。见其妻在坐中语笑。刘初愕然，不测其故，久之，且思其不当至此，复不能舍之。又熟视容止言笑无异，将就察之，寺门闭不得入，刘掷瓦击之，中其罍洗，破迸散走，因忽不见。刘逾垣直入，与从者同视殿庑，皆无人，寺扃如故。刘讶益甚，遂驰归。比至其家，妻方寝，闻刘至，乃叙寒暄讫，妻笑曰："向梦中与数十人同游一寺，皆不相识，会食于殿庭，有人自外以瓦砾投之，杯盘狼藉，因而遂觉。"刘亦具陈其见，盖所谓彼梦有所往而此遇之也。

# 赤　壁①

## 杜　牧

　　杜牧（803—852），字牧之，世称杜樊川，京兆万年（今陕西西安）人。唐文宗太和二年（公元 828 年）进士，官终中书舍人。受祖父宰相杜佑的影响，关心国事，有政治抱负，但因个性刚直，不愿趋炎附势，一生郁郁不得志。工于诗、赋及古文，尤以七言绝句见长。其诗多指陈时政之作，诗风飘逸俊爽，"雄姿英发"（刘熙载语），别具一格。与李商隐齐名，后人称为"小李杜"。著有《樊川文集》。

　　　　折戟沈沙铁未销②，自将磨洗认前朝③。
　　　　东风不与周郎便，铜雀春深锁二乔④。

## 【注　释】

　　① 赤壁，即赤壁山，在今湖北省蒲圻县西北长江南岸，为三国时周瑜大破曹操处。黄州（今湖北省黄冈县）城外亦有一山，名赤鼻矶（也名赤壁山）。本诗是杜牧任黄州刺史期间（842—844）所作，当为借题发挥而已。

　　② 戟：古代兵器名，合戈矛为一体。此处泛指战场遗物。沈：同"沉"。

　　③ 将：拿起。认前朝：认清是前朝遗物。

　　④ 东风二句：假如没有东南风给周瑜提供方便，战争未必能够取胜，甚至连二乔都可能成为曹操的侍妾。意在感叹周瑜的侥幸成功。东风，指赤壁之战火烧曹军之事。周郎，指周瑜。《三国志·吴书·周瑜传》："瑜时年二十四，吴中皆呼为周郎。"铜雀，台名，在邺城（今河北省临漳县），上有楼，因楼顶立有巨型铜雀而故得名，为曹操所建并安置姬妾歌妓处。二乔，指东吴著名美女，乔家两姊妹，称为大乔、小乔，分别是孙策和周瑜之妻。

## 【分　析】

　　在晚唐诗人中，杜牧是大量采用七绝形式写作咏史诗的第一人。本诗以发生于汉献帝建安十三年（公元 208 年）的赤壁之战为题，是一篇怀古咏史的佳作。

前两句交代了兴感之由，借一件小小的古物"折戟"来开篇，引发了怀古之情，引出对前朝人物、事迹的感慨。后两句发表议论，亦是点睛之笔。本诗从反面落笔，将赤壁之战的胜败关键归结于"东风"，强调了战场胜负的偶然性，以吐胸中抑郁不平之气，不袭前人，不落窠臼。其次，将当时纷繁复杂的政治斗争和军事对抗，形象、巧妙地转化为美女"二乔"的个人命运，以小见大，意味深长。全诗立意高绝，风格俊爽，不愧为"二十八字史论"之经典作品。

**【思考与练习】**

1. 这首诗表达了作者什么样的思想情感？
2. 诗人对赤壁之战的看法有何独到之处？
3. 中国古代文学的许多作品以赤壁之战为题材或背景，试列举这些作品。

**【辑　评】**

### 清·刘熙载《艺概》

杜樊川诗雄姿英发，李樊南诗深情绵邈。

### 宋·谢枋得《唐诗绝句注解》

后二句绝妙，众人咏赤壁，只善当时之胜；杜牧之咏赤壁，犹忧当时之败。此是无中生有，死中求活，非浅识可到。

**【链　接】**

### 杜牧《过华清宫》（其一）

长安回望绣成堆，山顶千门次第开。
一骑红尘妃子笑，无人知是荔枝来。

### 杜牧《泊秦淮》

烟笼寒水月笼沙，夜泊秦淮近酒家。
商女不知亡国恨，隔江犹唱后庭花。

# 相见欢·无言独上西楼①

李　煜

李煜（937—978），初名从嘉，字重光，号钟隐，又号莲峰居士，即五代十国中南唐政权的李后主。他嗣位的时候，南唐已奉宋正朔，苟安于江南一隅。宋开宝七年（公元974年）十月，宋兵南下攻金陵。次年十一月城破，后主肉袒出降，被俘到汴京，封违命侯。公元978年七夕被宋太宗赐牵机药毒死。他精于书画，谙于音律，工于诗文，词尤为五代之冠。前期词多写宫廷享乐生活，风格柔靡；后期词反映亡国之痛，题材扩大，意境深远，感情真挚，语言清新，极富艺术感染力。后人将他与其父李璟的作品合辑为《南唐二主词》。

　　无言独上西楼，月如钩。寂寞梧桐深院锁清秋②。
　　剪不断，理还乱，是离愁，别是一般滋味在心头③。

**【注　释】**

　　① 词牌名。此调原为唐教坊曲，又名"乌夜啼"。
　　② 锁清秋：深深被秋色所笼罩。
　　③ 别是一般：另有一种。

**【分　析】**

　　这首词写景含情，一方面移情于景，故所见之景均为幽寂清冷色调；另一方面又以情寓景，如以"钩"喻月，以"寂寞"状梧桐深院，景中即寓孤寂衰瑟之情。其次，设喻抒情也非常巧妙。如下阕前一喻，抽象（愁）化为形象（乱丝乱麻），然后又回归为抽象（难以名状的缠绕物）。后一喻又以无形（滋味）喻无形（愁）。构思别致，曲折新奇，确实耐人咀嚼。

1. 这首词表现了作者怎样的人生体验?
2. 这首词的下片是如何把抽象表现得具体可感的?

# 【辑　评】

## 明·余怀《玉琴斋词序》

李重光风流才子,误作人主,至有入宋牵机之恨。其所作之词,一字一珠,非他家所能及也。

## 清·纳兰性德《渌水亭杂识》

花间之词,如古玉器,贵重而不适用。宋词适用而少质重。李后主兼有其美,兼饶烟水迷离之致。

## 刘永济《词论》

纯作情语,比托情景中为难工也。此类佳者,如李后主:"剪不断,理还乱,是离愁,别是一般滋味在心头"。非至情不能道出,辞虽朴质亦不伤雅。

# 【链　接】

## 王国维《人间词话》

李重光之词,神秀也。

词至李后主而眼界始大,感慨遂深,遂变伶工之词而为士大夫之词。周介存置诸温、韦之下,可谓颠倒黑白矣。"自是人生长恨水长东";"流水落花春去也,天上人间",金荃、浣花,能有此气象耶?

词人者,不失其赤子之心者也。故生于深宫之中,长于妇人之手,是后主为人君所短处,亦即为词人所长处。

客观之诗人,不可不多阅世,阅世愈深,则材料愈丰富,愈变化,《水浒》、《红楼梦》之作者是也。主观之诗人,不必多阅世,阅世愈浅,则性情愈真,李后主是也。

# 登 快 阁<sup>①</sup>

黄庭坚

黄庭坚（1045—1105），字鲁直，号山谷，晚号涪翁，洪州分宁（今江西修水）人。"苏门四学士"之一，其诗卓然自成一家，与苏轼齐名，史称苏黄。他做诗讲究"无一字无来处"，喜欢用典，主张"点铁成金"、"夺胎换骨"，诗风奇崛瘦硬。他是江西诗派的始祖，有《豫章黄先生文集》。

痴儿了却公家事<sup>②</sup>，快阁东西倚晚晴。
落木千山天远大，澄江一道月分明。
朱弦已为佳人绝<sup>③</sup>，青眼聊因美酒横<sup>④</sup>。
万里归船弄长笛，此心吾与白鸥盟<sup>⑤</sup>。

## 【注 释】

① 快阁，在吉州太和县（今属江西）东澄江（赣江）之上，以江山广远、景物清华著称。此诗作于元丰五年（公元1082年）作者任太和令时。

② 痴儿：作者自指。《晋书·傅咸传》载杨济与傅咸书云："天下大器，非可稍了，而相观每事欲了。生子痴，了官事，官事未易了也，了事正作痴，复为快耳。"这是当时的清谈家崇尚清谈，反对务实的观点，认为一心想把官事办好的人是"痴"，黄庭坚这里反用其意，以"痴儿"自许。

③ "朱弦"句：《吕氏春秋·本味》："钟子期死，伯牙破琴绝弦，终身不复鼓琴，以为世无足复为鼓琴者。"朱弦，用熟丝制的琴弦，这里指琴。佳人，美人，引申为知己、知音。

④ "青眼"句：《晋书·阮籍传》："（阮）籍又能为青白眼，见礼俗之士，以白眼对之。及嵇喜来吊，籍作白眼，喜不怿而退。喜弟康闻之，乃赍酒挟琴造焉，籍大悦，乃见青眼。"青眼，即黑眼珠在中间，正眼相看。

⑤ 与白鸥盟：据《列子·黄帝》："海上之人有好沤（鸥）鸟者，每旦之海上从沤鸟游，沤鸟之至者，百住而不止。其父曰：'吾闻沤鸟皆从汝游，汝取来吾玩之。'明日之海上，沤鸟舞而不下也。"后人以与鸥鸟盟誓表示毫无机心，这里是指无利禄之心，借指归隐。

## 【分　析】

全诗以"快"字为脉络，生发出层层诗意。用典、炼字颇见功力，如"朱弦"、"青眼"，用事贴切，且善敷色彩；"快阁东西"、"倚晚晴"中动词写意态宛然如见。五、六两句属对严整，意思流贯，将七言歌行的单行之气寓于排偶之中，显出情致的跌宕起伏。

"落木千山天远大，澄江一道月分明"是写景名句。这两句是写登快阁所见山水秋色实景，从杜甫"无边落木萧萧下"和谢朓"澄江静如练"脱化而来。山天远大，江月分明，生机勃勃。不但顿然开拓了自己的心胸，也屏去了许多尘俗之见。

## 【思考与练习】

1. 找出这首诗中的典故，谈谈它们在诗中的含义。

2. 简析《登快阁》中，"落木千山天远大，澄江一道月分明"两句是如何动静映照、开合变化，以突出景物特征的。

## 【辑　评】

### 宋·张戒《岁寒堂诗话》

山谷《登快阁》诗云："落木千山天远大，澄江一道月分明。"此但以"远大"、"分明"之语为新奇，而究其实，乃小人语。

### 元·方回《瀛奎律髓》

此诗见《山谷外集》，为太和宰时作。吕居仁谓山谷少年诗已气骨成就，是也。山谷生昀批：起句山谷习气，后六句意境殊阔。此佳人乃指知音之人，非妇人也。

### 清·方东树《昭昧詹言》

起四句且叙且写，一往浩然。五、六句对意流行。收尤豪放，此所谓寓单行之气于排偶之中者。姚先生（鼐）云："能移太白歌行于律诗。"

# 赵氏孤儿①

纪君祥

　　纪君祥，一名纪天祥，元大都人，生平事迹不详。钟嗣成《录鬼簿》说他"与李寿卿、郑廷玉同时"。所撰杂剧六种，今存《赵氏孤儿》一种，另《松阴梦》有残曲存于《雍熙乐府》等曲籍中。《赵氏孤儿》为最早具有国际影响的中国戏剧之一，早在 18 世纪即由法国著名作家、启蒙思想家伏尔泰改编成悲剧《中国孤儿》并上演。

## 第三折

　　（屠岸贾领卒子上，云）兀的不走了赵氏孤儿也！某已曾张挂榜文，限三日之内，不将孤儿出首，即将普国内小儿，但是半岁以下、一月以上，都拘刷到我帅府中，尽行诛戮。令人，门首觑者，若有首告之人，报复某家知道。（程婴上，云）自家程婴是也。昨日将我的孩儿送与公孙杵臼去了，我今日到屠岸贾跟前首告去来。令人，报复去，道有了赵氏孤儿也。（卒子云）你则在这里，等我报复去。（报科，云）报的元帅得知，有人来报赵氏孤儿有了也。（屠岸贾云）在那里？（卒子云）现在门首哩。（屠岸贾云）着他过来。（卒子云）着过来。（做见科，屠岸贾云）兀那厮，你是何人？（程婴云）小人是个草泽医士程婴。（屠岸贾云）赵氏孤儿今在何处？（程婴云）在吕吕太平庄上公孙杵臼家藏着哩。（屠岸贾云）你怎生知道来？（程婴云）小人与公孙杵臼曾有一面之交，我去探望他，谁想卧房中锦绷绣褥上，躺着一个小孩儿。我想公孙杵臼年纪七十，从来没儿没女，这个是那里来的？我说道："这小的莫非是赵氏孤儿么？"只见他登时变色，不能答应，以此知孤儿在公孙杵臼家里。（屠岸贾云）咄！你这匹夫，你怎瞒的过我？你和公孙杵臼往日无仇，近日无冤，你因何告他藏着赵氏孤儿？你敢是知情么！说的是，万事全休；说的不是，令人，磨的剑快，先杀了这个匹夫者。（程婴云）告元帅，暂息雷霆之怒，略罢虎狼之威，听小人诉说一遍咱。我小人与公孙杵臼原无仇隙，只因元帅传下榜文，要将普国内小儿拘刷到帅府，尽行杀坏。我一来为救普国内小儿之命；二来小人四旬有五，近生一子，尚未满月，元帅军令，不敢不献出来，可不小人也绝后了。我想有了赵氏孤儿，便不损坏一国生灵，连小人的孩儿也得无事，所以出首。（诗云）告大人暂停嗔怒，这便是首告缘故；虽然救普国生灵，其实怕程家绝户。（屠岸贾笑科，云）哦，是了！公孙杵臼元与赵盾一殿之臣，可知有这事来。令人，则今日点就本部下人马，同程婴到太平庄上，拿公孙杵臼走一遭去。（同下）（正末公孙杵臼上，云）老夫公孙杵臼是也。想昨日与程婴商议救赵氏孤儿一事，今日他到屠岸贾府中首告去了。这早晚屠岸贾这厮必然来也呵。（唱）

**【双调新水令】**我则见荡征尘飞过小溪桥，多管是损忠良贼徒来到。齐臻臻摆着士卒，明晃晃列着枪刀。眼见的我死在今朝，更避甚痛笞掠。

（屠岸贾同程婴领卒子上，云）来到这吕吕太平庄上也。令人，与我围了太平庄者。程婴，那里是公孙杵臼宅院？（程婴云）则这个便是。（屠岸贾云）拿过那老匹夫来。公孙杵臼，你知罪么？（正末云）我不知罪。（屠岸贾云）我知你个老匹夫和赵盾是一殿之臣，你怎敢掩藏着赵氏孤儿？（正末云）老元帅，我有熊心豹胆，怎敢掩藏着赵氏孤儿！（屠岸贾云）不打不招。令人，与我拣大棒子着实打者。（卒子做打科）（正末唱）

**【驻马听】**想着我罢职辞朝，曾与赵盾名为刎颈交。（云）这事是谁见来？（屠岸贾云）现有程婴首告着你哩。（正末唱）是那个埋情出告②？元来这程婴舌是斩身刀。（云）你杀了赵家满门良贱三百馀口，则剩下这孩儿，你又要伤他性命。（唱）你正是狂风偏纵扑天雕，严霜故打枯根草；不争把孤儿又杀坏了了，可着他三百口冤仇甚人来报？

（屠岸贾云）老匹夫，你把孤儿藏在那里？快招出来，免受刑法。（正末云）我有什么孤儿藏在那里？谁见来？（屠岸贾云）你不招？令人，与我采下去着实打者。（做打科）（屠岸贾云）这老匹夫赖肉顽皮，不肯招承，可恼可恼。程婴，这原是你出首的，就着你替我行杖者。（程婴云）元帅，小人是个草泽医士，撮药尚然腕弱，怎生行的杖？（屠岸贾云）程婴，你不行杖，敢怕指攀出么？（程婴云）元帅，小人行杖便了。（做拿杖子科，屠岸贾云）程婴，我见你把棍子拣了又拣，只拣着那细棍子，敢怕打的他疼了，要指攀下你来？（程婴云）我就拿大棍子打者。（屠岸贾云）住者。你头里只拣着那细棍子打，如今你却拿起大棍子来，三两下打死了呵，你就做的个死无招对。（程婴云）着我拿细棍子又不是，拿大棍子又不是，好着我两下做人难也。（屠岸

（贾云）程婴，你只拿着那中等棍子打公孙杵臼。老匹夫，你可知道行杖的就是程婴么？（程婴行杖科，云）快招了者！（三科了③）（正末云）哎哟，打了这一日，不似这几棍子打的我疼。是谁打我来？（屠岸贾云）是程婴打你来。（正末云）程婴，你划的打我那④！（程婴云）元帅，打的这老头儿兀的不胡说哩。（正末唱）

【雁儿落】是那一个实丕丕将着粗棍敲，打的来痛杀杀精皮掉。我和你狠程婴有甚的仇？却教我老公孙受这般虐！

（程婴云）快招了者。（正末云）我招，我招。（唱）

【得胜令】打的我无缝可能逃，有口屈成招，莫不是那孤儿他知道，故意的把咱家指定了？（程婴做慌科）（正末唱）我委实的难熬，尚兀自强着牙根儿闹；暗地里偷瞧，只见他早諕的腿脡儿摇。

（程婴云）你快招罢，省得打杀你。（正末云）有有有。（唱）

【水仙子】俺二人商议要救这小儿曹。（屠岸贾云）可知道指攀下来也。你说二人，一个是你了，那一个是谁？你实说将出来，我饶你的性命。（正末云）你要我说那一个？我说我说。（唱）哎，一句话来到我舌尖上却咽了。（屠岸贾云）程婴，这桩事敢有么？（程婴云）兀那老头儿，你休妄指平人！（正末云）程婴，你慌怎么？（唱）我怎生把你程婴道，似这般有上梢无下梢⑤。（屠岸贾云）你头里说两个，你怎生这一会儿可说无了？（正末唱）只被你打的来不知一个颠倒。（屠岸贾云）你还不说，我就打死你个老匹夫！（正末唱）遮莫便打的我皮都绽⑥，肉尽销，休想我有半字儿攀着。

（卒子抱徕儿上科，云）元帅爷贺喜，土洞中搜出个赵氏孤儿来了也。（屠岸贾笑科，云）将那小的拿近前来，我亲自下手，剁做三段！兀那老匹夫，你道无有赵氏孤儿，这个是谁？（正末唱）

【川拨棹】你当日演神獒，把忠臣来扑咬。逼的他走死荒郊，刎死钢刀，缢死裙腰，将三百口全家老小尽行诛剿，并没那半个儿剩落，还不厌你心苗？

（屠岸贾云）我见了这孤儿，就不由我不恼也。（正末唱）

【七弟兄】我只见他左瞧右瞧，怒咆哮，火不腾改变了狰狞貌⑦，按狮蛮拽札起锦征袍⑧，把龙泉扯离出沙鱼鞘。

（屠岸贾怒云）我拔出这剑来，一剑、两剑、三剑。（程婴做惊疼科）（屠岸贾云）把这一个小业种剁了三剑，兀的不称了我平生所愿也。（正末唱）

【梅花酒】呀，见孩儿卧血泊，那一个哭哭号号，这一个怨怨焦焦，连我也战战摇摇，直恁般歹做作，只除是没天道！呀，想孩儿离褥草，到今日恰十朝，刀下处怎耽饶？空生长枉劬劳，还说甚要防老。

【收江南】呀，兀的不是家富小儿骄⑨。（程婴掩泪科）（正末唱）见程婴心似热油浇，泪珠儿不敢对人抛，背地里揾了，没来由割舍的亲生骨肉吃三刀。

（云）屠岸贾那贼，你试觑者，上有天哩，怎肯饶过的你！我死，打甚么不紧！（唱）

【鸳鸯煞】我七旬死后偏何老⑩，这孩儿一岁死后偏何小。俺两个一处身亡，落的个万代名标。我嘱付你个后死的程婴，休别了横亡的赵朔。畅道是光阴过去的疾，冤仇报复的早，将那厮万剐千刀，切莫要轻轻的素放了⑪。

（正末撞科，云）我撞阶基，觅个死处。（下）（卒子报科，云）公孙杵白撞阶基身死了也。（屠岸贾笑科）那老匹夫既然撞死，可也罢了。（做笑科，云）程婴，这一桩里多亏了你。若不是你呵，如何杀的赵氏孤儿。（程婴云）元帅，小人原与赵氏无仇，一来救普国内众生，二来小人跟前也有个孩儿，未曾满月，若不搜的那赵氏孤儿出来，我这孩儿也无活的人也。（屠岸贾云）程婴，你是我心腹之人，不如只在我家中做个门客，抬举你那孩儿成人长大，在你跟前习文，送在我跟前演武。我也年近五旬，尚无子嗣，就将你的孩儿与我做个义儿。我偌大年纪了，后来我的官位，也等你的孩儿讨个应袭。你意下如何？（程婴云）多谢元帅抬举。（屠岸贾诗云）则为朝纲中独显赵盾，不由我心中生怨；如今削除了这点萌芽，方才是永无后衅。（同下）

## 【注　释】

①《赵氏孤儿》据《左传》、《史记·赵世家》和刘向《新序》、《说苑》诸书所载有关事迹，编缀增饰而成，《录鬼簿》作《冤报冤赵氏孤儿》，《元曲选》作《赵氏孤儿大报仇》。讲述的是赵氏孤儿由程婴等人救护，长大后杀屠岸贾报仇的故事。全剧五折一楔子，本篇节选第三折，为搜孤救孤一节。

②埋情：疑即卖情，意指出卖友情。

③三科：演员动作重复了三次的舞台提示。

④划（chàn）的：平白无故。

⑤有上梢无下梢：元剧习用语，有始无终之意。

⑥遮莫：即使，尽管。

⑦火不腾：形容怒气骤然上冲，面红耳赤的样子。

⑧狮蛮：指战袍上的腰带。古代武将的带子用狮子蛮王作图案，因称狮蛮带。

⑨家富小儿骄：元剧习用语。这里是反语，说自己的婴儿不能如一般婴儿那样娇贵，反而要被送去替死。

⑩我七旬死后偏何老："后"字为语气词，相当于"呵"或"啊"，和下句"一岁死

后偏何小”用法相同。下句“何”字原作“知”，据上句改。

⑪ 素放：轻易释放，白白放过。

## 【分　析】

在剧本第一、二折，剧中的人物没有直接交手，到第三折屠岸贾、程婴、公孙杵臼正面交锋，矛盾激化。一开始，是程婴和屠岸贾告发与猜疑的冲突：程婴向屠岸贾告发公孙杵臼私藏赵氏孤儿，屠岸贾不肯轻信，反复盘诘。程婴的巧妙回答“为救全国婴孩，也为了不让自家绝后”消除了其猜疑。接着是屠岸贾与公孙杵臼逼供与拒招的冲突。他先装作不知情，后来赖不下去就咬紧牙关，拒不招认。随后是程婴与公孙之间的冲突，程婴被逼令毒打公孙。这一招十分恶毒，屠岸贾既可以观察公孙的反应，又可以考察程婴的态度，达到一箭双雕的目的。它既突出了屠岸贾的阴险狡诈，同时激化戏剧矛盾，又有利于表现程婴和公孙的性格。作者通过三人之间的复杂关系和高度紧张的心理，将冲突推向了顶点。最后是程婴内心的冲突，他亲眼目睹自己的儿子被砍为三段，悲痛万分，做“惊疼科”、“掩泪科”，却又要做出不在意的样子。赵氏孤儿得救，公孙撞阶自杀。这场戏是戏剧冲突的高潮，人物间的关系非常紧张，人物的形象也更加鲜明突出。

## 【思考与练习】

1. 本剧中作者是如何处理戏剧冲突的？
2. 程婴等人的形象怎样？剧本是如何塑造的？
3. 为什么说屠岸贾让程婴杖打公孙杵臼是意料之外又是情理之中？

# 错斩崔宁

《宋话本》

《错斩崔宁》属宋元话本公案一类，作者无考。冯梦龙《醒世恒言》卷三十三题为《十五贯戏言成巧祸》，题下原注："宋本作《错斩崔宁》。"《宝文堂书目》、《也是园书目》、《今乐考证·宋人说书书目》、《京本通俗小说》并见著录。而缪荃孙1915年刊印的《京本通俗小说》，宣称是"影元人写本"，是从《警世通言》和《醒世恒言》二书中辑出，只是略为改动了某些词句，实为伪书，在学界已基本成为定论。

> 聪明伶俐自天生，懵懂痴呆未必真。
> 嫉妒每因眉睫浅①，戈矛时起笑谈深②。
> 九曲黄河心较险，十重铁甲面堪憎③。
> 时因酒色亡家国，几见诗书误好人。

这首诗，单表为人难处。只因世路窄狭，人心叵测，大道既远④，人情万端。熙熙攘攘，都为利来。蚩蚩蠢蠢，皆纳祸去。持身保家，万千反覆。所以古人云：颦有为颦，笑有为笑⑤。颦笑之间，最宜谨慎。这回书，单说一个官人，只因酒后一时戏笑之言，遂至杀身破家，陷了几条性命。且先引下一个故事来，权做个德胜头回⑥。

却说故宋朝中，有一个少年举子，姓魏名鹏举，字冲霄，年方一十八岁，娶得一个如花似玉的浑家。未及一月，只因春榜动，选场开⑦，魏生别了妻子，收拾行囊，上京应取。临别时，浑家分付丈夫："得官不得官，早早回来，休抛闪了恩爱夫妻。"魏生答道："功名二字，是俺本领前程，不索贤卿忧虑⑧。"别后登程到京，果然一举成名，除授一甲第二名榜眼及第⑨。在京甚是华艳动人，少不得修了一封家书，差人接取家眷入京。书上先叙了寒温及得官的事，后却写下一行，道是："我在京中早晚无人照管，已讨了一个小老婆，专候夫人到京，同享荣华。"家人收拾书程⑩，一径到家，见了夫人，称说贺喜。因取家书呈上。夫人拆开看了，见是如此如此，这般这般，便对家人道："官人直恁负恩！甫能得官，便娶了二夫人。"家人便道："小人在京，并没见有此事。想是官人戏谑之言！夫人到京，便知端的，不得忧虑。"夫人道："恁地说，我也罢了！"却因人舟未便，一面收拾起身，一面寻觅便人，先寄封平安家书到京中去。那寄书人到了京中，寻问新科魏榜眼寓所，下了家书，管待酒饭自回，不题。

却说魏生接书拆开来看了，并无一句闲言闲语，只说道："你在京中娶了一个小老婆，我在家中也嫁了一个小老公，早晚同赴京师也。"魏生见了，也只道是夫人取笑的说话，全不在意，未及收好，外面报说：有个同年相访。京邸寓中，不比在家宽转，那人又是相厚的同年⑪，又晓得魏生并无家眷在内，直至里面坐下，叙了些寒温。魏生起身去解手，那同年偶翻桌上书帖，看见了这封家书，写得好笑，故意朗诵起来。魏生措手不及，通红了脸，说道："这是没理的事！因是小弟戏谑了他，他便取笑写来的。"那同年呵呵大笑道："这节事却是取笑不得的。"别了就去。那人也是一个少年，喜谈乐道，把这封家书一节，顷刻间遍传京邸。也有一班妒忌魏生少年登高科的，将这桩事只当做风闻言事的一个小小新闻，奏上一本，说这魏生年少不检，不宜居清要之职⑫，降处外任。魏生懊恨无及。后来毕竟做官蹭蹬不起⑬，把锦片也似一段美前程，等闲放过去了⑭。这便是一句戏言，撒漫了一个美官⑮。今日再说一个官人，也只为酒后一时戏言，断送了堂堂七尺之躯，连累两三个人，枉屈害了性命。却是为着甚的？有诗为证：

世路崎岖实可哀，傍人笑口等闲开。

白云本是无心物，又被狂风引出来。

却说南宋时，建都临安，繁华富贵，不减那汴京故国。去那城中箭桥左侧，有个官人，姓刘名贵，字君荐，祖上原是有根基的人家，到得君荐手中，却是时乖运蹇。先前读书，后来看看不济，却去改业做生意，便是半路上出家的一般。买卖行中，一发不是本等伎俩，又把本钱消折去了。渐渐大房改换小房，赁得两三间房子，与同浑家王氏，年少齐眉。后因没有子嗣，娶下一个小娘子，姓陈，是陈卖糕的女儿，家中都呼为二姐。这也是先前不十分穷薄的时，做下的勾当。至亲三口，并无闲杂人在家。那刘君荐，极是为人和气，乡里见爱，都称他刘官人。"你是一时运限不好，如此落莫，再过几时，定时有个亨通的日子！"说便是这般说，那得有些些好处？只是在家纳闷，无可奈何！

却说一日闲坐家中，只见丈人家里的老王——年近七旬——走来对刘官人说道："家间老员外生日，特令老汉接取官人娘子，去走一遭。"刘官人便道：

"便是我日逐愁闷过日子，连那泰山的寿诞，也都忘了。"便同浑家王氏，收拾随身衣服，打叠个包儿，交与老王背了。分付二姐："看守家中，今日晚了，不能转回，明晚须索来家⑯。"说了就去。离城二十余里，到了丈人王员外家，叙了寒温。当日坐间客众，丈人女婿，不好十分叙述许多穷相。到得客散，留在客房里宿歇。直至天明，丈人却来与女婿攀话，说道："姐夫，你须不是这算计，坐吃山空，立吃地陷。咽喉深似海，日月快如梭。你须计较一个常便！我女儿嫁了你，一生也指望丰衣足食，不成只是这等就罢了！"刘官人叹了一口气道："是。泰山在上，道不得个上山擒老虎易，开口告人难。如今的时势，再有谁似泰山这般看顾我的。只索守困，若去求人，便是劳而无功。"丈人便道："这也难怪你说。老汉却是看你们不过，今日赍助你些少本钱，胡乱去开个柴米店，撰得些利息来过日子，却不好么？"刘官人道："感蒙泰山恩顾，可知是好。"当下吃了午饭，丈人取出十五贯钱来，付与刘官人道："姐夫，且将这些钱去，收拾起店面，开张有日，我便再应付你十贯。你妻子且留在此过几日，待有了开店日子，老汉亲送女儿到你家，就来与你作贺，意下如何？"刘官人谢了又谢，驮了钱一径出门。到得城中，天色却早晚了，却撞着一个相识，顺路在他家门首经过。那人也要做经纪的人，就与他商量一会，可知是好。便去敲那人门时，里面有人应喏，出来相揖，便问："老兄下顾，有何见教？"刘官人一一说知就里。那人便道："小弟闲在家中，老兄用得着时，便来相帮。"刘官人道："如此甚好。"当下说了些生意的勾当。那人便留刘官人在家，现成杯盘，吃了三杯两盏。刘官人酒量不济，便觉有些朦胧起来，抽身作别，便道："今日相扰，明早就烦老兄过寒家，计议生理。"那人又送刘官人至路口，作别回家，不在话下。若是说话的同年生，并肩长，拦腰抱住，把臂拖回，也不见得受这般灾悔！却教刘官人死得不如：

《五代史》李存孝⑰，《汉书》中彭越⑱。

却说刘官人驮了钱，一步一步捱到家中。敲门已是点灯时分，小娘子二姐独自在家，没一些事做，守得天黑，闭了门，在灯下打瞌睡。刘官人打门，他那里便听见，敲了半晌，方才知觉。答应一声来了，起身开了门。刘官人进去，到了房中，二姐替刘官人接了钱，放在卓上，便问："官人何处那移这项钱来，却是甚用？"那刘官人一来有了几分酒，二来怪他开得门迟了，且戏言吓他一吓，便道："说出来，又恐你见怪；不说时，又须通你得知。只是我一时无奈，没计可施，只得把你典与一个客人，又因舍不得你，只典得十五贯钱。若是我有些好处，加利赎你回来。若是照前这般不顺溜，只索罢了！"那小娘子听了，欲待不信，又见十五贯钱堆在面前。欲待信来，他平白与我没半句言语，大娘子又过得好，怎么便下得这等狠心辣手！疑狐不决。只得再问道："虽然如此，也须通知我爹娘一声。"刘官人道："若是通知你爹娘，此事断然不成。你明日且到了人家，我慢慢央人与你爹娘说通，他也须怪我不得。"小娘子又问："官人今日在何处吃酒来？"刘官人道："便是把你典与人，写了文书，吃他的酒，才来的。"小娘子又问："大姐姐如何不来？"刘官人道："他因不忍见你分离，待得你明日出了门才来，这也是我没计奈何，一言为定。"说罢，暗地忍不住笑，不脱衣裳，睡在床上，不觉睡去了。那小娘子好生摆脱不下："不知他卖我与甚色样人家？我须先去爹娘家里说知。就是他明日有人来要我，寻到我家，也须有个下落。"沉吟了一会，却把这十五贯钱，一垛儿堆在刘官人脚后边。趁他酒醉，轻轻的收拾了随身衣服，款款的开了门出去，拽上了门。却去左边一个相熟的邻舍，叫做朱三老儿家里，与朱三妈宿了一夜，说道："丈夫今日无端卖我，我须先去与爹娘说知。烦你明日对他说一声，既有了主顾，可同我丈夫到爹娘家中来，讨个分晓，也须有个下落。"那邻舍道："小娘子说得有理，你只顾自去，我便与刘官人说知就理。"过了一宵，小娘子作别去了，不题。正是：

鳌鱼脱却金钩去，摆尾摇头再不回。

放下一头。却说这里刘官人一觉，直至三更方醒，见卓上灯犹未灭，小娘子不在身边。只道他还在厨下收拾家火，便唤二姐讨茶吃。叫了一回，没人答应，却待挣扎起来，酒尚未醒，不觉又睡了去。不想却有一个做不是的⑲，日间赌输了钱，没处出豁⑳，夜间出来掏摸些东西，却好到刘官人门首。因是小娘子出去了，门儿拽上不关，那贼略推一推，豁地开了。捏手捏脚，直到房中，并无一人知觉。到得床前，灯火尚明。周围看时，并无一物可取。摸到床上，见一人朝着里床睡去，脚后却有一堆青钱，便去取了几贯。不想惊觉了刘官人，起来喝道："你须不近道理！我从丈人家借办得几贯钱来养身活命，不争你偷了我的去㉑，却是怎的计结！"那人也不回话，照面一拳，刘官人侧身躲过，便起身与这人相持。那人见刘官人手脚活动，便拔步出房。刘官人不舍，抢出门来，一径赶到厨房里。恰待声张邻舍，起来捉贼，那人急了，正好没出豁，却见明晃晃一把劈柴斧头，正在手边；也是人急计生，被他绰起㉒，一斧正中刘官人面门，扑地倒了，又复一斧，砍倒一边。眼见得刘官人不活了，呜呼哀哉，伏惟尚飨㉓。那人便道："一不做，二不休，却是你来赶我，不是我来寻你。"索性翻身入房，取了十五贯钱。扯条单被，包裹得停当，拽扎得爽俐，出门，拽上了门就走，不题。

次早邻舍起来，见刘官人家门也不开，并无人声息，叫道："刘官人，失晓了㉔。"里面没人答应，捱将进去，只见门也不关。直到里面，见刘官人劈死在地。"他家大娘子，两日家前已自往娘家去了，小娘子如何不见？"免不得声张起来。却有昨夜小娘子借宿的邻家朱三老儿说道："小娘子昨夜黄昏时到我家宿歇，说道：刘官人无端卖了他，他一径先到爹娘家里去了，教我对刘官人说，既有了主顾，可同到他爹娘家中，也讨得个分晓。今一面着人去追他转来，便有下落。一面着人去报他大娘子到来，再作区处㉕。"众人都道："说得是。"先着人去到王老员外家报了凶信。老员外与女儿大哭起来，对那人道："昨日好端端出门，老汉赠他十五贯钱，教他将来作本，如何便恁的被人杀了？"那去的人道："好教老员外大娘子得知，昨日刘官人归时，已自昏黑，吃得半酣，我们都不晓得他有钱没钱，归迟归早。只是今早刘官人家，门儿半开，众人推将进去，只见刘官人杀死在地，十五贯钱一文也不见，小娘子也不见踪迹。声张起来，却有左邻朱三老儿出来，说道：'他家小娘子昨夜黄昏时分，借宿他家。'小娘子说道：'刘官人无端把他典与人了。'小娘子要对爹娘说一声，住了一宵，今日径自去了。如今众人计议，一面来报大娘子与老员外，一面着人去追小娘子。若是半路里追不着的时节，直到他爹娘家中，好歹追他转来，问个明白。老员外与大娘子，须索去走一遭，与刘官人执命㉖。"老员外与大娘子急急收拾起身，管待来人酒饭，三步做一步，赶入城中，不题。

却说那小娘子，清早出了邻舍人家，捱上路去，行不上一二里，早是脚疼走不动，坐在路旁。却见一个后生，头带万字头巾，身穿直缝宽衫，背上驮了一个搭膊，里面却是铜钱，脚下丝鞋净袜，一直走上前来。到了小娘子面前，看了一看：虽然没有十二分颜色，却也明眉皓齿，莲脸生春㉗，秋波送媚，好生动人。正是：

野花偏艳目，村酒醉人多。

那后生放下搭膊，向前深深作揖："小娘子独行无伴，却是往那里去的？"小娘子还了万福㉘，道："是奴家要往爹娘家去，因走不上，权歇在此。"因问："哥哥是何处来？今要往何方去？"那后生叉手不离方寸㉙："小人是村里人，因往城中卖了丝帐，讨得些钱，要往褚家堂那边去的。"小娘子道："告哥哥则个，奴家爹娘也在褚家堂左侧，若得哥哥带挈奴家，同走一程，可知是好。"那后生道："有何不可！既如此说，小人情愿伏侍小娘子前去。"两个厮赶着，一路正行，行不到二三里田地，只见后面两个人脚不点地，赶上前来。赶得汗流气喘，衣服拽开，连叫："前面小娘子慢走，我却有话说知。"小娘子与那后生看见赶得蹊跷，都立住了脚。后边两个赶到跟前，见了小娘子与那后生，不容分说，一家扯了一个，说道："你们干得好事！却走往那里去？"小娘子吃了一惊，举眼看时，却是两家邻舍，一个就是小娘子昨夜借宿的主人。小娘子便道："昨夜也须告过公公得知，丈夫无端卖我，我自去对爹娘说知。今日赶来，却有何说？"朱三老道："我不管闲帐，只是你家里有杀人公事，你须回去对理。"小娘子道："丈夫卖我，昨日钱已驮在家中，有甚杀人公事？我只是不去。"朱三老道："好自在性儿！你若真个不去，叫起地方<sup>㉚</sup>有杀人贼在此，烦为一捉，不然，须要连累我们。你这里地方也不得清净。"那个后生见不是话头，便对小娘子道："既如此说，小娘子只索回去，小人自家去休！"那两个赶来的邻舍，齐叫起来说道："若是没有你在此便罢，既然你与小娘子同行同止，你须也去不得！"那后生道："却也古怪，我自半路遇见小娘子，偶然伴他行一程，却有甚皂丝麻线<sup>㉛</sup>，要勒掯<sup>㉜</sup>我回去？"朱三老道："他家有了杀人公事，不争放你去了，却打没对头官司！"当下不容小娘子和那后生做主。看的人渐渐立满，都道："后生你去不得。你日间不作亏心事，半夜敲门不吃惊，便去何妨！"那赶来的邻舍道："你若不去，便是心虚，我们却和你罢休不得。"四个人只得厮挽<sup>㉝</sup>着一路转来。

到得刘官人门首，好一场热闹！小娘子入去看时，只见刘官人斧劈倒在地死了，床上十五贯钱分文也不见。开了口合不得，伸了舌缩不上去。那后生也慌了，便道："我怎的晦气。没来由和那小娘子同走一程，却做了干连人<sup>㉞</sup>。"众人都和闹着。正在那里分豁不开，只见王老员外和女儿一步一撷走回家来，见了女婿身尸，哭了一场，便对小娘子道："你却如何杀了丈夫？劫了十五贯钱，逃走出去？今日天理昭然，有何理说！"小娘子道："十五贯钱，委是有的。只是丈夫昨晚回来，说是无计奈何，将奴家典与他人，典得十五贯身价在此，说过今日便要奴家到他家去。奴家因不知他典与甚色样人家，先去与爹娘说知，故此趁夜深了，将这十五贯钱，一垛儿堆在他脚后边，拽上门，到朱三老家住了一宵，今早自去爹娘家里说知。临去之时，也曾央朱三老对我丈夫说，既然有了主儿，便同到我爹娘家里来交割。却不知因甚杀死在此？"那大娘子道："可又来！我的父亲昨日明明把十五贯钱与他驮来作本，养赡妻小，他岂有哄你说是典来身价之理？这是你两日因独自在家，勾搭上了人。又见家中好生不济，无心守耐，又见了十五贯钱，一时见财起意，杀死丈夫，劫了钱。又使见识，往邻舍家借宿一夜，却与汉子通同计较，一处逃走。现今你跟着一个男子同走，却有何理说，抵赖得过！"众人齐声道："大娘子之言，甚是有理。"又对那后生道："后生，你却如何与小娘子谋杀亲夫？却暗暗约定在僻静处等候一同去，逃奔他方，却是如何计结！"那人道："小人自姓崔名宁，与那个娘子无半面之识。小人昨晚入城，卖得几贯丝钱在这里，因路上遇见小娘子，小人偶然问起往那里去的，却独自一个行走。小娘子说起是与小人同路，以此作伴同行，却不知前后因依。"众人那里肯听他分说，搜索他搭膊中，恰好是十五贯钱，一文也不多，一文也不少。众人齐发起喊来："道是天网恢恢，疏而不漏⑪。你却与小娘子杀了人，拐了钱财，盗了妇女，同往他乡，却连累我地方邻里打没头官司！"

当下大娘子结扭了小娘子，王老员外结扭了崔宁，四邻舍都是证见，一哄都入临安府中来。那府尹听得有杀人公事⑫，即便升堂。便叫一干人犯，逐一从头说来。先是王老员外上去，告说："相公在上，小人是本府村庄人氏，年近六旬，只生一女，先年嫁与本府城中刘贵为妻。后因无子，娶了陈氏为妾，呼为二姐。一向三口在家过活，并无片言。只因前日是老汉生日，差人接取女儿女婿到家，住了一夜。次日，因见女婿家中全无活计，养赡不起，把十五贯钱与女婿作本，开店养身。却有二姐在家看守。到得昨夜，女婿到家时分，不知因甚缘故，将女婿斧劈死了，二姐却与一个后生，名唤崔宁，一同逃走，被人追捉到来。望相公可怜见老汉的女婿，身死不明，奸夫淫妇，赃证现在，伏乞相公明断。"府尹听得如此如此，便叫陈氏上来："你却如何通同奸夫，杀死了亲夫，劫了钱，与人一同逃走，是何理说？"二姐告道："小妇人嫁与刘贵，虽是做小老婆，却也得他看承得好，大娘子又贤慧，却如何肯起这片歹心？只是昨晚丈夫回来，吃得半酣，驮了十五贯钱进门，小妇人问他来历，丈夫说道，为因养赡不周，将小妇人典与他人，典得十五贯身价在此，又不通我爹娘得知，明日就要小妇人到他家去。小妇人慌了，连夜出门，走到邻舍家里，借宿一宵。今早一径先往爹娘家去，教他对丈夫说，既然卖我有了主顾，可到我爹娘家里来交割。才走得到半路，却见昨夜借宿的邻家赶来，捉住小妇人回来，却不知丈夫杀死的根由。"那府尹喝道："胡说！这十五贯钱，分明是他丈人与女婿的，你却说是典你的身价，眼见得没巴臂的说话了⑬。况且妇人家，如何黑夜行走？定是脱身之计。这桩事须不是你一个妇人家做的，一定有奸夫帮你谋财害命，你却从实说来。"那小娘子正待分说，只见几家邻舍一齐跪上去告道："相公的言语，委是青天。他家小娘子，昨夜果然借宿在左邻第二家的，今早他自去了。小的们见他丈夫杀死，一面着人去赶，赶到半路，却见小娘子和那一个后生同走，苦死不肯回来。小的们勉强捉他转来，却又一面着人去接他大娘子与他丈人，到时，说昨日有十五贯钱，付与女婿做生理的。今者女婿已死，这钱不知从何而去。再三问那个娘子时，说道：他出门时，将这钱一堆儿堆在床上。却去搜那后生身边，十五贯钱，分文不少。却不是小娘子与那后生通同谋杀？赃证分明，却如何赖得过？"府尹听他们言言有理，便唤那后生上来道："帝辇之下，怎容你这等胡行？你却如何谋了他小老婆，劫了十五贯钱，杀死了亲夫？今日同往何处？从实招来。"那后生道："小人姓崔名宁，是乡村人氏。昨日往城中卖了丝，卖得这十五贯钱。今早偶然路上撞着这小娘子，并不知他姓甚名谁，那里晓得他家杀人公事？"府尹大怒喝道："胡说！世间不信有这等巧事！他家失去了十五贯钱，你却卖的丝恰好也是十五贯钱，这分明是支吾的说话了。况且他妻莫爱，他马莫骑，你既与那妇人没甚首尾，却如何与他同行共宿？你这等顽皮赖骨，不打，如何肯招？"当下众人将那崔宁与小娘子，死去活来，拷打一顿。那边王老员外与女儿并一干邻佑人等，口口声声，咬他二人。府尹也巴不得了结这段公案。拷讯一回，可怜崔宁和小娘子，受刑不过，只得屈招了。说是一时见财起意，杀死亲夫，劫了十五贯钱，同奸夫逃走是实。左邻右舍都指画了"十"字，将两人大枷枷了，送入死囚牢里。将这十五贯钱，给还原主，也只好奉与衙门中人做使用，也还不勾哩。府尹叠成文案，奏过朝廷，部覆申详<sup>㊳</sup>，倒下圣旨，说："崔宁不合奸骗人妻，谋财害命，依律处斩。陈氏不合通同奸夫，杀死亲夫，大逆不道，凌迟示众<sup>㊴</sup>。"当下读了招状，大牢内取出二人来，当厅判一个斩字，一个剐字，押赴市曹<sup>㊵</sup>，行刑示众。两人浑身是口，也难分说。正是：

哑子谩尝黄檗味<sup>㊶</sup>，难将苦口对人言。

看官听说，这段公事，果然是小娘子与那崔宁谋财害命的时节，他两人须连夜逃走他方，怎的又去邻舍人家借宿一宵？明早又走到爹娘家去，却被人捉住了？这段冤枉，仔细可以推详出来。谁想问官糊涂，只图了事，不想捶楚之下<sup>㊷</sup>，何求不得？冥冥之中，积了阴骘，远在儿孙近在身。他两个冤魂，也须放你不过。所以做官的，切不可率意断狱，任情用刑，也要求个公平明允。道不得个死者不可复生，断者不可复续，可胜叹哉！

闲话休题。却说那刘大娘子到得家中，设个灵位，守孝过日。父亲王老员外劝他转身<sup>㊸</sup>，大娘子说道："不要说起三年之久，也须到小祥之后<sup>㊹</sup>。"父亲应允自去。光阴迅速，大娘子在家，巴巴结结，将近一年。父亲见他守不过，便叫家里老王去接他来，说："叫大娘子收拾回家，与刘官人做了周年，转了身去罢。"大娘子没计奈何，细思："父言亦是有理。"收拾了包裹，与老王背了，与邻舍家作别，暂去再来。一路出城，正值秋天，一阵乌风猛雨，只得落路，往一所林子去躲，不想走错了路。正是：

猪羊入屠宰之家，一脚脚来寻死路。

走入林子里去，只听他林子背后，大喝一声：“我乃静山大王在此！行人住脚，须把买路钱与我。”大娘子和那老王吃那一惊不小，只见跳出一个人来：

头带干红凹面巾，身穿一领旧战袍，腰间红绢搭膊裹肚，脚下蹬一双乌皮皂靴，手执一把朴刀。

舞刀前来。那老王该死，便道：“你这剪径的毛团⑤！我须是认得你，做这老性命着与你兑了罢。”一头撞去，被他闪过空。老人家用力猛了，扑地便倒。那人大怒道：“这牛子好生无礼⑥！”连搠一两刀，血流在地，眼见得老王养不大了⑦。那刘大娘子见他凶猛，料道脱身不得，心生一计，叫做脱空计。拍手叫道：“杀得好！”那人便住了手，睁员怪眼，喝道：“这是你甚么人？”那大娘子虚心假气的答道：“奴家不幸丧了丈夫，却被媒人哄诱，嫁了这个老儿，只会吃饭。今日却得大王杀了，也替奴家除了一害。”那人见大娘子如此小心，又生得有几分颜色，便问道：“你肯跟我做个压寨夫人么？”大娘子寻思，无计可施，便道：“情愿伏侍大王。”那人回嗔作喜，收拾了刀杖，将老王尸首撺入涧中。领了刘大娘子到一所庄院前来，甚是委曲。只见大王向那地上，拾些土块，抛向屋上去，里面便有人出来开门。到得草堂之上，分付杀羊备酒，与刘大娘子成亲。两口儿且是说得着。正是：

　　　　明知不是伴，事急且相随。

不想那大王自得了刘大娘子之后，不上半年，连起了几主大财，家间也丰富了。大娘子甚是有识见，早晚用好言语劝他：“自古道：瓦罐不离井上破，将军难免阵中亡⑧。你我两人，下半世也勾吃用了，只管做这没天理的勾当，终须不是个好结果！却不道是梁园虽好⑨，不是久恋之家。不若改行从善，做个小小经纪，也得过养身活命。”那大王早晚被他劝转，果然回心转意，把这门道路撇了，却去城市间赁下一处房屋，开了一个杂货店。遇闲暇的日子，也时常去寺院中，念佛持斋。忽一日在家闲坐，对那大娘子道：“我虽是个剪径的出身，却也晓得冤各有头，债各有主。每日间只是吓骗人东西，将来过日子，后来得了有你，一向不大顺溜，今已改行从善。闲来追思既往，正会枉杀了两个人，又冤陷了两个人，时常挂念，思欲做些功德，超度他们，一向未曾对你说知。”大娘子便道：“如何是枉杀了两个人？”那大王道：“一个是你的丈夫，前日在林子里的时节，他来撞我，我却杀了他。他须是个老人家，与我往日无仇，如今又谋了他老婆，他死也是不肯甘心的！”大娘子道：“不恁地时，我却那得与你厮守？这也是往事，休题了！”又问：“杀那一个，又是甚人？”那大王道：“说起来这个人，一发天理上放不过去，且又带累了两个人，

·264·

无辜偿命。是一年前，也是赌输了，身边并无一文，夜间便去掏摸些东西。不想到一家门首，见他门也不闩。推进去时，里面并无一人。摸到门里，只见一人醉倒在床，脚后却有一堆铜钱，便去摸他几贯。正待要走，却惊醒了。那人起来说道：这是我丈人家与我做本钱的，不争你偷去了，一家人口都是饿死。起身抢出房门，正待声张起来。是我一时见他不是话头，却好一把劈柴斧头在我脚边，这叫做人急计生，绰起斧来，喝一声道：'不是我，便是你！'两斧劈倒。却去房中将十五贯钱，尽数取了。后来打听得他，却连累了他家小老婆，与那一个后生，唤做崔宁，说他两人谋财害命，双双受了国家刑法。我虽是做了一世强人，只有这两桩人命，是天理人心打不过去的！早晚还要超度他，也是该的。"那大娘子听说，暗暗地叫苦："原来我的丈夫也吃这厮杀了，又连累我家二姐与那个后生无辜被戮。思量起来，是我不合当初做弄他两人偿命，料他两人阴司中，也须放我不过。"当下权且欢天喜地，并无他话。明日捉个空，便一径到临安府前，叫起屈来。那时换了一个新任府尹，才得半月。正直升厅，左右捉将那叫屈的妇人进来。刘大娘子到于阶下，放声大哭。哭罢，将那大王前后所为："怎的杀了我丈夫刘贵。问官不肯推详，含糊了事，却将二姐与那崔宁，朦胧偿命。后来又怎的杀了老王，奸骗了奴家。今日天理昭然，一一是他亲口招承。伏乞相公高抬明镜，昭雪前冤。"说罢又哭。府尹见他情词可悯，即着人去捉那静山大王到来，用刑拷讯，与大娘子口词一些不差。即时问成死罪，奏过官里。待六十日限满，倒下圣旨来，勘得："静山大王谋财害命，连累无辜，准律：杀一家非死罪三人者，斩加等，决不待时[50]。原问官断狱失情，削职为民。崔宁与陈氏枉死可怜，有司访其家，谅行优恤。王氏既系强徒威逼成亲，又能伸雪夫冤，着将贼人家产，一半没入官，一半给与王氏养赡终身。"刘大娘子当日往法场上，看决了静山大王，又取其头去祭献亡夫，并小娘子及崔宁，大哭一场。将这一半家私，舍入尼姑庵中，自己朝夕看经念佛，追荐亡魂，尽老百年而绝。有诗为证：

> 善恶无分总丧躯，只因戏语酿殃危。
>
> 劝君出话须诚实，口舌从来是祸基。

## 【注　释】

① 眉睫浅：目光短浅。

② 笑谈深：玩笑开得太过头。

③ 十重铁甲：喻脸皮厚。

④ 大道既远：指人们不按做人的正道做事。

⑤ "颦有"二句：言一颦一笑自有其目的。

⑥ 德胜头回：宋元说话艺人在讲正文故事之前，为了等候听众或是为了静场，常插一段小故事，由此引入正文。这段小故事称"入话"，也叫"头回"或是"德胜头回"。德胜，即"得胜"。

⑦ 春榜动，选场开：唐宋以来进士的考试在春天举行，称为春试。选场，指考场。两句是指考进士的日期已近。

⑧ 不索：不须。

⑨ 除授：任命。一甲：古代科举考试，会试录取后还须参加由皇帝亲自组织的殿试，殿试成绩分为一甲、二甲、三甲。一甲第一名称为状元，一甲第二名称为榜眼。

⑩ 书程：书，指书信。程，指程仪，送给人的路费，这里泛指行李。

⑪ 同年：同在一榜考上进士的人，彼此互称同年。

⑫ 清要之职：地位高，职务重要的官职。

⑬ 蹭蹬（cèngdèng）：失势，不得意。

⑭ 等闲：随随便便地。

⑮ 撒漫：抛失，丢掉。

⑯ 须索：必定。

⑰ 李存孝：五代时李克用的义子。骁勇善射，屡立战功，后被谗害，车裂而死。

⑱ 彭越：汉朝的功臣，封梁王，后遭刘邦猜忌，被诛，夷灭三族。

⑲ 做不是的：干坏事的人，这里指小偷。

⑳ 出豁：想出办法。

㉑ 不争：如果，倘使。

㉒ 绰（chāo）：抓。

㉓ 伏惟尚飨（xiǎng）：请来享受祭品吧。尚飨，又作"尚享"。

㉔ 失晓：睡得不知道天已经亮了。

㉕ 区处：处理，安排。

㉖ 执命：追查凶手偿命。

㉗ 莲脸生春：莲脸，粉红色的脸。形容容貌姣美。

㉘ 万福：古时妇女行的敬礼，双手松松抱拳在右下侧腰间上下移动，上体前倾，略为做鞠躬的姿势，口称"万福"。

㉙ 叉手不离方寸：双手拱在胸前行礼的意思。叉手，拱手。方寸，心。

㉚ 地方：地保的俗称。

㉛ 皂丝麻丝：比喻牵连、纠葛的意思。

㉜ 勒掯（kèn）：逼迫，迫使。

㉝ 厮挽：相挽，互相扭结。

㉞ 干连人：有牵连的人。

㉟ "天网"二句：语出《老子》。漏，原作"失"。恢恢，宽广的样子。疏，稀，指网

眼宽。是说天道公平，作恶的人必定会受到惩罚，不会漏掉一个犯罪的人。

㊱ 府尹：宋时京都所在地的知府官，品位较一般知府高，称府尹。

㊲ 没巴臂：无凭据，没来由。

㊳ 部覆申详：由刑部批回下面衙门上报的公文。

㊴ 凌迟：一种酷刑，即剐（guǎ）刑。用刀分割罪犯肉体，使罪犯不得速死。

㊵ 市曹：市内商业区，古代常于此处决犯人。

㊶ 谩尝：不要尝。黄檗（bò）：即黄柏，可入药，味极苦。

㊷ 捶楚：杖刑，用竹杖或木杖拷打罪犯。

㊸ 转身：即改嫁。

㊹ 小祥：服丧满一年叫小祥。

㊺ 剪径：盗匪在道路上拦路抢劫。毛团：畜生（骂人的话）。

㊻ 牛子：骂人的话，骂人像牛一样的愚蠢、执拗。

㊼ 养不大：活不了。

㊽ "瓦罐"二句：古典小说戏曲中常用的话，意思是说，常处在危险的境地，最后不会有好结果。

㊾ "梁园"二句：汉梁孝王（刘武）在汴京（今河南开封）东南盖了一所很大的花园，名为梁园，接待各方文士、宾客。此语谓梁园虽然很美，但非宾客之家，难以久恋。

㊿ 决不待时：古时处决犯人，多在秋后。案情严重的，立即执行死刑，不待秋后。


## 【分　析】

《错斩崔宁》讲述了由一起命案引发的一段冤情，在当时颇具代表性，是宋元公案小说的杰作。小说紧扣"错"与"巧"来展开情节。小说围绕"错"来铺开故事，结构严谨，条理清晰；借"巧"使情节起伏跌宕，丝丝入扣。"错"与"巧"的交织，使小说情节曲折离奇、扑朔迷离，富于传奇色彩，充分表现了宋元话本小说杰出的叙事技巧。此外，小说语言生动、活泼，人物形象鲜明、突出，尤其是塑造了刘贵、崔宁、陈二姐等个性鲜明的人物，给人们留下了深刻的印象。


## 【思考与练习】

1. 小说中隐含了作者怎样的情感？
2. 分析"戏言"一节的特点，它在文中有什么作用？
3. 体会小说中"巧合"的手法。

## 何满子《古代短篇小说名作评注》

　　这篇小说也以巧为关节，但情节一路发展过来却不失情理，不是一味生凑硬斗。刘贵从丈人处借得十五贯钱是为了做生意，因此路过一个做生意的熟人家门口，进去商议一下生意经是很自然的。主人招待他喝几杯，也是生活中常有的事。回家时陈二姐开门稍迟，乘着酒意开个玩笑恐吓她一下，也是人之常情。他既带着钱回家，诈说是典身钱，也不容二姐不信。更何况带着酒意，说是订了契约，吃了典主的酒，尤其入情入理。二姐一急之下要去娘家申诉，更在情理之中。时已黄昏，一个小妇人不得不到朱三妈家去借宿一夜，次早上路，揆情度理也很真实。路上遇到赶路的丝贩崔宁，结伴同行，也算不得什么稀奇事。这一切都谈不上巧，唯一巧的是崔宁所收来的丝账也是十五贯，不多不少。由于一路开展的情节都挑不出毛病，这点偶然的巧合（生活中也会有这样的巧事）便也被带了过去，不很惹眼了。真实是文学的生命，从小说的细节来说，是真实的，所以这篇小说站得住，并非全赖巧合。

【链　接】

## 鲁迅《中国小说史略》

　　其取材多在近时，或采之他种说部，主在娱心，而杂以惩劝。

## 张兵《话本小说简史》

　　"巧合"法的运用。它可以简化情节发展进程，加强作品矛盾冲突的紧张性，使话本的主题更加鲜明。

## 陈平原《中国散文小说史》

　　话本小说讲究"奇中奇"，最合适的，除了风月，便是公案。后者的变幻莫测，扑朔迷离，在说书场中，甚至比前者更有发展前景。

# 翠屏草堂记

李元阳

李元阳（1497—1580），字仁甫，号中溪，云南太和（今大理市）人。白族。明代理学家、文学家、史学家。嘉靖壬午年（1522年）乡试第二名，丙戌（1526年）中进士。初以议礼忤旨，出令分宜、江阴，多善绩。为御史有直谏声。官终荆州知府。中年辞官归家，隐居四十余年。著有《中溪集》，所修撰的万历《云南通志》，资料丰富，有所创见，是云南著名省志之一。

李氏中溪叟，自嘉靖壬寅葺崇圣寺，垂三十年，始得竣工①。乃枕峰腋寺，作室以居，名曰翠屏草堂。盖苍山十九峰②，列嶂凝翠，四时不改。堂实当之，得山水之胜，于是为最。延庚作楼③，俯瞰洱河④，碧光夺目。题曰：槛湖。延壬作榭，望见川源，野色入帘，题曰：绿野。前作一亭，以停杖屦，题曰：曲肱。后作一台，以舒眺望，题曰：艳雪。又有水月方丈、苍霞别馆、梅坞桃畦，而竹坡松迳。迤逦交错，不可端倪。

开东牖以纳旭，敞南甍以受和⑤；木无丹漆之华，墙无丹垩之饰，素屏木榻，瓦缶陶罂⑥，随力而增，率称是焉。楼上置橱，藏儒、释、老、庄之书约三百余卷；香一炉，琴一张，酒一壶。登楼开窗，岸帻解带，碧波在望，青甸如拭。取琴作商声三五弄⑦。小童进酒无量，微酣而止。步至楼背，升台看山，雪壑镂银，朱夏犹在⑧；山腰白云，宛如束带⑨。斯时心旷神怡，不觉放歌，声满天地。

老衲羽人，白眉垂颊，出自竹烟杳霭之间，持茗来饷，相与茵草枕藉，如梦如寐，不知天壤间复有何乐可以代此。

中溪叟，今年八十有四。耳目四体，未至衰颓。宅边有"默游园"。风雨沍寒⑩，颇堪游息。每及首夏，即出北郭，追凉风，濯流湍。苍山诸溪涧⑪，泉石胜处，背琴携酒，日以为常，或有客无客，听泉坐石，必日出而起，或乘月乃归。归至草堂，过千松冈，出芙蓉池。修柯戛云，低枝拂沼，茑萝骈织⑫，灌木阴森。伫立禽音间⑬，窥潭影。惟意所适，期在无眠。夜半楼栖，溪声递响，有如鸣琴⑭。天籁萧萧，令人悚然起听。目瞑境寂，天地之情，了然玄会⑮，乃知死不相干矣。唐人诗有之：此身只合僧中老⑯。予尝三复此言。清泉白石，实鉴我心。


## 【注 释】

① 嘉靖壬寅：公元 1542 年。垂三十年始得竣工：吴鹏《重修崇圣寺记》："五百年来，（崇圣寺）颓贻尽。郡人李内翰中溪氏率子弟，罄货财，竭力兴复。盖自嘉靖壬寅经始，至今癸亥乃得讫工，凡三阁、七楼、九殿、百厦，其位置之向背，基础之崇卑，片瓦寸木，皆出李公之擘画。"

② 苍山十九峰：苍山，在今大理城西，有十九峰，自南而北：一曰斜阳峰，二曰马耳峰，三曰佛顶峰，四曰圣应峰，五曰马龙峰，六曰玉局峰，七曰龙泉峰，八曰中和峰，九曰观音峰，十曰应乐峰，十一曰雪人峰，十二曰兰峰，十三曰三阳峰，十四曰鹤云峰，十五曰白云峰，十六曰莲花峰，十七曰五台峰，十八曰苍浪峰，十九曰云弄峰。主峰四季积雪，"苍山雪"为大理四景之一。

③ 延庚作楼：坐西朝东建楼。庚，方位，西方稍偏南。

④ 洱河：即洱海，在今大理城东，古称叶榆水。"洱海月"为大理四景之一。

⑤ 甍（méng）：屋脊。和：阳光。

⑥ 缶：瓦器。罂（yīng）：腹大口小的瓶子。

⑦ 商声：古代五音之一，五音即宫、商、角、徵、羽。弄：音乐演奏中一个曲或一个段落称为弄。

⑧ 朱夏：指三伏天。朱，赤，炎。点苍山十九峰，六月尚有积雪。昔人诗云："飞来碧落千年雪，点破苍山六月寒。""群峰夏雪"为叶榆十景之一。

⑨ 山腰二句：点苍盛夏之月，常有白云束腰带，横亘十九峰，截如玉带。

⑩ 冱（hù）：寒冻。

⑪ 苍山诸溪：苍山有十八溪，自南而北：一曰阳南溪，二曰葶溟溪，三曰莫残溪，四曰青碧溪，五曰龙溪，六曰绿玉溪，七曰中溪，八曰桃溪，九曰梅溪，十曰隐仙溪，十一曰双鸳溪，十二曰白石溪，十三曰灵泉溪，十四曰锦溪，十五曰茫涌溪，十六曰阳溪，十七曰万花溪，十八曰霞移溪。

⑫ 茑（niǎo）萝：草名，茎细长，缠络于他物上升，夏日开红花。骈织：交错在一起。

⑬禽音间：《云南通志稿》"禽音"作"奇禽"，"间"作"闲"，属下句。

⑭鸣琴：《云南通志稿》作"鹤鸣"。

⑮玄会：《云南通志稿》作"元会"。

⑯唐戴叔伦《宿无可上人房》："偶来人境外，何处染嚣尘？倘许栖林下，僧中老此身。"卢纶《题兴善寺后池》诗亦有"永愿容依止，僧中老此身"句。

**【分　析】**

　　李元阳一生钟情家乡山水，归隐后更是乐此不疲。44岁那年，官场失意的李元阳退隐归里，在故宅建了别致的默游园。同时，在点苍山中建造了翠屏草堂。这两处远隔闹市喧嚣的山居乐园，为他后半生近40年的隐居生活以无穷的慰藉。为此，他分别为这两处住所写下了两篇优美的散文：《默游园记》和《翠屏草堂记》。《翠屏草堂记》是他人生的最后一年写的，称得上是一曲人生的绝唱，这篇散文着力表达出作者垂暮之年旷逸悠然、坦荡豁达的心态。

　　本文为作者晚年之作，描述了赏心悦目的苍洱风光和作者闲适恬淡的心境。全文分为两部分，第一部分写楼居之趣，第二部分写游趣。先交代草堂得名，因苍山十九峰如叠翠屏障，得山水之胜而建堂。次写楼上观景、楼居之趣在于景之乐、款之乐、游之乐，为天地间乐事。

　　第二部分即最后一段写迟暮之年的游趣，"清泉白石，实鉴我心"表达作者闲适旷达的心态，悠然自得的情致。山水神韵与返璞归真的心态融为一体。

　　全文语言质朴，又淡雅传神。句式骈散相间，意气一贯，读来荡气回肠，有一唱三叹之感。

**【思考与练习】**

　　1. 此文写翠屏草堂的位置、布局、陈设，写苍山洱海的秀美风光，而无一不和作者的活动及心情结合起来。本文是怎样结合的？

　　2. 对照阅读柳宗元《钴鉧潭西小丘记》，比较这两篇文章的写作特点。

**【辑　评】**

### 张文勋著《白族文学史》

　　李元阳学识渊博，著作不少。中年曾著有《心性图说》，得罗洪先的称许；但与阳明理学有些不同，杂有佛学在内。嘉靖中，曾与杨士云同修《大理府志》，晚年又加以修订；所纂万历《云南通志》颇多创见，很有价值。他与杨士云、杨慎等交往，文学活动较多，写了不少诗文，有《艳雪台诗》、《中溪漫稿》等。当时即有刻本，后汇集为《中溪家传汇稿》，收入《云南丛书》时题为《李中溪全集》，十卷（诗四卷，文六卷）；1977年又发现了《中溪传稿》的手抄本，仅刊本一半多点，颇可校正刊本错讹之处。

　　李元阳的诗作大多是去职隐居之后所写，故寄情山水、述民哀怨之作数量最多。李元阳既长于诗，也长于文。不过，散文多游记、序跋、碑铭之类，行文骈于散，状物融情于景，确也引人入胜。

## 【链　接】

### 李元阳《默游园记》

吾李氏，世居苍洱之间，城中文化坊石马井巷乃居第也。阳以嘉靖五年丙戌叨一第，改翰林庶吉士。戊子，丁内艰，回里。邻人以隙地来售，辟以为园。自庆祖祢，积德荫我后人，得有今日。他时退老，无择里之劳，受园居之安，何其幸也。既而为县令，为郎署，为御史，为郡守。比归，则园中竹树花卉，翁郁蕃茂，芳香艳丽，十倍于初。心满意足，更无他愿。如鸟归巢，不知林深；如蛙得坎，不知海阔。少日，家传内典千馀轴，收贮不失。在闽中刻《十三经注疏》、杜氏《通典》及纂得群书三千馀卷，在江南买得曹御史古琴一张，文待诏赠宋贡砚一枚，丽江木雪山送石鼎、石磬、西洋鹤二只。中溪叟既得息躬于家，凡所有内典、群集、琴鹤，与不才身，俱为园中物矣。子弟为增置楼、亭、轩、槛，曰"尚友"、曰"怀仙"、曰"绿阴"、曰"碧山"。分一栋而向背异标，出一逕而跬步殊号。短丘而藏曲折，缓崿而可跻攀。但求适意，不求广也。

苍山之石，白质黑章，石工凿取近而易得。此石即白宫傅池中之天竺石，李赞皇平泉庄之醒酒石也，彼得一为奇。吾园中立而为帧，眠而为案，错置于流泉竹墅之间。无非此物。无牵挽载运之劳，坐致古人罕得之珍玩，又何幸也。

吾乡四时气候，暑止于温，寒止于凉，裘葛之用不甚役心。祖贻负郭田百亩，堪以卒岁。河东新畬称是，尽为营寺济贫之需。而家鲜俗弱，窦室默坐，百馀日不出，不知天之为盖、地之为舆、世之有人、己之有身也。每至雨霁风清之旦，月明鹤唳之夕，命觞煮茗，度竹穿花，拂案陈古琴，稚子擎书、园僮洗砚，弹七弦、击清磬、吟弄之声悠扬。于碧光清霭之际，如游于人世外，不知身在城郭中也。

中溪叟性本迂拙，寡所游从，家无伎乐之奉，门隔市廛之声。寂寂闲园，惟闻鸟哢，遂题园曰"默游"，而系以诗曰：

> 手种园林满落霞，闲来钟磬听儿挝。
> 竹间笔砚誊诗草，楼上香炉供法华。
> 窗岫爽添三伏雪，阶泉寒绕四时花。
> 闻知天上夸兜率，孰与榆城处士家。

# 滇 游 日 记

## ——游太华山记①

### 徐弘祖

徐弘祖（1587—1641），字振之，号霞客，明代南直隶江阴（今江苏江阴）人。明代杰出的地理学家、旅行家和文学家。徐霞客从小博览古今史籍、图经地志。他毅然放弃仕宦，出游祖国名山大川，海隅边陲。自22岁起到去世前一年为止，从未停止过游历考察。足迹遍及今之江苏、安徽、浙江、山东、河北、河南、山西、陕西、福建、江西、湖北、湖南、广东、广西、贵州、云南等16个省区。他的旅行日志经过后人整理，成六十多万字的巨著《徐霞客游记》。

出省城西南二里下舟，两岸平畴夹水②。十里，田尽，萑苇满泽，舟行深绿间，不复知为滇池巨流③，是为草海④。草间舟道甚狭，遥望西山绕臂东出，削崖排空⑤，则罗汉寺也。

又西十五里，抵高峣⑥，乃舍舟登陆。

高峣者，西山中逊处也⑦。南北山皆环而东出，中独西逊，水亦西逼之，有数百家倚山临水，为迆西大道⑧。北上有傅园⑨，园西上五里，为碧鸡关，即大道达安宁州者⑩。

由高峣南上，为杨太史祠⑪。祠南至华亭、太华，尽于罗汉⑫，即碧鸡山南突为重崖者⑬。盖碧鸡山自西北亘东南，进耳诸峰由西南亘东北⑭，两山相接，即西山中逊处。故大道从之，上置阙⑮，高峣实相水埠焉⑯。

余南一里，饭太史祠。又南过一村，乃西南上山，共三里，山半得华亭寺。寺东向，后倚危峰，草海临其前。

由寺南侧门出，循寺南西上，南逾支陇入腋⑰，共二里，东南升岭，岭界华亭、太华两寺中而东突者。南逾岭，西折入腋凑间⑱，上为危峰，下盘深谷，太华则高峙谷东，与行处平对⑲。然路必穷极西腋，后乃东转出。腋中悬流两派坠石窟⑳，幽峭险仄，不行此径不见也。转峡，又东盘山嘴㉑，共一里，俯瞰一寺在下壑，乃太平寺也㉒。

又南一里，抵太华寺。寺亦东向，殿前夹墀皆山茶㉓，南一株尤巨异。前廊南穿庑入阁㉔，东向瞰海。然此处所望，犹止及草海，若漾漾浩荡观㉕，当更在罗汉寺南也。

遂出南侧门，稍南下，循坞西入㉖。又东转一里半，南逾岭。岭自西峰最高处东垂下，有大道直上，为登顶道。截之东南下㉗，复南转，遇石峰嶙峋南拥。辄从其北，东向坠土坑下，共一里。

又西行石丛中一里，复上蹑崖端，盘崖而南，见南崖上下，如峰房燕窝㉘，累累欲堕者，皆罗汉寺南、北庵也。披石隙稍下，一里，抵北庵，已出文殊岩上㉙，始得正道。由此南下，为罗汉寺正殿；由此南上，为朝天桥㉚。桥架断崖间，上下皆嵌崖㉛，此复崭崖中坠㉜。

桥度而南，即为灵官殿㉝，殿门北向临桥。由殿东侧门下，攀崖蹑峻，愈上愈奇，而楼（供纯阳）、而殿（供玄帝）、而阁（供玉皇）、而宫（名抱一），皆东向临海，嵌悬崖间㉞。每上数十丈，得斗大平崖㉟，辄杙空架隙成之㊱。故诸殿俱不巨，而点云缀石，互为披映㊲，至此始扩然全收水海之胜㊳。南崖有亭前突，北崖横倚楼㊴，楼前高柏一株，浮空漾翠㊵。并楼而坐，如倚危樯上㊶，不复知有崖石下藉也。抱一宫南削崖上，杙木栈，穿石穴，栈悬崖树，穴透崖隙，皆极险峭。度隙，有小楼粘石端㊷，寝龛、炊灶皆具。北庵景至此而极。返，下朝天桥，谒罗汉正殿。殿后崖高百仞，崖南转折间，泉一方渟崖麓㊸，乃朝天桥迸缝而下者㊹，曰勺冷泉㊺。南逾泉，即东南折，其上崖更崇列㊻，中止漾坪一缕若腰带㊼，下悉陨坂崩崖㊽，直插海底。坪间梵宇仙宫（雷神庙、三佛殿、寿佛殿、关帝殿、张仙祠、真武宫）次第连缀。真武宫之上㊾，崖愈杰竦㊿，昔梁王避暑于此[51]，又名避暑台，为南庵尽处，上即穴石小楼也。更南，则庵尽而崖不尽，穹壁覆云[52]，重崖拓而更合[53]。南绝壁下，有猗兰阁址[54]。

还至正殿，东向出山门，凡八折，下二里抵山麓，有村氓数十家，俱网罟为业。村南即龙王堂[55]，前临水海。由其后南循南崖麓，村尽波连[56]，崖势愈出，上已过猗兰旧址。南壁愈拓削[57]，一去五里，黄石痕挂壁下，土人名为挂榜山。再南，则崖回嘴突[58]，巨石垒空嵌水折成壆[59]，南复分接屏壁[60]，雄峭不若前，而兀突离奇，又开异境。

三里，下瞰海涯，舟出没石隙中，有结茅南涯侧者。亟悬仄径下[61]，得金线泉[62]。泉自西山透腹出，外分三门[63]，大仅如盎[64]，中腔峒[65]，悉巨石欹侧[66]，不可入。水由盎门出，分注海，海中细鱼溯流入洞，是名金线鱼。鱼大不逾四寸，中腴脂⑥，首尾金一缕如线，为滇池珍味。泉北半里，有大石洞，洞门东瞰大海，即在大道下，崖倾莫可坠，必迂其南，始得透迤入，即前所望石中小舟出没处也。门内石质玲透⑧，裂隙森柱⑥，俱当明处。南入，数丈辄暗，觅炬更南，洞愈崇拓⑦。共一里，始转而分东西向。东上三丈止，西入窈窕莫极⑦。惧火炬不给⑦，乃出。

上山返抱一宫。问山顶黑龙池道⑦，须北向太华中，乃南转。然池实在山南金线泉绝顶，以此地崖崇石峻，非攀援可至耳。余辄从危崖历隙上，壁虽峭，石缝多棱，悬跃无不如意⑦。壁纹琼葩瑶茎⑦，千容万变，皆目所未收。素习者惟牡丹⑦，枝叶离披⑦，布满石隙，为此地绝遘⑦，乃结子垂垂⑦，外绿中红，又余地所未见。土人以高远莫知采鉴⑧，第曰⑧："山间野药，不辨何物也。"

攀跻里余，遂蹑巅，则石萼鳞鳞⑧，若出水青莲，平散竟地。峰端践侧锷⑧而南，惟西南一峰最高。行峰顶四里，凌其上，为碧鸡绝顶，顶南石萼骈丛⑧，南坠又起一突兀峰，高少逊之，乃南尽海口山⑧也。绝顶东下二里，已临金线泉之上，乃于耸崖间观黑龙池而下。


**【注 释】**

① 太华山：又称碧鸡山，俗称西山，因其山形酷似美人仰卧，故又称睡美人或睡佛山，为昆明市郊著名风景区。

② 省城：指今昆明市。平畴（chóu）：平坦的田地。旧游西山，一路乘小舟横渡滇池，爬千步崖，直达山顶。

③ 萑（huán）苇：芦苇。

④ 草海：滇池被海埂分为两部分：北部为草海，是滇池的上流，明代称西湖，湖水较浅，多水草芦苇，故又称积波池、清草湖。南部即水海，又称外海。

⑤ 排：推，形容崖壁高到好像要把天都推开的程度。

⑥ 高峣（yáo，方音读 qiáo）：又称高峣渡，在西山的右边，旧为水上交通码头。

⑦ 逊处：低下的地方。

⑧ 迤（yí）西大道：迤，伸延。明代云南有迤东和迤西之分，为区域名。清初在此基础上设迤东道和迤西道。乾隆年间又从迤东道中分出迤南道，专管滇南，成为政区名，合称"三迤"。今人仍按"三迤"称滇东、滇西、滇南。

⑨ 傅园：在高峣的北面。

⑩ 碧鸡关：在西山的北面，距昆明市约15公里。安宁州：即今云南省安宁市，在昆明市西南。

⑪ 杨太史祠：杨太史，即杨慎。杨慎（1488—1559），字用修，号升庵，四川新都人。

明武宗时，杨慎殿试第一，授翰林院修撰，人称"杨状元"、"杨太史"。因议大礼案，谪戍云南永昌卫（今保山市）。杨慎曾长住昆明西山脚高峣之"碧峣精舍"，后被改建为"杨太史祠"。

⑫ 华亭：指华亭寺，在昆明市西南的华亭山上，始建于元代。太华：指太华寺，在华亭山右边的太华山上，又叫佛严寺，为元代和尚铉鉴所建。罗汉：即罗汉寺，今毁。

⑬ 南突为重崖者：南面突起成为重叠的山崖。

⑭ 进耳：山名，玉案山东南走向的支峰，在昆明市西南，上有寺，名进耳寺。

⑮ 阙：古代一种望楼式的建筑。阙，一作"关"。

⑯ "高峣"句：意谓高峣实际上是那里的一个水上码头。埠（bù），停船的码头。

⑰ 陇：山冈。腋：山中凹入处。

⑱ 腋凑间：指山侧会聚之处。

⑲ 平对：平行相对。

⑳ 悬流：瀑布。两派：两支。派，水的分流。

㉑ 山嘴：山口。

㉒ 太平寺：在西山太华寺下，明神宗万历年间兴建。

㉓ 夹墀（chí）：石阶两亭。墀，台阶。

㉔ 廊：走廊，上有覆盖的通道。庑：廊下的小屋子。阁：《明一统志》"云南府寺观"条："太华寺，在太华山顶，元赛典赤建，俯瞰滇池。僧佛财于寺中建为高阁，本朝都督沐昂为匾曰'一碧万顷'。"此即指"一碧万顷"阁。

㉕ 若潆（yíng）潆句：假若要看水势潆洄壮大的景象。潆潆，水回旋的样子。

㉖ 坞：四面高而中间低的山地。

㉗ 截：横过。

㉘ 蜂房：蜂巢内六角形的小室，是蜜蜂产卵和储藏蜂蜜的地方。燕窝：金丝燕在海边岩石间筑的巢，是金丝燕吞下海藻后吐出的胶状物凝结而成的一种珍贵食品。

㉙ 文殊岩：在西山罗汉寺北。文殊，菩萨名，梵语叫文殊师利，意思是妙吉祥，佛家尊为菩萨的首座。

㉚ 朝天桥：在文殊岩南上方的岩石断裂处。

㉛ 嵌崖：岩穴。

㉜ 崭崖：高峻的山崖。

㉝ 灵官殿：道教的神庙，在朝天桥以南。灵官，即仙官，道家神祇有王灵官。

㉞ 嵌：陷入。这里指建筑物结构在岩壁的凹处。

㉟ 斗大平崖：狭小而平坦的崖地。

㊱ "靰杙（yì）"句：都是在空隙的地方悬柱架梁构造而成的。杙，小木桩，这里作动词用，意为竖起柱子。

㊲ 披映：掩映，遮掩映衬。披，覆盖。

㊳ 滇池海埂以南称水海，又称外海、昆阳海。湖水较深，湖面宽广。

㊈ 倚楼：靠着崖壁而起的楼阁。

㊉ 浮空漾翠：耸入高空，绿叶招展。漾，荡漾，本来形容水，这里形容绿叶摇动。

㊋ 危樯（qiáng）：很高的桅杆。

㊌ 粘：粘贴，附着。

㊍ 一方：长宽各一丈。渟（tíng）：水积聚而不流通，此指积水。

㊎ 迸缝：裂缝。

㊏ 勺冷泉：泉名，在西山罗汉寺的后面。

㊐ 崇列：高峻。列，同"岽（lǐ）"，山高的样子。

㊑ 漾坪：地名，在勺冷泉东南面。

㊒ 陨坂（tuíbǎn）：指向下倾斜的山坡。崩崖：指像倒塌了的低崖。

㊓ 真武：即玄武，北方之神。

㊔ 杰竦（sǒng）：高耸。

㊕ 梁王：世祖至元二十七年（1290 年）封其孙甘麻剌为梁王，出镇云南，后世子孙世袭。他们经常以皇帝的代理人身份在云南进行统治，甚至干预和监督行省的一切事务。

㊖ 穹壁覆云：高耸的石壁上云气笼罩。

㊗ 拓而更合：分开以后又合拢。拓，拓开。

㊘ 猗（yī）兰阁：在西山的南面。

㊙ 龙王堂：即龙王庙。

㊚ 波连：与水相连。

㊛ 拓削：绵延陡峭。

㊜ 崖回嘴突：崖壁回环，山嘴突起。

㊝ 垒空嵌水：耸入天空，陷进水里。璺（wèn）：裂痕。

㊞ 屏壁：屏风似的崖壁。

㊟ 悬：垂直沿着。仄径：小路。

㊠ 金线泉：泉水名，在西山南面。

㊡ 门：即下文所讲的盎门，孔窍。

㊢ 盎（àng）：瓦瓮。

㊣ 岮峒：空洞。

㊤ 欹侧：倾斜。

㊥ 腴（yú）脂：肥实。

㊦ 玲透：玲珑剔透，空灵的样子。

㊧ 森柱：众多直立的石柱。

㊨ 崇拓：高大宽阔。

㊩ 窈窕：深远曲折。莫极：难于走到头。

㊪ 不给：供应不上，即不够。

㊫ 黑龙池：在西山南面金线泉的顶上。

㊬ 悬跃：悬空跳跃。

⑦⑤ 琼葩（pā）瑶莘：指石壁上的花纹形状。琼、瑶，都是美玉。葩，花。

⑦⑥ 素习者：所认识的。

⑦⑦ 离披：散开的样子。

⑦⑧ 绝遘（gòu）：奇遇，意为绝难见到的。遘，遭遇。

⑦⑨ 垂垂：累累，形容挂得很多。

⑧⓿ 采鉴：采摘鉴赏。

⑧① 第：但，只管。副词。

⑧② 石萼（è）：石花。萼，花萼。鳞鳞：形容物态细密齐整，样子像鱼鳞。

⑧③ 锷：通"咢"，物体的轮廓，边际。

⑧④ 骈丛：骈比丛集，形容很多。

⑧⑤ 海口山：在西山南面，靠近滇池。

## 【分　析】

　　本文以游踪为线索，描述了太华山的奇丽风光和名胜古迹。作者精确地记录了太华山的路线、地势和方位。但它不只是一篇翔实的地理图志，还是一篇优美的散文作品。作者注重自然景象和人文景观相统一。文中写朝天桥、灵官殿，接着写北庵景致、勺冷泉，之后又提到梵宇仙宫、避暑台等，层次分明，自然景象与人文史迹交错成趣。自然景物通过清新流畅的文笔写出了各种情趣。楼、殿、阁、宫临海嵌悬崖间，"削崖上，杙木栈，穿石穴，栈悬崖树"，"度隙，有小楼粘石端"，"庵尽而崖不尽，穿壁覆云，重崖拓而更合"，如文中所言"攀崖蹑峻，愈上愈奇"。作者还善于运用比喻、拟人等手法，准确地再现了自然原貌。那攀缘的高崖"壁纹琼葩瑶莘，千容万变"，而石头则是"石萼鳞鳞，若出水青莲"。极其生动形象，让读者身临其境。游记描绘了太华山的峻秀奇异，显示了作者不畏艰难的精神和对祖国山河的浓厚感情。

## 【思考与练习】

　　1. 谈谈本文是如何写景状物的。

　　2. 联系本文，谈谈徐霞客不畏艰难、勇于探索的实践精神。

## 【辑　评】

### 《元混一方舆胜览》

　　碧鸡山，山在城西，峰峦秀拔，为诸山长。俯瞰滇池，一碧万顷。

## 清·钱谦益《嘱徐伸昭刻游记书》

万卷劫灰，一身旅泊，一意抛弃世事，皈心空门，世间声名文句，都如尘沙劫事，不复料理。惟念霞客先生游览诸记，此世间真文字、大文字、奇文字，不当令泯灭不传。仁兄当急为编次，谋得好事者授梓。不惟霞客精神不磨，天壤间亦不可无此书也。闻其文字质直，不事雕饰，又多载米盐琐屑，如甲乙账簿。此所以为世间真文字，万万不可改换窜易，失却本来面目也。知先生自有卓识，并与子玉昆仲具眼者商之。

## 清·潘耒《徐霞客游记序》

读其记而后知西南区域之广，山川多奇，远胜中夏也。记文排日编次，直叙情景，未尝刻画为文，而天趣旁流，自然奇警；山川条理，胪列目前；土俗人情，关梁厄塞，时时著见；向来山经地志之误，厘正无遗；奇踪异闻，应接不暇。然未尝有怪迂侈大之语，欺人以所不知。故吾于霞客之游，不服其阔远，而服其精详；于霞客之书，不多其博辨，而多其真实。牧斋称为古今纪游第一，诚然哉！

## 【链　接】

## 晁世新《徐霞客在云南·序》

徐霞客是我国明代著名的旅行家和地理学家。他以自己的卓识远见，把"蛮烟瘴雨"的云南作为他"万里遐征"的最后一站，于崇祯十一年（公元1638年）踏上了云南这块神奇的土地。他寄情于云南的名山古刹，沉醉于边疆奇景异物，考察了云南的江河源流和地貌岩溶，写下了内容极其丰富的《滇游日记》十三卷，约占《徐霞客游记》的五分之二。

《滇游日记》用较大的篇幅记述了云南的名山大泽、丽都古刹等大小风景名胜区。在滇池一带，他曾游过昆明西山的杨太史祠、华亭寺、太华寺、罗汉寺（今三清阁建筑群）、棋盘山、筇竹寺、海源寺、妙高寺、圆通寺和土主庙等地。他曾浴于"天下第一泉"的安宁温泉；还描绘过在元谋土林"如身在祥云金粟中"的感受。在洱海一带，他游遍了鸡足山的二十八寺十五庵；也游览了剑川的金华洞、石宝山，洱源的茈碧湖、鸟吊山和清源洞；在大理曾游过蝴蝶泉、三塔寺、清碧溪、感通寺，记述了观音街子（即三月街）盛况；

在腾冲除看了飞沫倒卷、屑玉腾珠的跌水河瀑布外，还登上火山口考察，又亲睹了硫黄塘村的地热奇观；赞美澜沧江铁锁桥（即霁虹桥）是"天堑云航"，还兴致勃勃地来到保山大寨干海子，又看了玛瑙山的玛瑙上品和名冠全国的"云子"（即云南围棋子）。他在云南既观过"满崖浮彩腾跃，焕然夺目"的日出，又看过"西映为朝霞，东映为晚照"的日落；还看到了"火树霞林"的山寨。至于遍布各地的山岭壑洞、林谷峡石，就更不可胜数了。

正是由于徐霞客长期献身于旅游事业的科学实践，使他逐渐成长为我国历史上最杰出的地理学家。他的《盘江考》弄明了北盘江下游注入都泥江（今红水河）；他还根据确凿事实，在《江源考》中重申金沙江才是长江上源，否定了《尚书·禹贡》的"岷山导江"的"定论"，并在《滇游日记》中指出元江、澜沧江、怒江均独流入海，纠正了《大明一统志》有关记载的错误。

《滇游日记》还记录了徐霞客在云南看到的一些历史文物、少数民族的奇风异俗、动植物生态、名特产品以及农工百业、关梁厄塞、边防政务等等，徐霞客的《滇游日记》既是一部色彩绚丽的游记性文学巨著，又是一部颇有建树的地理学著作，而且还是一部翔实可信的风物志，至今仍是研究云南、开发云南的重要参考史料。

# 婴 宁

蒲松龄

蒲松龄（1640—1715），清代文学家，字留仙，一字剑臣，别号柳泉居士，世称聊斋先生，山东淄川（今属山东淄博市）人。他自幼聪慧，却屡试不第，终生贫困潦倒，却给后世留下了杰出的文言短篇小说集《聊斋志异》。他工于诗文，善制俚曲，尤长于虚幻想象，借谈狐说鬼来讽喻现实，把自己对生活的独特感受和深刻认识融入神仙狐鬼精魅故事中。此外他还著有《聊斋诗文集》、《聊斋俚曲集》等。

王子服，莒之罗店人，早孤①。绝惠②，十四入泮③，母最爱之，寻常不令游郊野。聘萧氏，未嫁而夭，故求凰未就也。会上元④，有舅氏子吴生，邀同眺瞩⑤。方至村外，舅家有仆来，招吴去。生见游女如云，乘兴独遨。有女郎携婢，拈梅花一枝，容华绝代，笑容可掬。生注目不移，竟忘顾忌。女过去数武⑥。顾婢曰："个儿郎目灼灼似贼⑦！"遗花地上，笑语自去。

生拾花怅然，神魂丧失，怏怏遂返。至家，藏花枕底，垂头而睡。不语亦不食。母忧之。醮禳益剧，肌革锐减⑧。医师诊视，投剂发表⑨，忽忽若迷。母抚问所由，默然不答。适吴生来，嘱密诘之。吴至榻前，生见之泪下。吴就榻慰解，渐致研诘。生具吐其实，且求谋画。吴笑曰："君意亦复痴！此愿有何难遂？当代访之。徒步于野，必非世家。如其未字，事固谐矣；不然，拚以重赂，计必允遂。但得痊瘳，成事在我。"生闻之，不觉解颐。吴出告母，物色女子居里，而探访既穷，并无踪绪。母大忧，无所为计。然自吴去后，颜顿开，食亦略进。数日，吴复来。生问所谋，吴绐之曰："已得之矣。我以为谁何人，乃我姑氏女，即君姨妹行，今尚待聘。虽内戚有婚姻之嫌，实告之，无不谐者。"生喜溢眉宇，问："居何里？"吴诡曰："西南山中，去此可三十馀里。"生又付嘱再四，吴锐身自任而去。

生由是饮食渐加，日就平复。探视枕底，花虽枯，未便雕落。凝思把玩，如见其人。怪吴不至，折柬招之。吴支托不肯赴招。生恚怒，悒悒不欢。母虑其复病，急为议姻；略与商榷，辄摇首不愿，惟日盼吴。吴迄无耗，益怨恨之。转思三十里非遥，何必仰息他人？怀梅袖中，负气自往，而家人不知也。伶仃独步，无可问程，但望南山行去。约三十馀里，乱山合沓，空翠爽肌，寂无人行，止有鸟道。遥望谷底，丛花乱树中，隐隐有小里落。下山入村，见舍宇无多，皆茅屋，而意甚修雅。北向一家，门前皆丝柳，墙内桃杏尤繁，间以修竹；野鸟格磔其中⑩。意其园亭，不敢遽入。回顾对户，有巨石滑洁，因据坐少憩。俄闻墙内有女子，长呼"小荣"，其声娇细。方伫听间，一女郎由东而西，执杏花一朵，俯首自簪。举头见生，遂不复簪，含笑拈花而入。审视之，即上元途中所遇也。心骤喜。但念无以阶进；欲呼姨氏，顾从无还往⑪，惧有讹误。门内无人可问。坐卧徘徊，自朝至于日昃⑫，盈盈望断，并忘饥渴。时见女子露半面来窥，似讶其不去者。忽一老媪扶杖出，顾生曰："何处郎君，闻自辰刻便来，以至于今。意将何为？得勿饥耶？"生急起揖之，答云："将以盼亲。"媪聋聩不闻。又大言之。乃问："贵戚何姓？"生不能答。媪笑曰："奇哉！姓名尚自不知，何亲可探？我视郎君，亦书痴耳。不如从我来，啖以粗粝⑬，家有短榻可卧。待明朝归，询知姓氏，再来探访，不晚也。"生方腹馁思啖，又从此渐近丽人，大喜。从媪入，见门内白石砌路，夹道红花，片片堕阶上；曲折而西，又启一关，豆棚花架满庭中。肃客入舍，粉壁光明如镜；窗外海棠枝朵探入室中；裀藉几榻，罔不洁泽。甫坐，即有人自窗外隐约相窥。媪唤："小荣！可速作黍。"外有婢子嗷声而应。坐次，具展宗阀⑭。媪曰："郎君外祖，莫姓吴否？"曰："然。"媪惊曰："是吾甥也！尊堂，我妹子。年来以家婆贫⑮，又无三尺男，遂至音问梗塞。甥长成如许，尚不相识。"生曰："此来即为姨也，匆遽遂忘姓氏。"媪曰："老身秦姓，并无诞育；弱息仅存，亦为庶产。渠母改醮⑯，遗我鞠养。颇亦不钝，但少教训，嬉不知悉。少顷，使来拜识。"

未几，婢子具饭，雏尾盈握⑰。媪劝餐已，婢来敛具。媪曰："唤宁姑来。"婢应去。良久，闻户外隐有笑声。媪又唤曰："婴宁，汝姨兄在此。"户外嗤嗤笑不已。婢推之以入，犹掩其口，笑不可遏。媪嗔目曰："有客在，咤咤叱叱，是何景象？"女忍笑而立，生揖之。媪曰："此王郎，汝姨子。一家尚不相识，可笑人也。"生问："妹子年几何矣？"媪未能解。生又言之。女复笑，不可仰视。媪谓生曰："我言少教诲，此可见矣。年已十六，呆痴裁如婴儿⑱。"生曰："小于甥一岁。"曰："阿甥已十七矣，得非庚午属马者耶？"生首应之。又问："甥妇阿谁？"答云："无之。"曰："如甥才貌，何十七岁犹未聘？婴宁亦无姑家，极相匹敌；惜有内亲之嫌。"生无语，目注婴宁，不遑他瞬[19]。婢向女小语云："目灼灼，贼腔未改！"女又大笑，顾婢曰："视碧桃开未？"遽起，以袖掩口，细碎莲步而出。至门外，笑声始纵。媪亦起，唤婢襆被，为生安置。曰："阿甥来不易，宜留三五日，迟迟送汝归。如嫌幽闷，舍后有小园，可供消遣；有书可读。"次日，至舍后，果有园半亩，细草铺毡，杨花糁径[20]；有草舍三楹[21]，花木四合其所。穿花小步，闻树头苏苏有声，仰视，则婴宁在上。见生来，狂笑欲堕。生曰："勿尔，堕矣！"女且下且笑，不能自止。方将及地，失手而堕，笑乃止。生扶之，阴捘其腕。女笑又作，倚树不能行，良久乃罢。生俟其笑歇，乃出袖中花示之。女接之，曰："枯矣。何留之？"曰："此上元妹子所遗，故存之。"问："存之何意？"曰："以示相爱不忘也。自上元相遇，凝思成病，自分化为异物；不图得见颜色，幸垂怜悯。"女曰："此大细事。至戚何所靳惜？待郎行时，园中花，当唤老奴来，折一巨捆负送之。"生曰："妹子痴耶？"女曰："何便是痴？"生曰："我非爱花，爱拈花之人耳。"女曰："葭莩之情[22]，爱何待言。"生曰："我所谓爱，非瓜葛之爱，乃夫妻之爱。"女曰："有以异乎？"曰："夜共枕席耳。"女俯思良久，曰："我不惯与生人睡。"语未已，婢潜至，生惶恐遁去[23]。少时，会母所。母问："何往？"女答以园中共话。媪曰："饭熟已久，有何长言，喞喞乃尔。"女曰："大哥欲我共寝。"言未已，生大窘，急目瞪之。女微笑而止。幸媪不闻，犹絮絮究诘。生急以他词掩之，因小语责女。女曰："适此语不应说耶？"生曰："此背人语。"女曰："背他人，岂得背老母。且寝处亦常事，何讳之？"生恨其痴，无术可以悟之。食方竟，家中人捉双卫来寻生。

先是，母待生久不归，始疑；村中搜觅几遍，竟无踪兆。因往询吴。吴忆曩言[24]，因教于西南山村行觅。凡历数村，始至于此。生出门，适相值，便入告媪，且请偕女同归。媪喜曰："我有志，匪伊朝夕。但残躯不能远涉，得甥携妹子去，识认阿姨，大好！"呼婴宁。宁笑至。媪曰："有何喜，笑辄不辍？若不笑，当为全人。"因怒之以目。乃曰："大哥欲同汝去，可便装束。"又饷家人酒食，始送之出曰："姨家田产丰裕，能养冗人。到彼且勿归，小学诗礼[25]，亦好事翁姑。即烦阿姨，为汝择一良匹[26]。"二人遂发。至山坳，回顾，犹依稀见媪倚门北望也。

抵家，母睹姝丽，惊问为谁。生以姨女对。母曰："前吴郎与儿言者，诈也。我未有姊，何以得甥？"问女，女曰："我非母出。父为秦氏，没时，儿在襁中，不能记忆。"母曰："我一姊适秦氏[27]，良确；然殂谢已久，那得复存？"因审诘面庞、志赘[28]，一一符合。又疑曰："是矣。然亡已多年，何得复存？"疑虑间，吴生至，女避入室。吴询得故，惘然久之。忽曰："此女名婴

·283·

宁耶？"生然之。吴亟称怪事。问所自知，吴曰："秦家姑去世后，姑丈鳏居，祟于狐，病瘠死。狐生女名婴宁，绷卧床上，家人皆见之。姑丈殁，狐犹时来；后求天师符粘壁上，狐遂携女去。将勿此耶？"彼此疑参。但闻室中吃吃皆婴宁笑声。母曰："此女亦太憨生。"吴请面之。母入室，女犹浓笑不顾。母促令出，始极力忍笑，又面壁移时，方出。才一展拜，翻然遽入，放声大笑。满室妇女，为之粲然㉙。吴请往觇其异，就便执柯㉚。寻至村所，庐舍全无，山花零落而已。吴忆姑葬处，仿佛不远；然坟垄湮没，莫可辨识，诧叹而返。母疑其为鬼。入告吴言，女略无骇意；又吊其无家，亦殊无悲意，孜孜憨笑而已。众莫之测。母令与少女同寝止。昧爽即来省问㉛，操女红精巧绝伦。但善笑，禁之亦不可止；然笑处嫣然，狂而不损其媚，人皆乐之。邻女少妇，争承迎之。母择吉将为合卺㉜，而终恐为鬼物。窃于日中窥之，形影殊无少异。至日，使华装行新妇礼；女笑极不能俯仰，遂罢。生以其憨痴，恐泄漏房中隐事；而女殊密秘，不肯道一语。每值母忧怒，女至，一笑即解。奴婢小过，恐遭鞭楚，辄求诣母共话；罪婢投见，恒得免。而爱花成癖，物色遍戚党；窃典金钗，购佳种，数月，阶砌藩溷㉝，无非花者。

庭后有木香一架，故邻西家。女每攀登其上，摘供簪玩。母时遇见，辄诃之。女卒不改。一日，西邻子见之，凝注倾倒。女不避而笑。西邻子谓女意已属，心益荡。女指墙底笑而下，西邻子谓示约处，大悦。及昏而往，女果在焉。就而淫之，则阴如锥刺，痛彻于心，大号而踣㉞。细视非女，则一枯木卧墙边，所接乃水淋窍也。邻父闻声，急奔研问，呻而不言。妻来，始以实告。爇火烛窍㉟，见中有巨蝎，如小蟹然。翁碎木捉杀之。负子至家，半夜寻卒。邻人讼生，讦发婴宁妖异㊱。邑宰素仰生才，稔知其笃行士，谓邻翁讼诬，将杖责。生为乞免，逐释而出。母谓女曰："憨狂尔尔，早知过喜而伏忧也。邑令神明，幸不牵累；设鹘突官宰，必逮妇女质公堂，我儿何颜见戚里？"女正色，矢不复笑。母曰："人罔不笑，但须有时。"而女由是竟不复笑，虽故逗，亦终不笑；然竟日未尝有戚容。

一夕，对生零涕。异之，女哽咽曰："曩以相从日浅，言之恐致骇怪。今日察姑及郎，皆过爱无有异心，直告或无妨乎？妾本狐产。母临去，以妾托鬼母，相依十馀年，始有今日。妾又无兄弟，所恃者惟君。老母岑寂山阿，无人怜而合厝之㊲，九泉辄为悼恨。君倘不惜烦费，使地下人消此怨恫，庶养女者不妨溺弃。"生诺之，然虑坟冢迷于荒草。女但言无虑。刻日，夫妻舆榇而往㊳。女于荒烟错楚中，指示墓处，果得媪尸，肤革犹存。女抚哭哀痛。舁归㊴，寻秦氏墓合葬焉。是夜，生梦媪来称谢，寤而述之。女曰："妾夜见之，嘱勿惊郎君耳。"生恨不邀留。女曰："彼鬼也。生人多,阳气胜,何能久居?"生问小荣,曰："是亦狐,最黠。狐母留以视妾,每摄饵相哺,故德之常不去心。昨问母,云已嫁之。"由是岁值寒食,夫妻登秦墓,拜扫无缺。女逾年,生一子。在怀抱中,不畏生人,见人辄笑,亦大有母风云。

异史氏曰:"观其孜孜憨笑,似全无心肝者;而墙下恶作剧,其黠孰甚焉。至凄恋鬼母,反笑为哭,我婴宁殆隐于笑者矣。窃闻山中有草,名'笑矣乎'。嗅之,则笑不可止。房中植此一种,则合欢、忘忧,并无颜色矣。若解语花,正嫌其作态耳。"

## 【注 释】

① 孤:幼年丧父。

② 绝惠:非常聪明。

③ 入泮:入学读书。

④ 上元:上元节,每年的正月十五。

⑤ 眺瞩:居高望远,此指观赏景物。

⑥ 数武:几步的距离。古以半步为一武。

⑦ 个儿郎目灼灼似贼:这个年青人目光灼灼像贼一样。

⑧ 醮禳益剧,肌革锐减:醮,祭神。禳,消除灾祸。醮禳益剧,肌革锐减,请和尚道士施法以消灾祛邪,病情反而加剧。身体很快消瘦下去。

⑨ 投剂发表:吃药发散体内的邪火。

⑩ 格磔:鸟的鸣叫声。

⑪ 还往:来往。

⑫ 昃(zè):太阳西斜。

⑬ 啖以粗粝:吃点粗米饭。啖,吃。

⑭ 宗阀:家族门第。

⑮ 窭(jù):家境贫穷,贫寒。

⑯ 改醮:改嫁。

⑰ 雏尾盈握:鸡鸭又肥又大。盈握,满把。

⑱ 呆痴裁如婴儿:呆呆傻傻像个婴儿。

⑲ 不遑他瞬:根本无暇看别的地方。

⑳ 糁径:散落在路上。惟有杨花糁径,点明此时是杨花飘飞的暮春天气。

㉑ 楹:屋一间为一楹。

㉒ 葭莩:芦苇茎中的薄膜,比喻关系疏远的亲戚。

㉓ 遁:逃走,逃避。

㉔ 曩(nǎng):以往,从前,过去的。

㉕ 诗礼：勤劳而节俭，孝敬长辈，兄弟友爱和睦等传统美德。诗，奉承，维持。

㉖ 良匹：好的配偶。

㉗ 适：嫁。

㉘ 志赘：皮肤上的痣和小瘤子。志，通"痣"。

㉙ 粲然：发笑。

㉚ 执柯：做媒。

㉛ 昧爽：清晨。

㉜ 合卺（jǐn）：古代婚礼仪式，起于上古。用匏（葫芦）一剖为二，将两器（瓢）之柄相连，以之盛酒，夫妇共饮，表示从此成为一体，名为"合卺"。

㉝ 阶砌藩溷（hùn）：台阶路旁藩篱旁边。

㉞ 踣（bó）：跌倒。

㉟ 爇（ruò）火烛窍：点着火把照看那个洞。

㊱ 讦（jié）发：告发。

㊲ 合厝（cuò）：合葬。厝，安葬。

㊳ 舆榇（chèn）而往：用舆装着棺材去山中。榇，棺材。

㊴ 舁归：装入棺材抬回来。

## 【分　析】

《婴宁》是《聊斋》中的色彩比较明丽的一篇，为我们塑造了婴宁这一单纯天真、美丽可爱的狐女形象。故事以王生与婴宁从相识到结婚为情节线索单线发展，但层层设置悬念，直到篇末才用补叙法点明婴宁的狐女身份，使全文笼罩着奇幻色彩。而且经过作者的艺术处理，淡化了故事情节，甚至出现了情节停顿的现象，让情节以较大幅度横向扩展。人物形象生动逼真，感情细腻真挚，选取典型细节，如花、笑，反复渲染，以突出人物的性格特征。蒲松龄不仅写出了女主人公的天真娇憨、"狂而不损其媚"的性格，而且着力描出了她生长的生活环境。这不仅是对于美的颂歌，也当然地是对于浓黑悲凉社会的否定。

## 【思考与练习】

1. 复述本篇课文所选取的两个故事。

2. 《聊斋志异》中经常出现的花妖狐魅形象，有何独特的美学价值？

## 【辑　评】

### 鲁迅《中国小说史略》

《聊斋志异》虽亦如当时同类之书，不外记神仙狐鬼精魅故事，然描写委曲，叙次井然，用传奇法，而以志怪，变幻之状，如在目前；又或易调改弦，别叙畸人异行，出于幻域，顿入人间；偶述琐闻，亦多简洁，故读者耳目，为之一新。

### 中国科学院文学研究所《中国文学史》

婴宁是其中刻画得比较生动、个性也比较鲜明的一个。除了美丽、聪明、多情之外，她还天真、乐观，而且带有一点娇态，但是那经常不停的憨笑却成为她的性格特色的主要表现之一。关于这一点的描写，从她一出场就给读者留下了难忘的印象，如闻其声，如见其人。封建社会对一般妇女的要求是矜持、娴静，甚至提倡笑不露齿。婴宁形象的出现正好是多少挣脱了这些强加的枷锁的反映。而作者选择了这样的形象来作为他所写的爱情故事的女主角，显然表现了进步的顾向。

## 【链　接】

### 蒲松龄《聊斋·自志》

披萝带荔，三闾氏感而为骚；牛鬼蛇神，长爪郎吟而成癖。自鸣天籁，不择好音，有由然矣。松落落秋萤之火，魑魅争光；逐逐野马之尘，魍魉见笑。才非干宝，雅爱搜神；情类黄州，喜人谈鬼。闻则命笔，遂以成篇。久之，四方同人，又以邮筒相寄，因而物以好聚，所积益伙。甚者：人非化外，事或奇于断发之乡；睫在眼前，怪有过于飞头之国。嵇飞逸兴，狂固难辞；永托旷怀，痴且不讳。展如之人，得勿向我胡卢耶？然五父衢头，或涉滥听；而三生石上，颇悟前因。放纵之言，有未可概以人废者。松悬弧时，先大人梦一病瘠瞿昙，偏袒入室，药膏如钱，圆粘乳际。寤而松生，果符墨志。且也：少羸多病，长命不犹。门庭之凄寂，则冷淡如僧；笔墨之耕耘，则萧条似钵。每搔头自念：勿亦面壁人果是吾前身耶？盖有漏根因，未结人天之果；而随风荡堕，竟成藩溷之花。茫茫六道，何可谓无其理哉！独是子夜荧荧，灯昏欲蕊；萧斋瑟瑟，案冷疑冰。集腋为裘，妄续幽冥之录；浮白载笔，仅成孤愤之书。寄托如此，亦足悲矣！嗟乎！惊霜寒雀，抱树无温；吊月秋虫，偎栏自热。知我者，其在青林黑塞间乎！

### 蒲松龄撰写的自勉联

有志者、事竟成，破釜沉舟，百二秦关终属楚；
苦心人、天不负，卧薪尝胆，三千越甲可吞吴。

### 郭沫若为蒲松龄纪念馆聊斋堂写的对联

写鬼写妖高人一等；
刺贪刺虐入骨三分。

# 下 编
# 中国语文概要

# 中国文化概述

中国文化是中华民族在历史的进程中，根据自己的美学或哲学观点与思维模式，在认识与改造自然、社会与民族自身过程中所创造与积累的全部文明成果，具有自身的民族与国度特色。中国文化的基本内容可以由语言文字、教育思想、艺术精神、哲学思维、历史典籍和伦理道德等六部分组成。

## 一、语言文字与中国文化

汉语言文字是中国文化的重要文化事象，是中国文化的有机组成部分。汉语以其自身特殊的文化形式，构成了中国文化的重要特征。古代汉语的语音、语调可能与现在有很大差别，但其语法结构和大部分词汇却变化不大。如日、月、山、水等词，3 500 年前殷商时代的读音与今天可能不同，但其语义完全一样。《新华字典》所收词汇的含义，约有半数与两千年前成书的《说文解字》基本相同。"文言"与"白话"之分，只是"文体"的分别而非"语言"的分别，古代的许多成语或典故在现在的文章和口语中仍频频出现，如鞠躬尽瘁、亡羊补牢等。另外，汉语中较多的同音词，形成了中国特有的谐音吉利、谐音避讳等文化内容。文字是记录语言的符号，也可以说正是因为汉语的存在，才使汉字绵延了几千年仍充满了生命力。

汉字也是重要的中国文化事象。在汉字产生以前，华夏民族曾经历了一个相当长的仅用口语进行交流的时期，后来，随着思想交流的日益复杂，人们迫切需要有一种能够将语言记录下来的东西，经过契刻记事、结绳记事、图画记事等方法的探索后，汉字这种记录语言的工具终于慢慢形成了，有了汉字，中华民族才有了书面的记录，也才有了历史。汉字在几千年的演变中历经沧桑而绵绵不绝，表现出了强大的生命力，汉字的生命就是中华文明的生命，在一定意义上我们甚至可以说汉字象征了中华民族强大的生命力。汉字本身就是中国文化的一部分。每个民族的文字都有自己的特点，不同的文字构造反映着不同的文化内涵，各民族依据本民族的文字特点会形成许多独特的文化事象。中国有关汉字本身的文化现象就有许多，如中国独特的姓名文化、测字文化、对联、字谜、回文等文字游戏，中国特有的汉字书法艺术和玺印艺术等等，这些由汉字直接衍生的文化事象，使汉字成为整个中国文化系统中不可缺少的重要成分。

**二、教育思想与中国文化**

中国古代教育家在长期的教育实践中，概括和总结了自己的教学经验，形成了某些规律性认识，提出了许多有价值的教学原则和方法，形成了中国特有的教育文化思想。

"因材施教"。所谓"因材施教"即根据教学要求，针对教育对象的不同特点，从学生的实际出发，进行教育，使学生各尽其才。孔子是最早注意到这一方法并加以实施的教育家。孔子注意到了学生的不同特点"视其所以，观其所由，察其所安"，根据学生的知识水平、接受能力、品德、才识等方面确定不同的教学内容和进度。孟子也强调因材施教，注意到了教学方式的变化："君子之所以教者五：有如时雨化之者，有成德者，有达财（材）者，有答问者，有私淑艾者。"后来的教育家如朱熹、王守仁都承继了这一优秀的教学方法。

"温故知新"。在温故与知新的关系上，古代教育家既重视时习温故，又不忽视探索新知识。《论语》第一句话便是孔子说的"学而时习之，不亦乐乎？"，他还说"温故而知新，可以为师矣"。宋代朱熹进一步发展了孔子的这种思想，认为"故"是"新"的基础，"新"是的"故"的发展。"时习"能使其所学融会贯通，转化为技能并应用无穷。他说"温故又要知新。唯温故而不知新，故不是以为人师。"孔子提出了学思并重的思想，主张"学而不思则罔，思而不学则殆"，成为历代教育家一致赞同和普遍遵循的原则。思孟学派在《中庸》一书中提出了"博学之，审问之，慎思之，明辩之，笃行之"的思想，充分肯定了学、问、思、辩、行的相辅相成关系，发展了孔子的"学思并重"的思想。

"循序渐进"。孔子的学生颜渊赞扬孔子"循循然善诱人"，表明孔子善于引导学生由浅入深，有步骤地学习。孟子认为教学是一个自然发展的过程，把教学过程比做流水一样不分昼夜地前进，但在遇到坎坷时必须一个个的等水盈满才能继续前进，"原（源）泉混混，不舍昼夜，盈科而后进，放乎四海"。孟子还以禾苗的自然生长来比喻人受教育的时候，一方面要尽心耕耘，绝不可放任自流，另一方面又切忌揠苗助长，急于求成。后代的教育家普遍认识到，知识的累积，智力的增长，是一个循序渐进的过程。

"教学相长"。中国古代教育家还强调教学相长。《礼记·学记》中首先提出了教学相长的思想，教因学而得益，学因教而日进。教能助长学，学也能助长教，这就叫"教学相长"韩愈继承与发展了《学记》的"教学相长"的思想，进而提出了"相互为师"的观点。他一方面肯定教师的主导作用，另一方面又提出了"弟子不必不如师，师不必贤于弟子"的思想。他教人要向有专长的人学习，树立"能者为师"的观念。

"言传身教"。对于教师的条件和修养，古代教育家尤其重视以身作则、言传身教。孔子要求教师事事处处以身作则，身教重于言教，以自己的模范行为作为学生的表率，这就是他说的"其身正，不令而行；其身不正，虽令不从"。他相信这种"无言之教"对学生影响和教育的威力是巨大的。荀子认为教师必须具备四个条件，一是教师要有尊严，能使人敬服；二是教师要有崇高的威信和丰富的教学经验；三是教师需要具备有条有理有系统地传授知识的能力而且不违反师说；四是了解精微的理论而且能解说清楚。可见古代对老师的标准是很严的。

### 三、艺术精神与中国文化

气韵生动是中国艺术的根本精神，虚实相生是中国艺术的根本准则。所谓气韵生动，就是用任何一种艺术形式再现生活、反映生活时，要有生气，有风韵。要求艺术家塑造的艺术形象含蕴无限情趣和勃勃生机，从而给欣赏者带来"形有尽而意无穷"的审美想象空间。气韵生动深刻地概括了古代绘画艺术的审美特征和基本精神，同时也反映着中国古典艺术的审美要求，从而成为中国古代艺术的基本精神。气韵生动是自然艺术的统一，神似与形似的统一，也是主体与客体的审美统一。主要是强调直感、生动、韵味与情趣。虚实相生的意蕴是通过有限的艺术形象含蕴着丰富而生动的审美意蕴，给人以无穷的情思与遐想，从而产生迷人的审美魅力。古人对虚实相生进行过多方面的研究，虚实的关系可以概括为：化实为虚、化虚为实、虚实相生；虚中有实、实中有虚、虚实结合。所谓"虚"，就是艺术作品中间接显示出来的形象，它不直接显示出来，只有让人们通过想象才能把握，即"思而得之"，所谓"实"，就是用文字、色彩、线条、音响、动作、表情等直接表现出来的实在形象。而且，唯有虚实相生的艺术品，才能产生"气韵生动"的效果。

在中国古代艺术领域，阳刚与阴柔被用来描述两种不同的艺术风格。所以从美学角度来给中国古代艺术分类，大致可分为阳刚之美和阴柔之美。阳刚之美就是壮美，其特点是强大、外表不光滑，显得伟大、雄伟、壮丽、威武、坚强。阳刚之美能引起人的愉快、崇高、振奋、恐惧等情感。比如青铜器以厚重、威武、雄伟的造型和凹凸不平的铜铸的纹饰，让人感到壮美；高大深庄的宫廷建筑和帝王陵也使人感到阳刚之美。颜真卿和柳公权的楷书以"颜筋柳骨"特有的粗犷浑厚凝重的笔法和结构使人感到振奋，觉得壮丽、威武。中国音乐中占有相当比重的打击乐，如编钟、编磬、铜鼓等等。其造型是显示壮美的，演奏时发出的浑厚、凝重悠远的声音也使人感到阳刚之美。阳刚之美受儒家思想影响。阴柔之美就是秀美，其特点是让人觉得娇柔小巧，感到优美或美丽。原始彩陶的造型和纹饰都能让人感到阴柔之美。其造型光滑小巧，其纹饰或像动物或像植物，或者是几何图案，绝不会像青铜器上的饕餮让人有恐惧感。娇柔的造型和纹饰令人愉快，因此是秀美。在书法方面，行书、草书均以线条的变换、如行云流水、字体结构极尽变化，而体现出阴柔之美。园林是把自然风光浓缩到一个人造的景点之上，比起真正的自然风光来它小巧玲珑，青山绿水、小桥流水人家，无不体现出阴柔之美。阳刚之美和阴柔之美并不互相排斥，有些优秀的中国艺术品，同时包融有阳刚之美和阴柔之美。《乐记》这部论述我国最早音乐理论的专著，已开始以阳刚阴柔之说来阐述音乐之美，说明阴阳相摩、刚柔相济、才有音乐之美。魏晋以后，阳刚阴柔不仅用于人物评价，还用来论述艺术家的创作个性与艺术风格。曹丕、刘勰认为作者之气有刚柔之分，这自然会影响到其创作个性和风格。中国古代艺术所体现出来的阳刚之美和阴柔之美有其历史根源，那就是阳刚之美受儒家思想影响，阴柔之美受道家思想影响。

### 四、哲学思维与中国文化

每个民族都有其独特的思维方式，中国人在关注茫茫宇宙时，逐渐形成了独具特色的中国式的哲学思维方法。

浓郁的伦理色彩。作为文化思想精华的哲学，自然也渗透着浓厚的伦理色彩，这成为中国传统哲学的一大特征。伦理道德规范是人们在长期的社会实践中逐步形成完善的，反映着一个民族的文化积淀。在古代和中世纪，许多国家和民族以宗教为社会的精神支柱，而中国却一直没有踏上宗教社会的阶梯。在漫漫几千年的封建社会中，充当维系社会秩序精神支柱的是伦理道德学说。作为世界观的哲学因此与伦理学发生了千丝万缕的联系，因而有人说中国传统哲学是一部伦理哲学。在哲学光芒辐射下的政治、经济、文学、艺术等等也都或多或少地被罩上了一层伦理的色彩。譬如最早被中国先贤用做哲学术语的"阴阳"，在世代的发展演变中，竟被推及男女夫妇，推及政治关系中的君臣、文学中的阳刚美和阴柔美等等。这一哲学概念的演变，典型地反映了中国哲学的伦理色彩。伦理道德的渗入，对中华民族的哲学思维，既有良性影响，也有不良影响。一方面它使中国哲学表现出浓厚的人道主义精神，比如孔子的

"仁者爱人"的博大情怀，孟子的"民贵君轻"的民本思想，都体现了儒家学说中一脉相承的"注重人世"的现实主义精神，而且"修身齐家治国平天下"也是这种宗法伦理哲学的体现。但是，另一方面，道德型的思维存在着缺乏进取和追求未来等弱点。尤其是儒家的"仁"涵盖下的"礼"，规定了严格的封建等级和封建礼教，"父子有亲，君臣有义，夫妇有别，长幼有序，朋友有信"以及"君为臣纲，父为子纲，夫为妻纲"的"三纲五常"等伦理道德规范使人在严格的礼教下不敢开拓进取，只能因循守旧。中国传统哲学的伦理化特征，影响了中华民族的思想意识：重血缘、重家族、重人类社会，充满了温情脉脉的和谐。在这种传统的心理氛围中，伦理道德往往成为人们自觉维护正义、忠君爱国的精神力量，孕育出无数气节高尚、精神耀古的民族英雄。

重人轻神的无神论传统。在中国文化思想体系中，伦理道德观念始终处于中心位置，因此使中国思想体系中宗教色彩相当淡薄，呈现出无神论的鲜明倾向。这是中国传统哲学的第二个特征。两汉经学时期是神学色彩最浓的时期，但经学家们抬出"神"来，主要是用来对付君王，抑制膨胀的皇权，来矫正秦代过分倚重法治造成的倾斜，而不是让广大百姓设案祭拜。先秦诸子的"天命观"，虽然包含着一些宗教神秘色彩，可它总是归结于伦理道德，显现出重人轻神的色彩。两汉以后的哲学也摆脱了宗教神学的束缚，而与政治学说结成连理。汉以后传入中国的外来宗教，如佛教，对中国传统文化影响深远，但仍未能改变重人轻神的传统，"平时不烧香，临时抱佛脚"的民间谚语正可做一注脚。西方的君主即位需要由教皇加冕，以示其正统的神授地位。而中国的皇帝却总是高高在上，向宗教教主们敕封。唯物主义思想家更是打出鲜明的反有神论旗帜。荀子认为"天"是由星辰、日月等自然现象变化发展构成的自然界。王充论述得更形象，他把形体与精神的关系比做蜡烛与火焰的关系。没有蜡烛，火焰也就熄灭了。精神必须依附于形体才能存在，世界上没有超然万物的神灵。南北朝时的范缜，以后的柳宗元、张载以及明清之际的王夫之，始终坚持对有神论的批判，使古代无神论放射出夺目的光辉。

贯穿古今的辩证思维。发达的辨证思维是中华民族哲学思维的又一特征。这一特征在与各国哲学的比较中，更显得早熟、丰富与深刻。阴阳五行说是辩证思维的开端，而道学的辨证思想标志着辩证法思想的飞跃。后来荀子、董仲舒、程朱等都把辩证统一思想作为思维的主线，而从印度传来的佛教也在中国哲学的辩证思维滋养下成熟起来，成为中国化的佛学。当然，中国古代哲学的辩证法也存在着不足，比如不能充分应用认识论，尤其是不能运用到概念的辩证本性的分析上，因而中国哲学体系中没有柏拉图、苏格拉底式的辩证法，近代哲学也没有出现康德、黑格尔型的论辩分析。但我国古代辩证法所表现出来的总体水平，在那个时代无疑是走在世界前列的。这条智慧的思想长河不仅自身波涛滚滚，蔚然壮观，而且它还渗透到我国传统文化的整个土壤中，对宗教、伦理学、社会学、军事学、医学、文学、艺术等各个门类都产生了深远的影响。

### 五、历史典籍与中国文化

中国古代史学，是中国传统文化宝库中一颗璀璨的明珠。众多的史学名家、宏富的史学著作，完备的修史制度，多姿的史学体裁，进步的史学思想，所有这一切，构成了一幅中国古代史学宏伟壮丽的画卷，所以我们说，中国古代史学是中国文化的宝藏。历朝历代，上至帝王将相，下至平民百姓，无不对历史学予以极大的重视，官修私撰，历久而不衰，堪称中国文化史上的奇观。其中十三经、二十四史是中国文化的主要载体。梁启超说：中国于各门学问中，唯史学为最发达；史学在世界各国中，唯中国最发达。

中国史学构成了中国传统文化的主干和基本内容。初起于魏晋南北朝，确立于唐初的经、史、子、集四部分类法，不仅为史著独立专部，而且仅次于经部，位居第二。由此直至清代编《四库全书总目》，史书一直位居第二位。这一点足可以看到史学在传统文化中的地位。我国古代史著的数量相当可观，是对中国历史文化最系统完整的记载。流传至今的中国历史文化典籍，诸如二十四史、正续通鉴，十通等，可以说是中国古代文化的渊源。中国古代史著是传统文化的主要载体，历史著作涵盖了中国文化的方方面面。历史学是一门综合性学科，它具有记载、保存、传播文化成果的重要功能。中国古代史学无异于一座蕴含着历代文化精品的宝库。只要我们粗略地了解一下中国古代文化，就不难看出，历史学与其他诸学科都有密切联系。如经学、哲学、文学、宗教，艺术、经济都与史学有着千丝万缕的联系。"以史注经"的治学传统，表明经学的发展离不开史学。中国古代素有文史哲不分家之说，诸如《左传》、《史记》、《资治通鉴》、《战国策》等，既是史学著作，又是文学佳作，对中国古典文学的发展具有深远的影响。史学还为文学创作提供了取之不尽、用之不竭的素材。如《三国演义》取材于陈寿的《三国志》和裴松之所作的注解。文史哲不分家是古代学术文化的优良传统。

### 六、伦理道德与中国文化

中国传统文化的形成有两个重要的基础：一是小农自然经济的生产方式。二是家国一体。在这个基础上产生的必然是以伦理道德为核心的文化价值系统。在以自然经济为主的社会里，在以家族为中心的社会里，社会生活的秩序的构建和人际关系的调节主要靠伦理道德，而不是依靠法律。人们的服饰举止、社交礼仪，都被限定在传统的伦理道德范围之内。孝亲敬祖、尊师崇古、修己务实、乐天安命等，是农业宗法社会环境下形成的社会心理和观念形态，渗透到传统文化的方方面面。血亲意识形成了独特的宗法制度，"六亲"、"九族"观念构成了社会意识的轴心。"六亲"：父子、兄弟、夫妇。"九族"：父族四、母族三、妻族二。"六亲不认"和"不忠不孝"成为犯法的首恶。万恶淫为首，百善孝为先。可以说，正是传统的伦理道德才使漫长的中国古代社会维持了几千年。因此，传统伦理道德在传统社会里的地位是至关重要的。

传统伦理道德在中国传统文化中具有特别的地位，中国哲学是一种伦理型的人本哲学，其核心为各种各样的伦理道德学说。比如儒家强调天人合一，要求人们顺应天意，强调"内圣外王"，即以"仁、义、礼、智、信"修养自己的身心，规范自己的行为。儒家还强调以"三纲五常"规范人际关系。"三纲"要求臣、子、妻要绝对服从君、父、夫。"五常"是用以调节君臣、父子、兄弟、夫妇、朋友等人伦关系的行为准则。儒家的这些思想实际上都属于伦理道德范畴。道家的许多思想也属于伦理道德范畴。老子曾从本体论的角度说明万物莫不尊道而贵德。至于道家的逍遥自在的人生观，崇尚自然、返璞归真的观念，追求自由平等、个性解放的思想，都与道德修养息息相关。由此看来，中国古代哲学体系的核心是伦理道德学说，如果我们把伦理道德从哲学中抽离出来，那么中国古代哲学就成了一个空架子了。正如梁启超所说"儒家舍人生哲学外无学问；舍人格主义外，无人生哲学"。古代文学及艺术是以"善"为价值取向的。所谓"文以载道，美善合一"，强调文学对人的道德修养的"潜移默化"的作用，是文人作家一贯坚持的原则。文学作品中的褒贬美丑都能体现多数人的道德价值判断。惩恶扬善是多数的作品中体现的主题。尤其是作品的结局，大都是正义战胜邪恶，幸福降临人间的大团圆。实际上这是对读者进行"善有善报，恶有恶报"的提醒，借此进行道德教育。政治学、史学、教育均以得升道德为己任。除哲学、文学外，政治学成为一种道德评判。正义与邪恶之争，君子与小人之辨；史学往往不依存史为基本任务，而以惩恶扬善"寓褒贬、别善恶"为宗旨。教育更以德为首，"德、智、体、美、劳，"德育为先，传授知识退居其次。《三字经》曰"首孝悌，次见闻"，强调首先要懂得孝悌，其次再去扩展见闻学识。

# 中国语言文字概述

　　语言和文字是人类经过悠久岁月发展而成的社会工具。由于它是伴随着人类实践活动而产生的，是人类合作的基础，是人类文明发展的两大柱石。因此在一个民族的语言文字中凝聚着这个民族的心血与智慧，我们可以从中窥见其民族发生发展的历史以及这个民族文化的基本特征。

## 第一节　语言与汉语

### 一、什么是语言

　　人们曾给语言下过各种各样的定义，自 19 世纪初至今的时间里，语言学家们给语言下的定义，有代表性的就有 68 个之多[①]，其中的每一个定义都只涉及语言的一个侧面。

　　从语言功能看，语言是交际工具、思维工具、认知工具，文化的载体、信息（知识、情报、资料）的载体。

　　从语言自身的构成看，语言是由语音、词汇、语法构成的音义结合的符号系统。

　　从语言的性质看，语言是一种特殊的社会现象，它既不属于经济基础，也不属于上层建筑，具有全民性、民族性、工具性[②]。

　　上面这些说法，都从一个侧面反映了人们站在不同角度上对语言的一种认识。但对于语言这个复杂的、可以用来作为人与动物相区别的特征，到现在仍然难以找到一个没有争议的解释。因为语言不仅仅是一种交流信息、表达思想的工具或用于人际交流的符号系统，语言具有世界观和本体论的性质。语言确实有工具的功用，我们可以像使用其他工具那样使用语言。但语言又是产生工具的机制的一部分，是我们人的一部分。戴昭铭先生说："语言的根本属性植根于人的本性之中。"[③]马林诺夫斯基认为："语言是文化整体的一部分，但它并不是一个工具的体系，而是一套发音的风俗及精神文化的一部分。"[④]语言不仅对于思维的表达来说是必不可少的媒介，而且它就是思维过程本身的一部分。这表明语言并非只是消极地表达或传递信息的符号系统，它还是世界的条理化、组织化、结构化与有序化的呈现。没有这种呈现，世界对于人就不存在。

因此，语言具有两个明确的特点：第一，语言是人类所特有的，是区别于其他动物的最重要的标志；第二，人类用语言进行交际，实质是人们交流对现实的认识，协调彼此在征服自然、进行社会活动的行为，以期取得最佳的成效。这是人类有目的的自觉活动。这里所说的现实、人们对现实的认识和语言这三方面的关系，大致可以用如下的公式来说明：

现实—语言·思维—现实

公式两端的两个"现实"不是一个东西。第一个"现实"是纯客观的存在，或者说，在语言起源以前就存在，它的性质和规律是通过无穷无尽的表面偶然性表现出来的；第二个"现实"是人们通过语言对客观现实的认知，已能从无穷无尽的表面偶然性中找出必然性的规律。"语言·思维"是联系两个"现实"的桥梁，它们相互依存，共同实现对现实的编码和认知⑤。

这个现实的编码和认知，由于第一个"现实"和第二个"现实"的不对应性，可能会出现对世界的不正确的看法。比如，距离地球亿万光年的某一个天体固然是一种物质"存在"和"现实"，但是假如尚未被编入人类的概念体系，没有赋予一定形式的语言符号，就是说，尚未进入我们的语言世界，那么这样的"存在"和"现实"也就不能进入我们的主观世界，成为我们世界的一部分。相反，客观世界中并不存在的许多事物、现象和事件，如上帝、神仙、鬼怪及有关故事，天堂和地狱的传说，谎言和谣言，外星人的猜测，文艺作品中虚构的人物和情节，以及许许多多似是而非的理论等等，由于已经构成了概念（尽管是虚假的概念）和叙说，成了人类社会语言世界中的一部分，却很容易进入人的主观世界，成为人的世界观的构成因素。这种现象发生的根本原因，就是在人们认识世界的过程中，除了以实践为基础，以客体本身为直接起点外，还有一个重要的起点就是语言符号。作为有生命的个体的人，其生存和活动受时间和空间的限制，不可能事事都亲自实践和体验，其认识和知识的很大一部分必然要取自包围着他的语言符号（包括口语和书面语）的世界。"尽管从总体上和根本上说，人在客观现实中的实践是认识的出发点和检验途径，但是就大多数个体的人来说，通过语言符号得来的观念、认识和知识在数量上总是要大大超过他亲自的实践经验。"⑥在这个意义上，可以说世界的界限就是语言的界限，物质世界存在于语言世界之中，并且以语言的面目呈现出来。

## 二、语言是怎么产生的

语言产生的时代，以人类脱离动物界为起点。"语言是人类和其他动物分道扬镳的最后的、最重要的标志。"⑦人类创造性的劳动，是作为"文化动物"的人的行为与一般动物行为相区别的根本点，而人类的语言正是在这一劳动的过程中产生的。"原始人的群体劳动使语言的使用成为需要。改造自然的劳动使原始人对自然获得了新的观念，使人的思维得以发生，使语言构造所需要的意义材料开始形成；直立行走改造了人的发音器官，使语言构造所需要的众多分音节的语言材料得以形成。当某些特定的音节与某些特定的意义在经常的使用中分别成为固定的结合单位，我们的祖先就创造出了第一批简单的词语。……没有原始文化的创造，就不可能有原始的语言。"⑧人类祖先所创造出的"词语"，其实是人类认识世界所得到的概念（观念），这些"词语"集中体现了相应文化领域的思想范畴、认识成果、意义体系和价值观念，因此，人类的语言能力是建立在人类思维能力的基础之上的。

人类认识世界所得到的概念（观念）又表现为一些象征性的符号或符号系统。人类创造文化的过程，就是一个不断发明和应用符号的过程，在众多的符号中，音节清晰的语言，是表达观念的最重要的一种符号系统。其重要性不仅仅表现在语言符号与人类的产生同步，更重要的是表现在物质世界存在于语言符号之中，物质世界中可以被人类领悟的存在，都以语言的形式呈现出来。

语言作为一种符号系统，其符号由"能指"和"所指"两部分组成。所指就是概念；能指是声音的心理印迹，或音响形象。人类思维的概念由人类的声音来表达，但是人的说话既是个人的行为，又受社会的制约。为了确切地规定语言学研究的对象，人们把言语活动分成"语言"（langue）和"言语"（parole）两部分。语言是言语活动中的社会部分，它不受个人意志的支配，是社会成员共有的，是一种社会心理现象。言语是言语活动中受个人意志支配的部分，它带有个人发音、用词、造句的特点。

## 三、语言的基本特性

首先，语言具有系统性和持续性。

语言里的符号不是互不相干的一盘散沙，而是按照各种不同的特征聚合成群，形成这样那样的有机的系统。语言的单位都是一定系统里的成员，本身是什么，要由它在系统里所处的地位决定，也即由与其他要素的关系来决定。这地位或关系就是它在系统中的"价值"。例如英语的 sheep 和法语的 mouton，它们都可以用来指羊，可是法语 mouton 同时指羊肉，而英语"羊肉"却是另一个词 mutton。因此 sheep 和 mouton 在各自系统里的价值不同。同时，语言始终是社会成员每人每时都在使用的系统，说话者只是现成地接受，因此具有很大的持续性。

其次，语言具有任意性和线性序列。

语言符号的任意性，体现为一个词（概念）怎么发音，最初是由一个地域中的人任意确定、约定俗成的。例如汉语"火"之所以叫 huǒ，"水"之所以叫 shuǐ，是任意的，无法论证的。但是，任何语言都是靠声音来体现的，因此声音的特性又规定了语言符号构成的是线性序列，话只能一词一句地说，不能几句话同时说。语言符号的排列只能成一条线，线条性限制了符号在组合时的空间配置。

再次，语言具有稳固性和民族性。

语言一方面具有任意性，但同时又具有稳固性。语言之所以能够呈现稳固状态，主要是由语言的基础——基本词汇和语法构造的稳固决定的，作为交际工具，人类社会需要语言系统相对稳固而不变。同时，语言是言语活动中同一社会群体共同掌握的，对使用同一种语言的每一个社会成员来说是强制性的，是不能任意改变的。不同区域和社会群体，其符号的约定不同，因此语言作为一种社会现象具有鲜明的地区性、民族性和历史性，并永远处于发展演变的过程之中。

## 四、语言的类型

语言是人类特有的交际工具。凡有人类的地方就会有语言，那么，世界上到底有多少种语言呢？

现在世界上已知的语言有 5 000 种，其中 100 万以上人口使用的有 160 多种，5 000 万以上人口使用的有 19 种，使用人数最多的是汉语（约 12 亿），使用国家最多的是英语（约 44 个）。被定为联合国的正式语言的有 6 种，即：汉语、英语、俄语、法语、阿拉伯语和西班牙语[⑨]。

对语言的类型，一般采用两种分类方法：

第一是类型分类法，也称"形态分类法"。根据语言语法的特点，将世界语言分为若干类型。如以词的构造为主要标准，将人类语言分为词根语（如汉语）、粘着语（如日语）、屈折语（如英语）和多式综合语（如印第安语）等。

第二是谱系分类法，也称"发生学分类法"。按语言的共同来源，按语言亲属关系的远近，把世界的语言分为不同的语系、语族和语支。谱系分类的标准不同，因此结果也不相同。汉语所属的汉藏语系主要分布在中国和越南、老挝、泰国、缅甸、不丹、锡金、尼泊尔、印度等国境内。包括汉语、泰语、缅语、越语、藏语等。

## 五、汉语言

中国是个多民族、多语言、多方言的人口大国。我国的 56 个民族共有 80 多种彼此不能通话的语言和地区方言，分别属于汉藏语系（如汉语、藏语、景颇语、彝语、苗语、壮语等）、阿尔泰语系（如蒙古语、维吾尔语、哈萨克语等）、南岛语系（如高山语）、南亚语系（如佤语、德昂语等）、印欧语系（如俄罗斯语、塔吉克语等）。其中使用汉语的人数最多。

汉语言是世界上最古老的至今通用的语言之一。汉语是以汉民族为主体的中华民族大家庭的共同语，有七大方言区，即北方方言、吴方言、赣方言、湘方言、客家方言、粤方言、闽方言。不同方言区中的汉语口语，分歧是相当大的。

现代汉语的标准语是普通话，普通话是近几百年来以北方官话为基础逐渐形成的现代汉民族共同语，它以北京语音为标准音，以北方话为基础方言，以典范的现代白话文著作为语法规范。

汉语是联合国规定的六种正式语言之一，亦为当今世界上使用人数最多的一种语言，现在世界上大约有1/5的人使用汉语作为母语。汉语也曾对中国周边国家的语言文字产生过重要影响，例如日语、韩语、越语中都保留有大量的汉语借词以及汉语书写体系文字。

## 【注　释】

① 潘文国. 语言的定义［J］. 华东师范大学学报，2001（1）.

② 以上定义参见《语言学百科词典》、《中国大百科全书·语言文字卷》、《语言学百题》（王希杰）等书.

③ 戴昭铭. 文化语言学导论［M］. 北京：语文出版社，2003：15.

④ 马林诺夫斯基. 文化论［M］. 北京：中国民间文艺出版社，1987：7.

⑤ 徐通锵. 什么是语言［EB］. http：//www1. openedu. com. cn/file＿post/display/read. php FileID＝28695［2006－09－08］.

⑥ 转引自卡西尔. 语言与神话·代序［M］. 上海：上海三联书店，1988：19.

⑦ 武铁平. 普通语言学概要［M］. 北京：高等教育出版社，1993：6.

⑧ 戴昭铭. 文化语言学导论［M］. 北京：语文出版社，1996：17.

⑨ 世界上有多少种语言 [EB]. http://zhidao.baidu.com/question/6996298.html [2008－02－10].

# 第二节  文字与汉字

### 一、文字的词源

追朔"文字"的词源，最早见于秦代的琅琊刻石："器械一量，书同文字。"①

在先秦，文和字都是分开使用的。

第一次对"文字"作出解释的人是东汉的学者许慎。《说文解字·序》中说："仓颉之初作书，盖依类象形，故谓之文；其后形声相益，故谓之字。"

秦丞相李斯题写的琅琊刻石是我国今存
最早刻石之一，现藏于中国历史博物馆。
**摹刻的琅琊刻石拓片**

"文"《说文》释为"错画也。象交文。"本来指刻在人胸口上的花纹。先民绘制花纹通常要摹拟某些客观物体，而最早产生的文字——象形字——也是描摹客观事物，因而象形文字被许慎称之为"文"。

"字"《说文》释为"乳也。从子在宀下，子亦声。"女人分娩或者蛋中孵出幼雏叫做"字"，"从子在宀下"。人们把象形字作为声符，可以生产出更多的新字。这些新产生的字，对于象形字而言就像是母体分娩出的婴儿或者是蛋中孵出的幼雏一样，所以被称为字。作为父辈的"文"与作为后代的"字"合在一起，总称为文字。

### 二、文字的定义

文字是一种书写的视觉符号，任何一种文字符号系统都是人与人之间交流信息的约定俗成的视觉信号系统。

语言有声音和意义两个方面。文字既可以与声音相联系，也可以与意义相联系，它比语言优越的地方在于它不是音响型的，而是图像型的。图像性是文字体制自立的本质。当文字与声音相联系的时候，它的图像性锐减，受时空的制约则增大，成为一种完全依附于口语的非自立的体制，这样，就构成了标音体系的文字符号。当文字与意义联系的时候，它的图像性增强，成为一种超时空的不完全依附于口语的自立的体制。"一个词只用一个符号表示，而这个符号却与词赖以构成的声音无关。这个符号和整个词发生关系，因此也就间接的和它所表达的观念发生关系。这种体系的古典例子就是汉字。"②

### 三、汉字的性质

目前，关于汉字的性质在认识上存在着很多分歧，归纳起来有象形文字、表意文字、表音文字、意音文字、词—音节文字、语素—音节文字等多种说法。

对汉字性质的认识分歧这么大，主要是汉字对汉语词（概念）的记录，采用了一个相当独特的方式，即用字形与语义直接发生联系，这一点在前一节中已经有较多的阐述。由于汉字以形示意，因形表意的特点，使得汉字摆脱了一般文字对语言的依附性，而成为一个相对独立的信息传载体系，因此传统上多数人认为汉字的性质是表意文字。所谓表意，具体所指，就是以字形来表示文字所记录的词语的意义。

汉字无声性强，偏重于因形示意，直接与观念发生联系，超越了口说的词而成为汉民族的第二语言。正因为如此，地域辽阔的中国，人们不论天南海北，都能够用"文"来统一"言"。汉字直接表达观念的特点，使它具有超方言的性质而通行于不同的方言地域，在不同方言区里的人们，既用方言进行口语交流，又通过汉字书写的书面语交流，所以汉字是不追随语言的、脱离了语言羁绊的，能够控制语言的文字系统。

作为表意文字，相对于字义来说，汉字的字音尽管只是一种形式要素，但这一形式与其内容的组合并非只是一种随机和偶然的拼凑，而每每是一种逻辑的必然联系，进而也与字义形成了一种理据。当文字产生后，这种有理据的音义联系便被自然植入文字，成为文字的构成部分。再加上形声字出现后，汉字声符的参与，又为文字记录语音提供了某种形式标记，从而使得汉字字形、字义与语音紧密联系在一起，使许多汉语词形成了"声近义通"的语源联系③。

尽管如此，仅就汉字本身而言，汉字的字音所标示的绝大部分是汉语词（语素）的声音，即一个字音与一个词（语素）音基本对应。从字义上考虑，汉字的字义直接与语素义或词义发生联系，单音节语素的意义往往被看做字义，如山、水、人、木等，双音节或多音节的词义也往往与构字的字义相关。从这个角度说，无论古代汉字还是现代汉字，仍然属于一个词（语素）用一个符号表示的表意文字。因此，从整个文字体系来看，汉字应该被看做是表意体系的文字。

**【注　释】**

① 琅琊刻石 ［EB］. http：//www. wiki. cn ［2007 – 10 – 28］.

② 索绪尔. 普通语言学教程 ［M］. 北京：商务印书馆，1980：51.

③ 刘志基. 汉字文化综论 ［M］. 南宁：广西教育出版社，1996：246.

# 第三节　汉字的起源与形成

作为世界上硕果仅存的最古老的自源文字，无论人们认不认可，喜不喜欢，延绵数千年的汉字已经构成中国人悠久历史中的有机部分，它记录了一个民族的历史，反映了民族的政治经济生活，透视出民族的文化心态，蕴涵着民族的思维方式。因此，无论你从事哪个专业，在做什么行当，只要使用汉字，都会在不同程度上受到它的影响和潜移默化，并进而成为一种历史的延续。为此，我们有必要去了解汉字的历史。

## 一、汉字的起源

文字的创造有两种方式，一种是语言学家专门为某一语言制定的文字，这种文字一般是拼音文字。语言学家创制的文字都是以语言学家对该语言的语音结构有了充分的理解为前提的。文字的另一种创造过程是在人类还没有语言学知识的前提下自发地形成的。文字的起源指的是文字的后一种创造过程。

从社会发展史的角度说，人类最初的文字只能从原始宗教和图腾崇拜中产生。

在原始社会中，人们的认识能力和生产水平都很低下，思想要正确反映客观十分困难，在遇到许多不容易理解的自然现象时，便会产生对客观世界的歪曲、不正确的反映，必然导致原始宗教的诞生。宗教的祭祀活动必然需要产生一系列的仪式和祭祀物。最初的文字，就应该是祭祀仪式或者祭祀物上的一种标志。

汉字产生于何时，这是一个至今仍然在争论的话题。从现在已经成定论的考古材料判断，汉字起源于距今六千年左右的仰韶文化时期是可以肯定的。半坡遗址出土的彩陶器口沿外的简单的文字或符号，共有五十多个种类，一百多个标本。类似半坡陶器上的简单文字，在姜寨遗址也有发现。古文字学家于省吾、郭沫若对这些符号研究后，都肯定这些符号就是文字，郭沫若先生说："半坡彩陶上的那些刻画记号，可以肯定地说就是中国文字的起源，或者中国原始文字的孑遗。"① 晚于仰韶文化的甘肃马家窑文化，在青海乐都柳湾马厂类型遗址中的彩陶上，也发现有简单文字或符号五十多个。这些符号或文字，都刻画在了彩陶或者火葬罐上，应该不是作为语言交际的记录，倒可能是作为物品标志，或者是祭祀物的标志。

我国较早的象形文字是在山东莒县陵阳河和诸城前寨两个属于大汶口文化晚期的遗址里发现的。陵阳河出土的四件灰陶缸的口沿处，各刻有 、、、象形字各一个。前二字为炅（一为繁体，一为简体），后二字为戌（或钺）、斤。另外，属于大汶口文化中期的一件背壶上有一字，释为（炅）。三个炅字，有两个繁体，上面是日，中间是火，下面是山，在太阳光照下，山上起了火，简体炅只有上日下火。三个炅字，从其结构看，都是由两三个独体字组成的合体字。独体字是处于原始阶段的文字，合体字是进一步发展的文字。炅字是由日、火（或云气）、山三个象形字组成的会意字，会意字的出现，表明大汶口文化晚期的陶器文字已经是一种比较进步的文字。同时，三个炅字中，有一个是简化字。简化字的出现，也说明大汶口的陶器文字已是一种走向发展阶段的文字②。而象形文字最大的特点就是文字符号直接同意义相联系，原则上一个符号（字）就代表一个词或者语素（概念）。这种概念，最早的时候往往又是同图腾崇拜、巫术活动联系在一起的。

这种观点在我国的考古实践中得到了具体的印证：大约在一百万年到六千年前的漫长历史长河中，人类的群落经常聚集在一起，举行各种祭祀、庆典、集会、分配猎物等活动。这些群体活动，都要有一个固定场所，大部分是在宽大的山洞和山崖的下面，有的在河边空旷的平地上。在这些原始人的聚会场所，往往有他们最古老的绘画记录。他们用赭石土、红土、泥炭、木灰等材料，

沧源崖画

把部落集会的目的及活动场景用图画或者图画文字的形式涂在石壁上，有的一直保留至今，前面所述宁夏大麦地岩画就是最好的例子。较早的纪实图画具有记事目的，如云南沧源崖画，这是为庆祝某种胜利或节日所举行的群舞狂欢的

祭祀场面。左下角一特大的双手叉腰，腰扎披裙的人形，头部衬托两个特大的云朵，这显然是一个最重要的首领人物，或是酋长，或是部族的部落长。画面的中心有两个相对起舞的大型人形，头戴两束鸟的尾羽，手臂披着羽毛，这是"巫祝"的形象。在"巫祝"的左上方有一对上下相对的人形，似是要进行格斗表演，左旁有交叉搭成的木棒与酋长隔开，上方和右方有成排列队的起舞的人形身体都是填实的三角形，似乎是表示男性，都做统一的舞蹈动作。左下方在酋长的周围，是像"文"字的人形，这些人形似乎表示是女性，其中有一个大一些的女人，高举双手似乎在欢呼，显然是女性中地位最高的成员，在她两边还有两个双臂下垂头戴牛角的舞师，其他女性除还有一个举手欢呼着以外，都没有画出手臂，似乎是列队观望。画中的其他图形很难确定其实际意义。也可能是时间和数目的某种标记。在中下方还有一头牲畜，前面似乎有一片血，这是用来祭祀神灵的祭品，在酋长上方偏右，还画有一个祭台，上面插着四条禾穗（只是用线表示），这是祝祷丰年的祈天仪式。记事图画再发展，就演变为已经接近象形表意文字的图示符号。

图腾崇拜是由天地自然崇拜发展出来的一种宗教形态。图腾氏族认为本氏族起源于某种特定的动物、植物，主要是动物，与它们有血缘关系，故敬之如神，视其现存物类为亲属，从而对之顶礼膜拜，这样就产生了"图腾"。原始氏族常常以某种图腾为标志或徽号，作为标志或徽号的图腾形象，无疑就是最古老的象形文字。作为氏族标志的族徽，竟然是用文字来表示的，这恰好说明族徽文字的早期用途并不是用做语言交际，这是使汉字达到"致人顶礼膜拜的位置"的起点。

我们现在能够看到的甲骨文、金文，已经是具有完整体系的、能够全面记录语言的文字。即使这样，汉字仍然不仅仅是普通交际语言的附庸，它更多的是承载着祭祀的使命。甲骨是用来占卜的，钟鼎是用来祭祀的。占卜祭祀体现的是古人对自我、神灵以及空间、时间诸向度的安顿，是古人在满足"求生存"后，面对宇宙而采取的秩序意识的流露。即便是用于统治阶层的史实记录，也是尊位意识的一种折射。这三项文字功能，都说明汉字承载着祭祀的使命，这一使命是与宇宙秩序和人伦关系有关的，对于宇宙之理的体察和对人伦关系的敬拜使得汉字本身具有秩序的象征，因此汉字是高贵的，甚至是神秘的。汉字承载了它自被创造之初便具备的生命的特征，汉语思维也在渐渐地存在过程的延伸中展开。

总之，汉字的出现与发展说明，文字并不只是语言的书面符号系统，而是多元发展的。汉字以形象思维为基础，以古人类的直觉印象为依据，在原始宗教和图腾崇拜中被催生、发展，并逐步由图画记事、族徽符号演变为象形文字。所以，汉字根植于汉字中的人文意识及由此孕育的中国人对汉字的尊字意识，以及这种意识流露的方式之一的书法艺术。

**【注　释】**

① 郭沫若. 古文字之辩证的发展［J］. 考古，1972（3）.

② 姚政. 先秦文化研究［M］. 成都：四川出版集团·巴蜀书社，2004：16.

### 二、汉字产生的传说

关于汉字的产生，历史上有过许许多多的传说，延续至今的说法，大致有下面几种。

（一）仓颉造字说

仓颉造字说是关于汉字起源的最传统的说法。这一传说最早见于战国晚期的文献：

"奚仲作车，仓颉作书，后稷作稼，皋陶作刑，昆吾作陶，夏鲧作城，此六人者，所作当矣。"（《吕氏春秋·君守》）

**传说的仓颉书**

仓颉作书的传说在战国晚期显然已经很流行。这一传说无疑在较早的时候就已经出现了。它有没有某种程度的可靠性呢？历史考古学所指的新石器时代的中后期正是中华民族的形成时期，也是汉字的形成时期；仓颉是黄帝的史官，"仓颉造字"的传说也是在黄帝统治的时期，所以说，传说尽管不能用做依据，但其所处时代和实际的文字起源还是合拍的。黄帝统一天下后的左史官员"仓颉"也可能是有的，他只是受权统一文字和领导文字改革的专职官员，说到造字，他只是在文字发展史上处于官方造字时期的代表人物①。

虽然如此，仓颉造字说仍然是非常有价值的传说，其价值在于说出了汉字起源的一些道理。

（1）汉字的起源时代是黄帝时代，这与考古资料证实的文字产生时期是吻合的。虽然说文字体系的形成经历了漫长的时期，但是在将原始记事符号收集、整理加工成文字系统的过程中，史官也就是巫师集团，曾经发挥过独特的作用，原始汉字主要是由巫史创造的。

（2）许慎《说文·序》中，把结绳记事与仓颉造字衔接起来，认为"庶业其繁，饰伪萌生"，结绳记事已经无法适应更多、更快地记录、传递信息的需要，于是人们需要重新探索别的记事方式以适应社会发展的需要。在原始宗教观和图腾崇拜的早期人类文化思维模式下，人们依据"鸟兽蹄迒之迹"，"依类象形"而逐渐创造出文字，是符合文字发展规律的。这一点，可以从许多汉字的构形中得到实际的印证。

（3）汉字当然不可能是个别人造出来的，原始仓颉式的人物可能出现过很多。早在战国晚期，就有学者作过类似的解释。《荀子·解蔽》说："好书者众矣，而仓颉独传者，壹也。"荀子认为仓颉只是众多"好书者"中由于用心专一而最有成就的一个②。这表明远在战国时期，就有人认为汉字并非是由仓颉一人创造的，而是由众人创造的。不过在汉字形成的过程里，尤其在最后阶段，很可能有个别人曾起过极其重要的作用，仓颉也许就是这样的人。

（二）八卦造字说

东汉许慎在《说文解字·叙》中论及汉字的起源云："古者庖牺氏之王天下也，仰则观象于天，俯则观法于地，视鸟兽之文与地之宜（仪），近取诸身，远取诸物，于是始作易八卦，以垂宪象。"

许慎认为在汉字产生之前，最早是庖牺（伏羲）氏由自然万物受到启发而创制了八卦符号，用来表示宪象，也就是反映客观世界。晋朝潘岳曾说："结绳阐化，八象（即八卦）成文。"（《文选·为贾谧作赠陆机诗》）到了宋代，将八卦附会于汉字起源的说法开始普遍起来，认为八卦与文字起源有着密切的关系。罗君惕在《六书说》中指出："结绳与文字没有什么关系，而八卦与文字的关系则是很密切的。如八卦的阳爻作▬，即演为'一'字；两个阳爻作▬，即演为'二'字；乾卦作☰，即演为'三'字；坎卦作☵，即演为 ⺡（水）字。"③

由此可知，八卦的卦爻与数有关。八卦用算筹进行演算。从甲骨文的数字看，八以内的数似乎都是用一至四根算筹摆成的：

$$\text{一 二 三 亖 X (X ⋈) ∧ (⼎) 十 八}$$

一　二　三　四　五　　　六　　　七　八

现已发现的商周时代的八卦，都是由记数符号构成的。可见原始的八卦符号与数字符号有着相同的来源，都源于用算筹记数的古老计数法。

根据以上分析可知八卦还不是文字，但先哲的这种实践活动有可能开启创造文字的智慧之门。

【注　释】
　　① 唐兰. 中国文字学 ［M］. 上海：上海古籍出版社，2001：53 - 54.
　　② 宋均芬. 汉语文字学 ［M］. 北京：北京大学出版社，2005：51.
　　③ 徐志奇. 文字学 ［EB］. http：//www. gxtvu. com. cn/eduwest/web＿ courseware/
chinese/ 0209/page/neirong/301. htm ［2007 - 12 - 10］.

### 三、汉字产生的历程

（一）实物记事

实物记事最常见的办法是结绳和刻木。这两种方法，被认为是前文字时代真实存在过的记事形态。

1. 结绳记事

结绳是原始民族普遍采用的一种记事方法。《易经·系辞下》："上古结绳而治，后世圣人易之以书契。"《说文解字·叙》："及神龙氏结绳为治而统其事。"这些记载表明中国上古在无文字的时代确实有过结绳记事，人类采用结绳之类的原始记事方法来帮助记忆，提示事情、交流情况[①]。

记事的方法，《周易正义》引郑玄注："结绳为约。事大，大结其绳；事小，小结其绳。"这些话语，足证上古时代的结绳记事的方法具有一定的社会约定俗成性。结绳记事的主要用途为记事和计数。

结绳记事的这种方法在后世以至于近现代，仍然在国内外许多民族中保留着。宋代朱熹曾说："结绳，今溪洞诸蛮尤有此俗。"严如煌《苗疆风俗考》云："苗民不知文字，……性善记，惧有忘，则结于绳。"[②]新中国成立前云南哈尼族、独龙族、台湾高山族也有用结绳记事的实例可考。

2. 契刻记事

契刻，也称刻契，即在竹、木条上刻些缺口或其他记号，用以记事。汉·刘熙《释名·释书契》："契，刻也，刻识其数也。"西安半坡村出土的陶器上的刻画符号有 113 个，"绝大部分都刻在同一种陶器的同一个部位上，规律性很强，有的符号不但重复出现在很多器物上，而且还出现在不同的遗址里，看来，这种符号，至少是其中的一部分，很可能已经比较固定的用来表示某种意义了"[③]。

刻木记事的方法，即使在文字产生以后，仍以此为约，上刻文字，各执其一，可以相合，作为凭证，故又称之为"书契"。故《易经·系辞下》云："上古结绳而治，后世圣人易之以书契。"后世所谓"契约"即由契刻而来。

为了更好地表达复杂的意思，契刻往往和其他记事法结合。如宋人周去非《岭外代答》卷十"木契"条，记录广西瑶族一件诉讼木刻，上有刻符、烧痕、钻孔，内穿稻草打结④。

契刻符号虽然还不是文字，但曾经发挥过帮助记忆，传递某种信息，作契约凭证等记事作用。这些符号是原始汉字的一个源头，古人利用这种形式，把一些数字符号或象形符号刻画在陶器或竹木片上，用以传递某种信息，由此就有可能逐渐演化成类似青铜器上的族徽文或是竹简木牍这类的文书，文字和文献也就逐渐地形成了。由此可以认为，契刻比结绳和其他方式的文字起源传说都更具促进文字产生的条件。

（二）图画记事

在结绳和契刻之外，原始绘画也是古代人类普遍用来帮助记忆、表达思想、交流感情的辅助手段。不过，由图画发展为文字，其演化的途径似乎比契刻符号演化为文字的途径更为宽广，其历程尤其具有人类文化学、民俗学的性质。我国很早就有"书画同源"的观念，古代埃及语言中，"画"和"写"、"绘画"和"文字"、"艺术家"和"书写人"这几个词是相同的，这正是书画同源这一相同文化历程的一种反映⑤。其实，在汉字起源时期，绘画与书写就不能分开，一方面是因为原始绘画大多有其实用的目的，绝非纯艺术之事；另一方面原始汉字本身既具有浓厚的图画特征。图画记事可以分为原始壁画和陶器刻画符号和青铜器上的族徽文字三种。

1. 原始壁画

现在能了解到的图画记事首先体现在无文字部落的活生生的图画中，图画本身不仅表达了含有抽象概念的信息，而且是向那些制作图画符号时不在场的人表达信息，接受信息的人与图画符号制作者相距久远。如1849年，美国苏必利尔湖附近的印第安人给美国总统递交的一份请愿书。这封请愿书是用图画写成的，那"信"的左下方画的苏必利尔湖的形状，上面依次画了鱼、熊等七种动物，每一种动物就是一个部落的图腾。每种动物上都画了心脏和眼睛，用线条把七个心连起来，七种动物都把头朝右

印第安人致美国总统的一封信

前方，也用线条连起来，一直连到湖泊的图形上⑥。这幅画表示：七个部落一条心，思想和感情是一致的，请美国总统归还他们的苏必利尔湖渔业权。

上例是近代社会中，出现在无文字部落里的记事图画。其实，这种图画记事的方法是与人类的发展史共生的。人们即使在那蛮荒的"野人"、猿人时代，就有带有节奏和旋律的呐喊，并伴着跳跃的舞步，特别是遇到庆祝胜利、丰收或祭祀神灵举行盛典的时候表现出的歌舞狂热。这时，他们会用泥巴塑造自己的形象和各种动物的原始雕塑，并在石壁上用天然的颜料作画。⑦

现代已经发现了许多产生于旧石器时代晚期的岩画，在亚洲、欧洲、非洲、美洲等许多地方都有发现。这些古老的岩画，既是人类最初激发的艺术表现欲望的产物，同时也具有古人类记录自己部落氏族生活事件的记事功能。有的岩画本身还是单纯的记事岩画，有的已经能够把事件（表事）和愿望（表意）归纳为简化了的符号和标志，这就是常说的图示岩画。不论哪个民族的岩画，大多出现在这个民族的文字出现之前，不论什么形式的岩画，在后来人类创造文字的时候，都起到了引申和参照的作用。岩画在文字出现以前的很长的时期内，曾是记事活动的一个重要手段，也是文字形成以前有着文字萌芽因素的重要形态之一。

从表达意义的角度说，图示岩画符号大致可分为两类。一类是通过抽象成象形、会意、指事符号，表达一个完整的意思。以宁夏大麦地发现的《天象》为例，图由四个图画符号组成，描述人类乞求天象的情景。上部是一个螺旋形的特殊天体原型，甲骨文"云"字与之相似，可以理解为旋涡状的台风、龙卷风，或者大面积的乌云遮天盖地，这种奇异的

天象

天象给人们带来了恐惧。所以其左下部是一人双手惊呼跪在地上向天体行大礼，甲骨文里面的"人"字，即写成"大"字，"舞"也是一个人高举双手持物伸展挥舞。右下方似一小狗抬头仰视天象作犬吠状。另外一黑团似一人坐在地上将头埋在双手间作畏惧祈祷状。四个简单抽象但又具有一定象形意义的符号组合在一起表达了一个完整的意思，就像汉字中通常讲的会意造字法。第二类是既有图画又有符号，两者共同组合表达丰富的意思。如岩画《田园》，此图右上部为一只羊，左上部为一个人面，其中部为S形符号，下部为一横符号。这幅图画

田园

与符号组合的符号文字，描述了一个宁静的田园生活的场景。不管怎么说，图示岩画已经很接近文字的形象，也已有了文字的原始功能。图示岩画对于以后

文字的产生起到了重要的过渡作用⑧。

2. 陶器符号

已发现的远古陶器上的图形标记有两种，第一种多为几何形符号，见于仰韶等原始文化的陶器上；第二种为象形符号，见于大汶口等原始文化的陶器上。

仰韶文化距今大约 5 000 ~ 7 000 年，是我国新石器时代的一种文化，主要分布于黄河中下游一带。出土的陶器以细泥红陶和夹砂红褐陶为主，主要呈红色，多用手制法，用泥条盘成器形，然后将器壁拍平制造。红陶器上常有彩绘的几何形图案或动物形花纹，是仰韶文化的最明显特征，故也称彩陶文化。其中的彩陶，每每成为讨论中国文字起源的出发点。

经过考古人员的整理，半坡陶器和陶片上的刻画符号共有 113 个，按照笔画的形状类型，可以分为 27 种。郭沫若先生认为半坡彩陶上的刻画，其"意义至今虽尚未阐明，但无疑是具有文字性质的符号，如花押或者族徽之类。我国后来的器物上，无论是陶器、铜器，或者其他成品，有'物勒工名'的传统"。"彩陶上的那些刻画记号，可以肯定地说就是中国文字的起源，或者中国原始文字的孑遗。"⑨

半坡遗址所出刻画符号

陶器符号的第二种类型为象形符号，主要见于大汶口文化的陶器上。

大汶口文化分布于黄河下游地区。目前已发现的陶器符号主要属于大汶口文化晚期的东西，其年代大体与仰韶文化晚期相当。这些符号中已发表的刻写的象形符号有 17 例 9 种、绘写的有 1 例 1 种，共达 18 例 10 种。

对于大汶口文化陶器符号，于省吾先生在 1973 年发表的《关于古文字研究的若干问题》一文中，在谈到文字的起源时曾将右

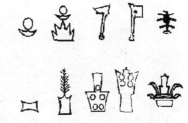

大汶口文化陶器符号

图中左上第二个象形符号释为"旦"字，认为是由日形、云气形和五峰的山形这"三个偏旁构成的会意字"，并由此设想，"当时已经有了由更早的简单独体字演化成的复体字"，"是原始文字由发生而日趋发展的时期"⑩。

3. 族徽文字

族徽是一个部落或氏族的共同标志，同时也可作为器物主人的个人标记。族徽图形多保存在殷代铜器上，西周初年仍有存在。族徽图形依其内容大致可

分为以下几类：

（1）动物形，计有象、鱼、蝎、龟、牛、猪、犬、虎、羊和各种鸟类。

（2）植物和自然现象，有草、木、禾、苗、山、雨等。

（3）各种武器、工具和器皿之形，常见的有戈、刀、弓、斧、耒、车、车轮、鼎、甗（yǎn）、鬲和皿、鼓。此外还有盛矢之箙、藏戈之椟，习射之侯，捕鸟之毕，铐手之梏桎等。

（4）人形（或仅画出手形及工具形为代表）与物件相结合，用以表示该族之职业或职务。有表农事、畜牧、贸易、武事、杂役及人的动作等。

殷周铜器上的图形族徽，其性质为图画记事，虽然还不能算为真正的文字，但却具有文字的性质。

总之，和实物记事相比，图画记事表达的信息更丰富。实物记事通常记录的是事物，图画记事不仅可以记录事物，还可以比较方便地记录事件的过程。图画记事的这种性质更接近自然语言记事的性质，在自然语言中不仅要有记录事物的词，也要有描述事件的句子。也许因为这一点，实物记事和文字的产生没有什么联系，图画记事正是文字产生的前身。如果把图形简化，一个图形记录语言中的一个语素或词，而且图形的排列顺序和语言中语素或词的排列顺序一致，图画就成了真正的文字。正是在这个意义上，可以说文字起源于图画，所以有人把记事的图画叫做"图画文字"。

**【注　释】**

① 中国科学院考古研究所，陕西省西安半坡博物馆. 西安半坡 ［R］. 北京：文物出版社，1963：186.

② 宋均芬. 汉语文字学 ［M］. 北京：北京大学出版社，2005：56.

③ 裘锡圭. 文字学概要 ［M］. 北京：商务印书馆，1988：23－24.

④ 宋均芬·汉语文字学 ［M］. 北京：北京大学出版社，2005：10.

⑤ 江宁生. 从原始记事到文字发明 ［J］. 考古学报，1981（1）.

⑥（苏）B. A. 伊斯特林. 文字的产生和发展 ［M］. 北京：北京大学出版社，1987：59－61.

⑦ 牟作武. 中国古文字的起源 ［M］. 上海：上海人民出版社，2008：38.

⑧ 陈晓鸿，刘刚. 宁夏大麦地岩画可能推前人类文字史万年 ［EB］. http：//tech. 163. com. html ［2007－11－11］.

⑨ 郭沫若. 古文字之辩证的发展 ［J］. 考古学报，1972（1）.

⑩ 于省吾. 关于古文字研究的若干问题 ［J］. 文物，1973（2）.

## 第四节　汉字的发展与演变

文字起源于宗教祭祀和图腾崇拜。因此，汉字最早的功能，除作为族徽和"物勒工名"外，主要用途就是沟通人神，或象征强权尊位，其次才是用于王天下者之重要史实的记载，东周以后，汉字的主要功能才转向著书立说，记录语言，逐步走向民间。

### 一、甲骨文：与神灵交流的文字

至今发现的成系统的最早的汉字是甲骨文，能够见到的甲骨文体现出的主要功能是帝王与神灵的交流。

甲骨文是商朝（约公元前 17 世纪～公元前 11 世纪）的文化产物，距今约 3 600 多年的历史。商代是神权政治时代，统治者迷信鬼神，大到国家政事，小到私人生活，诸如祭祀、征伐、年景、游猎、生子、疾病等等，其行事以前往往用龟甲兽骨占卜吉凶祸福。这就是"卜辞"，又称贞卜文字。因出土于殷墟，故又称殷墟文字。

**甲骨文**

### 二、金文：表现强权尊位的文字

金文，是指先秦刻铸在各种青铜器上的文字。古人称铜为金，故得此名。古代以祭祀为吉礼，把祭祀用铜器称为吉金，故又叫吉金文字①。正因为青铜器是祭祀之器，所以青铜器铭文也是用以表现强权尊位的文字。青铜器中，乐器以钟最多，礼器以鼎最多，一般用钟鼎代表古代青铜器，故又称钟鼎文。

金文出现于商代中期，在西周时期达到高峰，并历久不衰，一直延续到春秋战国。内容是关于当时祀典、赐命、诏书、征战、围猎、盟约等活动或事件的记录，所涉及的内容非常广泛，都反映了当时的社会生活。祭器上的文字，是向神灵报告自己的荣耀、体现强权尊位的文字，具有纪念价值。周朝前期金文文字不多，而字势阔大，笔力宏肆。中期无大变化，跟前期比较起来，字势相近，但不如其雄健。后期金文，已逐渐看不到肥体，字体紧密而又疏落，字形方阔，极为优美。

### 三、六国古文字：走下神坛的文字

东周以降，礼崩乐坏，过去为帝王统治者专用的文字，随着周王室失去权威也开始失去了固有的尊严，除了帝王，可以使用文字的人骤然增多。一是，列国诸侯都纷纷自立为王，以制造文字形态的特异来凸显自己的王者地位。二是，文字开始被广泛用来著书立说，宣扬各家各派的思想学说。由此，文字记录语言的作用大为彰显，出现了各种形式的文字，形成了汉字发展史上一个空前绝后的"文字异形"时代。

这个时期，出现了各种形式的文字，如：石鼓文、简帛文、诅楚文、货币文、玺印文、陶文和三体石经等文字。

以上这些字种类别中，最为重要的还推简帛文字。在纸张发明以前，竹木缯帛较之其他书写材料，最大的长处就是可以以较小的材料而承载较多的文字数量，而且竹木简取材容易，所以理所当然地被选定为书写的主要材料。更为重要的是，简帛文字所呈现内容，大部分已经是一个意义上的古书，即个人阐发其学术思想的著作，已经突破了其他出土文字的藩篱②。至此，汉字已经具备了一般意义上的记录语言的功能。这种变化，对汉字发展历史而言是具有划时代意义的。

### 四、篆文：皇帝的文字

"书同文"是秦始皇统一中国以后颁布的第一个法令中的三大内容之一，由此而形成了中国历史上第一次自上而下的汉字规范化运动。这个运动的最终结果，是确立了当时的官方认定的标准文字——小篆。

小篆作为一种标准字体的确立，在汉字发展史上具有非常重要的意义。自从周王室衰败迁都以后，秦国占据了周的故地，所以直接继承了西周的文化，文字的风格更是保持了殷周文字的传统。所以它作为"书同文"的标准淘汰了六国的"异形"文字以后，便成为汉字发展史上上承商周古文字，下启汉魏隶书、楷书字体的一个中间环节，维持了汉字形态的连续性。

秦丞相李斯写的
《泰山刻石》

小篆字体笔画均匀，线条圆转流畅，形体整齐，字体美观，确立了汉字的符号性特点。由于秦始皇的权威，小篆作为正式的标准书体，成为皇帝的文字，应用于正式场合。

文字经过春秋战国，发展到秦朝，已经不可能再被统治者所独有，所以秦始皇与文字有关的另一项措施是将记录皇帝诏书的文字与皇帝以外的人们使用的文字相区别。皇帝使用的文字的书体称为"篆书"，而臣子们使用的则是"隶书"。

### 五、隶书及以后的文字：大众化的文字

隶书是由草率书写篆书并简化篆书而演变形成的，因为当时使用这种字体的人多为"徒隶"（下级胥吏）而得名。也有人称隶书为"左书"，左是"佐助"的"佐"，左书是佐助篆书的意思，它同正式的小篆并行于社会。

篆书原本就不属于实用书体，因此汉朝取代秦朝后，由于受到隶书的压制，篆书便渐渐失去了影响力，连皇帝的诏书也开始用隶书来书写了。由此，文字完全丧失了神圣的地位，而转变为纯粹记录语言的工具，走向大众。

用章草书写的汉水篇

隶书的出现，是汉字形体发展史上的一次大变革，是汉字演进中一个重要的转折点。隶书对它以前字体的笔画结构都进行了改造，改变了古代的象形特点，使汉字完全符号化了，这种变化，叫做"隶变"。汉字经过"隶变"之后，形体上发生了巨大的变化，使汉字由象形的表意文字阶段过渡到符号的表意文字阶段，彻底地改变了古汉字的象形面貌，是古文字与今文字的分水岭。

隶书在汉代得到了很大发展，到东汉时期，以隶书为基础，汉字形体演变出草书、楷书、行书等字体。

草书是为书写便捷而连笔书写的一种字体。正如隶书对于小篆那样，草书也是为了快速、草率地书写隶书而发展起来的。

东汉张芝写的今草

草书主要有章草、今草和狂草三种。从时间上说，章草出现最早。它是隶书的草写体，即草隶，是书写急速草率的隶书，流行于东汉章帝时。

今草是由章草演变来的，它去掉章草的波磔挑法，全字楷书化，成为楷书的速写体。其体势连绵，一笔到底，一气呵成，脱去了章草中保留的隶书笔画形迹，上下字常相勾连。

狂草兴于唐代，相传为张旭所创。在今草的基础上写得更加放纵，笔势连绵回绕，字形变化较大，形体混淆，书写诡奇疾速，人自为体，千态百变，缺少规律性，难学难认。因此，狂草已脱离了日常书写的需要，丧失了文字进行交际的功能，只能作为一种书法艺术供人欣赏了。

楷书又名"真书"、"正书"，形体方正，笔画平直，可作楷模，故名之。

楷书是从隶书演变来的，它的结构与隶书基本相同，只有少数地方略有改动。就整个字势看，隶书向外摊开，楷书向里集中；隶书笔画波动，楷书笔画平稳；隶书是"八"字形的横宽扁平的方块字，楷书是"永"字形的竖长方块字。楷书对隶书而言是化繁为简，对草书来说是化草为正。

钟繇楷书《宣示表》

楷书写起来没有隶书那样费事，又比草书工整易认。因此，两千年来，楷书一直被作为正式的字体而广泛应用。

行书是楷书通行之后才产生的。由楷书演进为行书是一种自然的趋势。行书没有严格的书写规则，写得规矩点，接近楷书的，叫"行楷"；写得放纵一点，比较接近草书的，一般称为"行草"。因此，行书的特点是：近楷近草，不拘不放，笔画连绵，字字独立。如果用"草书如飞，楷书如立，行书如行"

最擅长写行书的晋代大书法家王羲之

《兰亭集序》的唐人摹本

的形象比喻，正好生动地说明了草、楷、行这三种字体之间的关系。

王羲之所书的《兰亭集序》，被誉为"天下第一行书"。

### 六、现代汉字的字体

现代汉字指现代通用的汉字，其字体有印刷体和手写体的区别。它们都是在楷书基础上改变了一些笔形。

印刷体常用的有：①宋体，又叫老宋体、古宋体、灯笼体，是最通用的印刷铅字体。笔画横细竖粗，结体方正严谨，但不便于书写。②长宋体，笔画形体类似宋体，只是变宋体的正方形为长方形。③仿宋体，又叫真宋体，笔画不分粗细，结体方正秀丽，讲究顿笔，可手写而成。④长仿宋体，类似仿宋体，只是变仿宋体的正方形为长方形。⑤楷体，又叫大宋体、手写体，同手写正规楷体基本一样，笔画比仿宋丰满。⑥黑体，又叫黑头字、方头字、方体字，横竖笔画从下笔到收笔一样粗，字迹浓黑醒目，一般表示着重时使用。

印刷体根据字体大小编为各种型号，这些型号叫字号。常用的字号从大到小有：初号、一号、二号、三号、四号、小四号（新四号）、五号、小五号（新五号）、六号、七号等十种。

手写体汉字比印刷体自由，笔形和结体都有一定的灵活性，手写方便，风格各异。

现代汉字为当前正式使用的规范汉字。新中国成立后，经过简化汉字、废除异体字、整理印刷通用汉字，现代汉字变得更加简洁，更加便于学习和使用了。

现代汉字有以下特点：

1. 字有定笔

每个规范汉字的笔画是有定数的，不能多一笔也不能少一笔，笔画增减就会变成另外一个字或错字。如：弋—戈、奈—奈、史—吏、兮—分、九—丸、氏—氐。

2. 笔有定形

现代汉字每种笔画都有其固定的笔形，有些笔形有区别形义的作用。如：天—夭、寸—才、千—干—于、子—孑、儿—几、手—毛、申—电、见—贝、士—土。

3. 笔画组合有定式

现代汉字笔画组合成字大致有下面 4 种方式：①笔画相离，如：川、三、八；②笔画相交，如：十、义、丈、七；③笔画相切，如：人、入；④笔画相接，如：弓、凹、凸、丐、丑。

4. 笔有定序

现代汉字书写讲求笔顺，以求书写快速、正确及美观③。

以上所述，是现代汉字独体字笔画构字规则，这个规则同样适合于合体字。

【注　释】

① ［日］藤枝晃. 汉字的文化［M］. 北京：新星出版社，2005：19.

② 刘志基. 汉字：中国文化的元素［M］. 上海：华东师范大学出版社，2007：36，40.

③ 宋均芬. 汉语文字学［M］. 北京：北京大学出版社，2005：525.

# 中国文学概述

中国文学源远流长，经数千年的发展，取得了辉煌的成就，形成了独特的魅力。

在原始时代，我们的先民以口耳相传的方法，通过想象和幻想，创造了丰富的神话传说，开启了诗乐舞一体的文艺形式。

《诗经》作为我国第一部诗歌选集，主要反映了西周初年至春秋中叶五百多年农业文明下的社会生活的丰富样态，以及人们的思想感情。《诗经》按风、雅、颂分为三类，雅又分大雅、小雅，其主要艺术表现手法是赋、比、兴的手法。《诗经》三百零五篇，孔子以诗书教授弟子，谓之"诗"或"诗三百"。至汉代齐、鲁、韩、毛四家说诗，始奉之为经。并进一步发挥孔孟"思无邪"、"兴、观、群、怨"、"以意逆志"等思想，奠定了后世儒家的诗学观。

在《诗经》四言诗之后，战国时期，南方楚地出现了具有楚国语言文化特点的新体诗——楚辞。楚辞体在语言上多用"兮"字，以六言、七言为主，代表诗人是屈原，代表作《离骚》是我国古代文学史上最杰出的政治抒情长诗。将现实的忧愤和浪漫的想象结合在一起，创造了一个奇特瑰丽的艺术世界。《九歌》与《九章》也有独特的价值。屈原成为中国文学史中第一位伟大的诗人。《诗经》是"饥者歌其食，劳者歌其事"的现实主义诗歌典范，《楚辞》则开创了中国文人浪漫抒情的新传统。

在春秋战国时代，礼崩乐坏，周室衰微，诸侯纷争，士的阶层逐渐形成，并从各自的阶级立场出发著书立说，形成了百家争鸣的局面。孔子述而不作，通过经典之传述以"克己复礼"，并"因鲁史记而作《春秋》"，《春秋》记事，《尚书》记言。之后出现了解释《春秋》的《左传》等记事之史和记言为主的《国语》等著作，加上代表纵横家思想的《战国策》，使历史散文得到了极大的发展，无论是文学叙事能力、人物描写的技巧和语言艺术方面，都有了长足的进步。在百家争鸣中代表各家各派思想的诸子散文，经历了语录体、专题论文和坐而论道的完整的论说文的发展过程，形成了以儒道为主，百家争鸣的热闹场面，留下了《论语》、《孟子》、《庄子》、《荀子》、《韩非子》、

《吕氏春秋》等丰富的论著，形成了灿烂多彩的文学风貌，有的精警淳雅，有的辩论生风、有的奇幻恣肆，对后代文学产生了极大的影响。当然，散文的发展是与文字的产生发展和成熟连接在一起的。

秦汉时期，大一统的帝国开创了中华文明的新时代，李斯的奏疏文，贾谊、晁错的政论文，承上启下，沾溉百代；伴随汉帝国的强大，汉赋夸张声色，铺排扬厉，成为一代之文学；两汉的乐府"感于哀乐，缘事而发"，对社会底层人们的生活、心态和愿望进行了具体的反映。承继了诗经的现实主义传统，善用比兴，长于叙事，在杂言体的写作基础上又产生了五言诗，文人五言诗在此基础上逐渐成熟，代表作为东汉末年出现的《古诗十九首》。抒情委婉含蓄，情思怨而不怒，语言质朴精切，被誉为"五言之冠冕"。

在史传文学方面，则以《史记》、《汉书》成就最大。司马迁的《史记》"究天人之际，通古今之变，成一家之言"，以事件为纬，人物为经开创了纪传体文学的新形式，塑造了一大批鲜活生动的历史人物形象，在历史的宏大叙事中展现出高超的文学才能。

魏晋南北朝是充满动荡、政治黑暗的时期，但却是文学艺术走向自觉、大放异彩的时期。五言诗得到了进一步的发展，成为文人写景、抒情、言志、达意的工具。作为文学成熟的标志，出现了三曹父子、建安七子、竹林七贤等文人集团；出现了陶渊明这样超拔流俗的大诗人，在平淡自然中展现了田园生活的趣味。而南朝的谢灵运、谢朓则描摹山水，开启了山水诗的新境界。鲍照清新俊逸，其七古正为唐代的李白所继承。庾信以南人北客，清新刚健，在诗歌艺术上成为六朝诗歌集大成的诗人。南北朝的乐府民歌亦极有代表性，风格迥异。吴声西曲明丽柔婉，北朝民歌质朴刚健。

这时期的散文、辞赋、骈体文也别开生面，展现着文人们的才情与精神世界。小说创作有志怪和志人的不同类型，《搜神记》在人神杂处中初陈梗概，《世说新语》在简练传神中记轶写人，开启了后世笔语小说的叙事记人方式。在文学繁荣的同时，也出现了理论批评的兴盛，从曹丕的《典论·论文》到陆机的《文赋》、钟嵘的《诗品》、刘勰的《文心雕龙》，开始了系统地对文学艺术进行批评总结的历史。

隋唐时期，南北文化合流，艺术创作者的视野得以开阔，中国古代诗歌的黄金时代也因伟大的盛唐时代的到来而开启了。一时流派纷呈、名家辈出，还出现了李白、杜甫这样的超一流的大家。古体诗更加开张，为诗人们抒写饱满的情感提供了可能性。近体诗则为诗人们争奇斗艳、刻炼语言，表现思致与境界提供了广阔的空间。

初唐四杰和陈子昂力扫齐梁余风，推举汉魏风骨，使诗歌走向了江山和塞漠，关注现实，寄慨高远，光音朗练，有金石声。在诗歌形式和表现手法上多有探索，歌行体诗容量大大扩展，张若虚《春江花月夜》"孤篇压全唐"，预示了盛唐伟大时代的到来。

盛唐诗歌艺术全面繁荣，充满了青春的精神和生命的张扬。以王维、孟浩然为代表的山水田园诗派，或寄情山水，或悠游田园，情致高远，摹景如画，意境优美。王维山水更是诗中有画，画中有诗，为人称赏。以高适、岑参为代表的边塞诗派，以奇丽的边关景象，边塞生活，或悲壮，或奇峭，显示了独特的魅力。王昌龄、王之涣等大量的边塞诗写作，抒写了盛唐诗人的豪迈襟抱。

李白、杜甫被郭沫若称为中国诗歌史上的双子星座。一个是理想的，一个执著于现实；一个是浪漫的，一个是写实的；一个奔放炽烈，一个深沉细腻；一个豪放飘逸，一个沉郁顿挫。一个号为诗仙，一个称为诗圣。李白是盛唐精神向外张扬的显现，杜甫是盛唐气象走向内敛反思的写照。

中唐时期，经历安史之乱重创的唐王朝已元气大伤，声消色褪，但仍渴望盛世重光，力图振作。大历十才子走向细美幽约的光景，韩孟诗派力求险怪雄奇，元白一派追求轻俗，但新乐府运动"歌诗合为事而作"批评时弊具有强烈的现实关怀。刘禹锡、柳宗元则以独特的人生经历和艺术追求独树一帜。李贺仙才鬼气，诗风诡异浪漫而气格已弱，不复盛唐气象。晚唐诗人带着浓厚的感伤之情，但依然能别开生面。杜牧以七绝擅胜，内容多伤春惜别与咏史怀古，俊爽自然；李商隐将律诗艺术打造得更加炉火纯青，蕴涵丰富，用典精切、词旨隐微多义，其七律沉博绝丽，将爱情与政治感遇打为一体，使"无题"胜有题，使中国诗歌的比兴象征艺术在朦胧之美中达到极致。

韩愈"文起八代之衰，道济天下之溺"，与柳宗元发起古文运动，从骈体文的笼罩下重新争回了散文的写作空间，强调文章写作要有充实的思想、真切的情感，反映各种社会现实问题。韩愈的道德之文，柳宗元的山水小品，都力去陈言、富有新意。当然，如"业精于勤荒于嬉，行成于思毁于随"，名句俊言，俯拾皆是；骈偶成双，俪辞相对；大匠运斤，骈散自如，自不可一概而论。

唐传奇是中国古代小说艺术走向成熟的标志，作意好奇，文采高华。词作为一种音乐文学，与燕乐相配合，流布民间，经中晚唐至五代文人创作而成就了一种独特多致的新的抒情形式。温庭筠、李煜无疑是其中的杰出者。李煜词写亡国之恨，感慨遥深，变伶官之词为士大夫之词，提升了词的境界。

宋代商业文化繁荣，都市经济发达，市民文学有了丰厚的土壤，讲史话本等讲唱文学得以繁荣。词这种艺术形式得到了极大的发展，成为一代之文学。

宋初词浅斟低唱，延续花间余风，晏殊词婉约绮靡，但范仲淹等词人的作品因充实的生活内容和抱负眼界，境界开阔，格调苍凉，被欧阳修称为"穷塞主"之词。柳永词多慢词长调，写相思旅愁，为市井细民写心，以至凡有水井饮处，即能歌柳词。苏轼以诗为词，提升了词境，使之成为独立的抒情诗体，开创了豪放词的传统。周邦彦是婉约词的总结者，李清照则以女性身份，写女性的情感与心灵世界，产生了独特的影响。

南宋初期词人张元幹、张孝祥上承苏轼，下启辛弃疾。辛稼轩的爱国词，沉郁苍凉，豪迈顿挫，抒英雄之气，将词的艺术境界推到了新的高度。并且形成了多种风格，不乏清新活泼与缠绵哀怨或游戏诙谐之体。此外如姜夔的骚雅清空、吴文英的绵密秾丽，都各有特点。宋人于词的创作为后世所重，其诗的创作亦独具特色。唐诗重情韵，宋诗以理胜。王禹偁、梅尧臣是北宋初期重要诗人，欧阳修发展了宋诗的气骨与思理。到了苏轼的诗，自由挥洒，以散文化的笔法，说理抒情，独具趣味。黄庭坚诗宗杜甫，讲究用典，化炼前人诗句入诗，号称"点铁成金"，"夺胎换骨"，被称为"山谷体"，开创了江西诗派。南宋陆游、杨万里、范成大都出于江西诗派，但各有特点，卓尔成家，并以爱国诗章传名后世。文天祥用自己的生命，化为南宋爱国诗歌的最强音。

欧阳修一代文章宗主，引领诗文革新，推尊韩愈，力倡平易通达的文风，不但自己的文章精美传神，情韵俱佳，还能提携后进，一时人才辈出。王安石、三苏父子、曾巩都各具特点，被同唐代韩愈、柳宗元一起尊称为"唐宋八大家"。苏轼文章挥洒自如，众体兼擅，如行云流水，是宋代散文杰出成就的标志。司马光的《资治通鉴》等，则是史志文的新发展。

元代出现了一种配合流行曲调演唱的抒情诗体——散曲。单支曲子称小令或令词，由两支以上同一宫调的曲子连缀而成的称套数。散曲作品具有通俗平易，诙谐泼辣的特点，后期则逐步归于雅正典丽。关汉卿、马致远、张养浩、乔吉等都有佳作传世。元杂剧则在宋代通俗文学基础上进一步发展，在戏剧结构、唱腔科白和人物描写上都达到了很高的水平，产生了关汉卿、王实甫、高明等杰出的戏剧家和《窦娥冤》、《西厢记》、《琵琶记》等优秀作品，丰富了中国古代文学的表现形式。

明代诗文在早期的刘基、宋濂、高启的作品中体现出了生机与活力，有一定的现实内容。明中叶以后，拟古与反拟古各成派别，前后"七子"以"文必秦汉，诗必盛唐"为旗帜；"唐宋派"则尊唐崇宋。"唐宋派"中归有光的成就最为突出。之后李贽、公安三袁和竟陵派的作家们都有自己鲜明的特点。

晚明小品文充满人生趣味，如张岱的《陶庵梦忆》、《西湖梦寻》等都为人称赏。在明末的社会危机和民族矛盾尖锐激烈的背景下，复社、幾社领袖们充满血气的诗文，成为民族精神的写照。陈子龙、夏完淳都留下了杰出的作品。

元明之际，由宋元讲史话本发展而来的章回小说走向成熟，代表之作就是罗贯中的《三国演义》，以重建社会理想为核心，重现了三国时代魏、蜀、吴集团之间的军事、政治、外交斗争，展现了一幅精彩的历史画卷，刻画了一系列生动的人物形象。施耐庵的《水浒传》则以宋江三十六人为基础，写一百零八人兄弟结义，在一场波澜壮阔的起义中演绎出了一曲英雄传奇，揭示了"官逼民反"的社会现实。神魔小说的杰作《西游记》以记游为中心构建了一个个浪漫神奇的故事，引人入胜。世情小说的《金瓶梅》，则展现了写实主义的深度，入木三分地展现了社会众生相。

短篇小说则以"三言"、"二拍"为标志，将白话短篇小说推到了一个新高度。描写对象从才子佳人转向了商人、手工业者、妓女等，结构故事的技巧和语言艺术都有较大的提高。当然也多有色情描写、因果报应思想等不足。

明代传奇代杂剧而兴并产生了杰出的戏剧家汤显祖。其《牡丹亭》以杜丽娘、柳梦梅生死离合的爱情为中心，呼唤个性解放，表现了情与理的冲突，描写了情对理的反抗，肯定了青年男女爱情追求的合理性，揭示了封建礼教的反人性本质。除汤显祖的"临川四梦"外，李开先的《宝剑记》、梁辰鱼的《浣纱记》也有很高的成就。在传奇创作繁荣的同时，戏曲理论的研究也得以深入。康海的《中山狼》、徐渭的《四声猿》则在杂剧的创作方面作了新的探索。

清代诗词散文创作作家众多，流派林立，明末清初的遗民诗人黄宗羲、顾炎武、屈大均、王夫之等气格超迈、思致深远，其创作有感而发，悲凉沉郁；钱谦益，吴伟业也自具特色。王士祯独倡"神韵"，领袖诗坛。而"格调说"的沈德潜、"肌理说"的翁方纲，则在乾嘉尊古重古的风气中走向了以学问为诗甚至形式主义的流弊之中。其间也有写民间疾苦之声的郑燮，直抒性情的袁枚，都形成了自己的面目。

词至清代，号称"中兴"。词家辈出。词派林立，词学理论的探讨形成风气。有陈维崧之"阳羡派"，朱彝尊之"浙西派"；或宗苏辛，或举姜张。"常州词派"的张惠言、周济则主兴寄，关注现实，以救浙派清空之失。在清词"中兴"中，最有成就的是纳兰性德。其小令直逼李煜，而婉约伤感、细美幽约过之，不立门派而自成一家。

散文创作有"国初三大家"的魏禧、侯方域、汪琬等，但以桐城派影响最大，讲究古文"义法"，以清真雅正为宗，代表人物有方苞、姚鼐、刘大櫆等，至清末曾国藩亦守其法，到"五四"时期则被斥为"桐城谬种"。

清代文学的最大成就就是小说。曹雪芹的长篇章回小说《红楼梦》，以贾、史、王、薛四大家族的盛衰为背景，以宝黛爱情悲剧为中心，以大观园为空间，展现了丰富尖锐的矛盾冲突和封建社会必然走向没落的命运。小说中塑造了一系列鲜活的人物形象，表现出高超的叙事艺术。叙事视角丰富，语言炉火纯青。鲁迅曾说："自有《红楼梦》出来以后，传统的思想和写法都打破了。"吴敬梓的《儒林外史》是我国讽刺文学的杰出代表，标志着古代讽刺小说艺术新进展。它假托明代故事，展示了清代中叶的风俗画面。以知识分子的生活和精神状态为题材，对封建制度尤其是科举制度下知识分子的命运进行了深刻的思考和探索。其写法"虽云长篇，颇同短制"，人物性格丰富，"戚而能谐，婉而多讽"，体现为悲喜交融的美学风格。在短篇小说方面，清初蒲松龄的《聊斋志异》，用传奇法而以志怪，在六朝志怪和唐传奇的基础上，兼容史迁笔法，叙写花妖狐鬼精魅神仙故事，极具虚幻性、神异性，又有现实的寄托与寓意。刺贪刺虐，歌颂爱情。并以叙事模式的多样、故事情节的离奇曲折、语言的平易简洁、富于个性，将短篇文言小说艺术推到空前而后人又难于超越的境界。

清代戏曲的创作，清初有吴伟业的《秣陵春》和李玉的《清忠谱》，是明清之际，民族矛盾和社会现实的反映。传奇剧的杰出代表则有"南洪北孔"。洪昇的《长生殿》写唐明皇、杨玉环的爱情悲剧，但注入了更为丰富的社会生活内容，化长恨为长生，结构细密，叙事简洁，写景如画，文辞清丽流畅。孔尚任的《桃花扇》以侯方域、李香君的离合之情为线索，写南明王朝兴亡之史，借儿女之情显兴亡之迹，达到了历史真实与艺术真实的统一，是清代传奇中思想和艺术的完美结合的杰作。

鸦片战争的爆发，使中国沦为半殖民地半封建国家，反帝爱国和民主主义成为近代文学的主题。龚自珍首开文学新风气，魏源、林则徐等都写出了富于时代精神的作品；力倡"诗界革命"的梁启超，高呼"我手写我口"的黄遵宪，鉴湖女侠秋瑾等，都留下了富有时代风格和个人色彩的诗作。南社诗人柳亚子、苏曼殊等人的诗作，都洋溢着爱国主义和民主主义的精神。

近代小说则在梁启超"小说界革命"倡导下，关注现实，出现了李宝嘉《官场现形记》、刘鹗《老残游记》等谴责小说。外国小说的翻译则以林译小说为代表，是当时文学的新现象。

五四运动的爆发，陈独秀、胡适、鲁迅等高举新文化运动和文学革命旗帜，反对封建蒙昧主义和专制主义，提倡科学与民主；反对文言文，提倡白话文；中国文学从内容到形式开始发生巨大变革，迎来了文学发展的崭新时期。

诗歌方面，胡适的《尝试集》是"五四"时期第一部白话诗集；郭沫若的《女神》以散文化的句法，浪漫的精神表现了"五四"狂飙突进的时代精神；20 年代后期"新月派"的徐志摩、朱湘进一步展现了白话诗的魅力，闻一多则追求格律化，"带着镣铐跳舞"，表现出现代汉语诗歌语言艺术的深化，其《红烛》、《死水》中的许多作品，都以火热的爱国之情，震撼着人们的心灵。象征派诗人李金发追求诗歌的音乐美，形式美；现代派诗人戴望舒，以意象的朦胧迷离而称美。其间还有艾青、田间、臧克家，以及左联诗人群、"七月诗派"等现代诗歌的创作与现代汉语翻译的外国诗歌，使现代诗坛充溢着新鲜的气息与创造的精神和澎湃的生命力。西南联大昆明的现代派诗歌中卞之琳、闻一多和他们的学生穆旦、郑敏等创造了一个新的诗歌奇迹。现代汉语诗歌语言的艺术魅力得以彰显。

小说创作方面，鲁迅的《狂人日记》是现代小说的开山之作。他的小说集《呐喊》、《彷徨》奠定了中国现实主义小说创作的基础。之后冰心、叶圣陶等都有很高的成就。郁达夫的创作则大胆自我展露，充满浪漫情调。茅盾的长篇小说《子夜》、巴金的《家》、《春》、《秋》，老舍的《骆驼祥子》、沈从文的《边城》等，使中国现代长篇小说的写作走向成熟并取得很高的成就。而丁玲、周立波、赵树理、孙犁的创作则在展现工农兵新人的形象方面作出了有益的探索。中国现代小说艺术在短暂的几十年时间就达到了一个新的高度，确立了现代汉语叙事的传统与新典范。

现代戏剧以话剧为主体，涌现了一大批戏剧家如欧阳予倩、熊佛西、田汉、洪深等，而曹禺的《雷雨》、《日出》、夏衍的《上海屋檐下》等都具有代表性。郭沫若的历史剧《屈原》、《棠棣之花》等则是抗战时期具有时代精神的作品。

现代散文创作亦有极高的成就，鲁迅的杂文以及《朝花夕拾》、《野草》等表现出其多样的文笔、深刻的洞察、丰富的情思；周作人的散文雅致而富有余味。李大钊、陈独秀议论生风，立意高远。冰心的温润，郁达夫的深刻，朱自清的洗练优美，以及其他小说大家、诗家如茅盾、巴金、沈从文、林语堂、徐志摩、郭沫若的散文，都各有精彩、自成风格，展现了现代文人作家的丰富艺术追求。

总之，现代文学三十年的历程，使现代汉语获得了自己的领地，建构了现代文学语言的范本，为当代文学的发展奠定了基础。

当代文学经历了十七年文学、"文革"和反思文学以及改革开放以来新时期文学不同阶段，在不同的政治、经济和文化视野中，文学艺术的创作更是百花齐放、作品丰富、作家众多、流派纷呈，有很多作家作品经时间的洗礼，逐步显示出其意义和价值。外国文学的译介进一步繁荣，为我们提供了他者的视野。

# 后　记

　　根据中共中央办公厅、国务院办公厅颁布的《国家"十一五"时期文化发展规划纲要》"高等学校要创造条件，面向全体大学生开设中国语文课"的精神，云南省二十多所高校决定编写一本《中国语文》，通过教学提高学生阅读能力、写作能力，弘扬中国传统文化、传播文化知识、推进学生人文素质和道德情操的培养。

　　这次编写基本保持了以往《大学语文》的做法，并适当作了些调整：

　　1. 选文以经典性为标准，选取能够代表特定文体、时代的作家，选取能够代表作家最高水平的作品，注重作品的审美性和文化性。提高学生对文学的感受力，通过作品的讲解，使学生了解作品的文化背景，体会作品的意蕴。

　　2. 适当选入本土作品，包括云南作家作品、外省作家写云南的作品，增进学生对云南的了解和对云南文化的热爱。

　　3. 注意教材的适用范围，能覆盖文理工农医各个学科和专业。

　　4. 融语言学习于作品之中，注重语言的应用。

　　5. 以诗歌和散文为主，小说和戏剧的权重稍低。

　　6. 选编时以完整文章为主，以保持文章风格的整体性。

　　7. 尽可能不与中学语文课文重复，但不刻意避免。

　　8. 教材分为"精读"、"泛读"和"拓展阅读"三个部分，在实际教学中各校各专业根据自己的具体情况进行选讲。

　　9. 作者作品简介力求简明，思考与练习尽量做到启迪思想，引发学生的思考与发挥。辑评主要选取名家分析，帮助学生了解作品的特色成就，链接旨在扩大视野。辑评和链接为那些有兴趣进一步学习的学生提供一定的线索。

　　10. 因不少学校已开设"应用写作"类的课程，且"中国语文"的课时量有限，无法承担过多的任务，写作部分不再列入。

　　11. 为了帮助同学们了解中国语言文字和文学的发生发展，特编写了"中国语言文字概述"和"中国文学概述"，希望给同学们一个史的线索。

　　12. 出于实际授课学时和减轻学生经济负担的考虑，我们对教材的篇幅进行了严格的限定，部分文章只能割爱。

由于时间仓促，本书难免有很多不足之处，只有待修订时再作充实和完善。

参编院校如下：

| | |
|---|---|
| 云南大学 | 曲靖师范学院 |
| 云南师范大学 | 楚雄师范学院 |
| 云南民族大学 | 玉溪师范学院 |
| 云南艺术学院 | 红河学院 |
| 云南中医学院 | 保山高等师范专科学校 |
| 西南林学院 | 德宏高等师范专科学校 |
| 云南广播电视大学 | 丽江高等师范专科学校 |
| 昆明学院 | 临沧高等师范专科学校 |
| 爱因森学院 | 思茅高等师范专科学校 |
| 云南师范大学商学院 | 文山高等师范专科学校 |
| 大理学院 | 昭通高等师范专科学校 |

此次《中国语文》的编写得到云南大学出版社和全省各参编院校的大力支持，在此一并致谢。

是为记。

编　者
2008 年 5 月

# 修订版补记

　　《中国语文》于 2008 年出版后，在云南省二十多所高校使用，得到积极的评价，也发现一些不足，我们决定对教材做些修订，以提高教材的质量。在保持教材整体框架的前提下，适当作了些调整，并增加了"中国文化概述"部分。这次修订是集体劳动的结晶，主要由王卫东、辛一江、秦建文、何永福共同负责，杨园为这次修订做了大量的工作，特此感谢。还要感谢云南大学出版社的邓立木老师和周元晖老师，正是在他们的推动下，这次修订才得以开展。

编　者

2010 年 6 月